改變的開始

清晨5點俱樂部

THE 5 AM CLUB

喚醒我們內在無限潛力的早晨力量

羅賓・夏瑪——著　吳宗璘——譯
ROBIN SHARMA

來自作者的訊息＋獻辭

深深感謝這本書來到了諸位的手中，十分期盼它可以讓各位精采地盡顯各種天賦才能，而且在各位為世界提供創意、生產力，以及繁榮的場域之中引發大膽轉型革命。

《清晨五點俱樂部》的基礎概念與方法，源自於我二十多年來教導著名企業家、傳奇企業執行長、運動界超級巨星、音樂偶像、皇室成員的內容，而且成效卓著。

我花了四年多的時間，在義大利、南非、加拿大、瑞士、俄羅斯、巴西以及模里西斯各地寫下了這本書。有時候，文思泉湧，不費吹灰之力，宛若溫柔夏日微風吹拂背脊，有的時候得使出渾身解術才能勉強前進。有時候我很想大揮創意已告枯竭的白旗，在這種高強度心智進程的其他階段，都是因為某種高於我自身需求的責任感，鼓勵我要持續下去。

我已經把必須給予的一切，全部傾注在這本為各位所撰寫的書中，而我相當感激與我站在一起的全球優秀人士，完成了這本《清晨五點俱樂部》。

所以，我全心全意，敬獻這部作品給各位讀者。這世界需要更多的英雄，當你有能力為之、自己可以成為其中一員的時候——何需等待他們出現？就從今天開始吧。

獻上我的愛＋敬意

目次

我們有無止無盡的時間慶祝勝利，但只有日落之前的幾個小時能夠贏得勝利。 ——**賈艾梅**[1]

無論如何，想要成為自己想成為的人永不嫌晚，或者，就我的例子來說，永遠不嫌早⋯⋯我希望你們可以過著自傲的生活，如果發現自己並非如此，希望你們擁有可以讓一切重新開始的力量。 ——**費茲傑羅**

聽不到音樂的人，一看到隨樂起舞的人，就以為他們是瘋子。 ——**尼采**

❶ 奉獻印度的宣教士。

第1章

危險行為

舉槍太暴力，上吊太過時，割腕太低調了。所以，如何能夠以迅速又精確的手法結束曾經燦亮的一生？但同時可以把混亂控制到最低，卻發揮最大的震撼力道？

不過就在一年之前，情勢還超級順風順水。這位企業家被眾人譽為業界的巨頭、社會領袖，也是慈善家。她年近四十，領導自己當初在大學宿舍房間裡創設的科技公司，市場主導性節節提升，推出的產品廣受她的顧客所喜愛。

然而，她現在卻被人殺得措手不及，她正在面對一場卑劣又充滿嫉妒的叛變，她幾乎花了一輩子的時間打造了這家公司，但她的經營者股權將會被嚴重稀釋，迫使她得要另覓出路。

對於這位企業家來說，這種急轉直下的殘酷性顯然讓她難以承受。她平常冷酷的外表之下，其實隱藏了充滿關心同情與愛的心靈，她覺得生命背叛了她，她值得更好的生活。

她考慮要吞下一大瓶安眠藥，這種方式的危險行為比較乾淨俐落。她心想：只要全部吃下去，就可以迅速了結，我需要逃離這樣的苦痛。

然後，她在自己的全白臥室的漂亮橡木梳妝台上面、看到了某個東西——母親送給她的某場個人優化大會門票。企業家對於參與這類活動的人，通常的反應是哈哈大笑，稱他們是「斷翼者」，還說他們明明已經擁有了豐足成功生活的一切要素，卻還是要向冒充的大師尋求答案。

也許，現在是該重新思考自己想法的時候了。她看不出自己能有多少選擇。要不就是前往研討會——體驗能夠拯救她一生的某些突破性思維，不然就是找到自己的平靜，靠著速死一了百了。

第2章

走向傳奇之路的每日哲學

不要讓自己的火焰熄滅，要以那種差得遠、稱不上、完全不是之程度的絕望沼澤裡的獨特火花，激發它的光焰。為了追求你明明值得、一直沒有辦法達成的那種生活，千萬不能讓你靈魂裡的英雄在孤獨挫折中萎敗。你可以贏得自己想望的世界，它的確存在，真的，有可能到手，它是你的。

——安・蘭德，作家

他是第一流的講者，貨真價實的魔法演說家。

他的傳奇一生已經進入尾端，現在是八十多歲的年紀，早已成為全球愛戴的激勵人心大師、領導術的傳奇人物、幫助普通人實現自身頂級天賦的正直領袖。

在充滿變化、不確定性，以及不安全感的文化之中，魔法演說家的活動所吸引的群眾人數塞爆了體育館，這些人不僅渴望能夠過著充滿創造力、生產力，以及豐盛的精采生活，而且也期盼能夠以熱情地提升人性的方式存續下去。如此一來，他們會充滿信心，終將留下流傳後世的美德，影響之後的世世代代。

這個男人的見識獨一無二。那些強化我們性格中的戰士之智慧、向住在心內的熱情詩人致敬之思維，被他鎔冶為一。他充滿寓意的演說內容，讓一般人了解要如何在商業領域獲致頂峰成就，同時又找回豐富生活的魔力。所以，那殘忍冷酷世界以無盡的複雜性、膚淺，以及科技娛樂，綑綁了我們的天賦之後而失去的驚奇感，我們又把它找回來了。

雖然魔法演說家個頭高大，不過已經一把年紀了，身形略顯佝僂。他走向講台的時候，步履小心翼翼，但依然優雅。完美剪裁的深灰西裝，搭配淡白色條紋襯衫，整個人散發出斯文氣質。一副藍色眼鏡，正好增添了恰如其分的酷帥感。

「生命太短暫，所以千萬不能小看自己的才能，」魔法演說家對全場數千名聽眾說道：「大家與生俱來就有機會成為傳奇，這也是諸位的責任。各位來到這個世界，本來就是為了要完成大師級巨作、實踐極其重要之目標，成為這個小小星球上的善力。在一個已經變得相當不文明的文明社會之中，你有能力可以奪回自己原初天賦之主權。在這個大多數人會買漂亮鞋子與昂貴物品、卻沒什麼人會投資增進自我的全球社群之中，想要恢復你自己的尊榮感，你的個人領導力需要你——不，應該說是要求你——不要再當死黏在數位設備的網路殭屍了，重建生活，打造高超才能，樹立正派典範，拋棄那種會對好人造成侷限的自我中心思維。世間的偉大之人都是給予者，而不是收受者，『存積最豐厚的人就是贏家』的那種普遍妄想，就趕快放棄吧。你們反而應該要展開英雄之舉——原創之品質與其所提供之助益，將會震撼你們業界的那種成績。我的建議是，當你著手進行之際，為了要保護你內心的平和，也應該要營造某種堅守道德、充滿華麗美好、不屈不撓的私人生活。朋友們，這就是你與天使共同翱翔、與眾神並肩前行的方式。」

魔法演說家稍作停頓，猛吸了一口空氣，深長氣量如山。他的呼吸變得緊促，吸氣的時候還發出了嘶嘶聲響，他低頭望著自己晶亮程度好比軍人等級的時髦黑靴。

坐在前排的那些聽眾，看到有一滴清淚從他那曾經俊帥、如今已飽經風霜的臉龐滑落而下。

魔法演說家依然目光低垂，他的靜默感覺好沉重，看來他的狀況不太穩。

經過了一連串令聽眾坐立難安的的緊張時刻之後，魔法演說家放下了左手握住的麥克風，得空的手顫顫巍巍伸入褲子口袋，取出摺疊的乾淨亞麻手帕，擦拭臉頰。

「諸位都有生命之召喚，你們每個人體內的靈魂都含有某種追求卓越的本能。在座的大家不需要固陷在平凡之中，也不要屈服於明顯的社會大眾行為庸俗化以及業界之群體去專業化。限制，只是一種有太多好人日日演練、到最後就信以為真的心理狀態。看到有這麼多深富潛能的人、被他們為什麼無法在專業與個人領域表現卓越的謊言所卡死，讓我好傷心。各位要記住，你們的藉口是誘惑者，你們的恐懼是騙子，你們的疑心是小偷。」

許多人點頭，還有的人鼓掌，然後，有更多人發出叫好聲響。

魔法演說家繼續說道：「我了解各位的心情，真的……」

「我知道你們的人生都歷經了困難時光，大家都一樣。我知道你可能覺得狀況並不像是你童年預期的那樣，充滿了熱情、渴望，以及驚奇。你並不想過著一成不變的日子，對吧？你做的是可能會扼殺靈魂的工作，必須面對壓力重重的焦慮，還有遏抑創意、偷走活力的無止盡責任。你渴求的是微不足道的目標，想望的是立即實現的瑣碎慾念，經常被奴役我們、而不是解放我們的科技所控制，一成不變的一週生活，過了數千次，然後把它稱之為人生。我必須要告訴各位，我們當中有太多人在三十歲就等於死了，到了八十歲才埋葬入土。好，我真的明瞭各位的心聲。你們希望狀況有所改變，更有趣，更刺激，更充實，獨特又充滿魔力。」

魔法演說家講出最後那幾個字的時候，他的聲音在顫抖。就在那一瞬間，他出現呼吸困難，他臉上浮現一抹憂慮神情，害他眉頭緊蹙。助理事先已經在講台邊細心安放了奶油色座椅，他坐了下來。

「我知道在座有許多人目前都過著自己熱愛的生活，已經在世間取得史詩級的成就，以近乎超越世俗的熱情豐潤了你的家庭與社群，做得很好，了不起。不過，你也經歷了迷失在酷寒危險黑暗之谷的季節；你也知道自己創造力的輝煌表現與創造力的傑出成就，已經進入了某個舒適、恐懼與麻木的小圈子，它背叛了你內心的卓越之巨宅與勇氣之蓄池；你也對於虛弱生活之荒涼寒冬，感到大失所望；你也有許多創意十足的童年夢想被否定；你也被自己所信任的人所傷害；你的創意也被摧毀殆盡；你的天真之心也被蹂躪，毀了你的人生，就像是被野心勃勃外國侵略者滲透之後的殘破國家一樣。」

偌大的會議廳裡靜默至極。

「無論你身在人生道路的哪一個階段，千萬不要讓某段不完美的過往阻礙了你精采未來的光芒。你的力量之強大，遠遠超過了你目前的理解範圍。燦爛的勝利——還有完整的祝福——正朝向你而來。想要藉由體驗最艱困試煉的方式，贏得充滿非凡收穫、令人驚歎無比、超級有影響力的生活，你現在身處的位置，正好可以讓你得到必要之滋長。在這樣的當下，即便你覺得一切都要崩解，也不會有任何問題。如果你覺得自己現在的生活一團糟，這純粹是因為你的恐懼微微壓過了你的信念。靠著練習，你可以降低自我恐懼的音量，增強你最大贏面的聲音。其實，你所經歷的每一起挑戰，遇到的每一個惡毒之人，還有你承受的所有考驗，都是讓你成為今日之自我的完整基礎。你需要這些教訓啟發體內正在甦醒的寶藏、天賦，以及能力。天下沒有偶然，空無是一種浪費，你現在所處的位置，正好就是邁向自我最高想望之生活的起點，它很可能會讓你成為創設帝國與改變世界之人，甚至可能是歷史之創造者。」

坐在第五排、頭戴紅色棒球帽的男人大聲吼叫，「這一切乍聽之下很容易，但實行起來可就難多了！」他身穿灰色襯衫，還有可以在當地購物中心買到的那種破爛牛仔褲。雖然這名與會者突然冒出這句話，但是他的音調與肢體語言卻顯現出他對魔法演說家的真心崇拜。

「我同意你的觀點，你很棒。」魔法演說家的優雅收服了全場，當他離開座椅站起來的時候，也不知道為什麼，語氣更顯堅決，「要是沒有實踐作為後盾，創意根本什麼都不值。最微小的行動，永遠比恢宏企圖更來得重要。要是成為厲害人物、創造傳奇人生這麼容易的話，那麼每個人都可以做到，明白我的意思嗎？」

紅色棒球帽男伸出食指摩擦下唇，「老哥，當然……」

「社會以一連串的謊言欺瞞我們，」魔法演說家繼續說道：「大家寧可享受那樣的愉悅，也不想接受可怕但崇高的真相，所有的可能性都需要每日的辛勤努力、徹底改造，還有離開安全港灣之浩瀚決心。我相信，到了最後，自我滿足感與輕鬆生活之誘惑，遠比你全力以赴、為自己最美麗夢想取得不可動搖之地位，殘酷了一百倍之多。舒適圈之盡頭，就是頂峰之起點，這是成功者、有影響力人士，以及最幸福之人牢記在心的規則。」

那男人點頭稱是，還有一堆聽眾也做出相同動作。

「不需要花費什麼氣力，就可以過著永遠享受高超才能、創造力、優雅價值之生活的這種思維，打從我們小時候開始就灌注在我們的腦中。所以，要是路途艱難，需要一點耐心，我們就會誤以為自己走錯了路……」魔法演說家一邊說話，一邊抓住了木椅的扶手，又把自己的孱弱身軀安入座位之中。

「我們一直鼓勵培養出那些柔弱嬌貴的人，他們無法信守承諾、直接棄守、一遇到微小的挫折就告別抱負。」

然後，演說家發出了大聲的嘆息聲響。

「艱難是好事。真正的偉大，以及實現你與生俱來的天賦，也就等於是一場困難的競技活動。只有那些投入足夠心力、推升至最高極限之狂暴邊緣的人，才能夠不斷擴展才能。而且，在你實踐自身特殊天賦、最強能力、最激勵人心之雄心壯志時的那種痛苦，正是人類滿足感的最大來源之一。快樂——以及內心平和的重要關鍵——就是知道自己竭盡全力贏得回報，而且為了要成為最好的自我，熱情洋溢地辛苦大膽付出。爵士傳奇人物邁爾斯·戴維斯大幅超越了所在領域熟知的正常水平，將自己的巨大潛能完全發揮得淋漓盡致。米開朗基羅創作偉大藝術品的時候，在精神面、情感面、生理和心理面都做出了莫大犧牲。羅莎·帕克斯是擁有強烈勇氣的單純女裁縫，因為在搭乘黑白隔離公車時拒絕讓位而遭到逮捕，承受了殘暴的羞辱，因而引發了民權運動。達爾文靠著研究藤壺，展現了精深專業所需要的決心——沒錯，就是藤壺——他花了足足八年的時間，推出了著名「進化論」。這種為求專業最佳表現的全力奉獻，在這個花費大量珍貴生命時光看一連串自拍與網友早餐短片、暴力電玩的當代社會之中，會被大多數的人貼上『瘋狂』的標籤。」魔法演說家凝望全場，彷彿打算要直視每一個與會者的雙眸。

「史蒂芬・金在賣出讓他聲名大噪的《魔女嘉莉》之前，曾經擔任高中作文老師，而且還在工業洗衣廠工作。」這位年邁的講者繼續說道：「對了，請各位注意一下，史蒂芬・金屢遭拒絕否定而喪志，甚至把他在自己破爛拖車裡寫的草稿直接扔進垃圾桶，已經不想再奮鬥下去了。多虧他的妻子塔碧夏，在她先生外出時發現了稿件，擦去他的菸灰，閱讀了這本作品，她告訴史蒂芬・金，實在寫得太棒了，一定要交付出版。儘管是出了書，但他的精裝版版權預付金也只有區區兩千五百美元而已。」

有個座位靠近舞台的女子悄聲說道：「真的假的？」她戴著艷綠色帽子，上面還插了根鮮紅色羽毛，顯然她對於自己的特立獨行頗是滿意。

「我說的千真萬確，」魔法演說家說道：「雖然梵谷一生創作了九百張畫作以及超過千張的素描，但他卻是在死後才開始大紅大紫。他的創作動力來源並不是大眾掌聲帶來的自傲，而是一種更睿智的本能，讓他得以看到自己可以開發多少的創作力，無論必須承擔多少辛苦也不成問題。成為傳奇並不容易，但我更偏愛這樣的旅程，而不是那種許多有望成為英雄的人士經常面對的困在平庸之中的心碎。」魔法演說家字字句句鏗鏘有力。

「反正，我簡單做個總結，讓你最坐立不安之處，也是你最大機會的來源之地。困擾你的思緒、害你飽受威脅的感覺、讓你緊張萬分的計畫、你心中不安的那一塊所抵抗卻漸露鋒芒的才能，這些正是你應該要前往的地方。身為創意產出者、個人自由的追尋者、堅信一切都有可能的人，都得要依賴這些通往你偉大成就之門。然後，你要立刻接受這些信念、感受，還有計畫，而不是以刻意忽略它們的方式建構人生。走入這些讓你害怕的事物，靠著這樣的方法，你就可以以找回遺忘的力量，還有回歸到童年離開之後就失去的那一種純真與驚奇。」

突然之間，魔法演說家開始咳嗽，一開始是輕咳，後來轉為狂咳，宛若被下定決心復仇的惡魔所附身。

在側廂位置，有個頂著銳氣逼人的平頭髮型、身穿黑色西裝的男子，對著藏匿在襯衫袖口的麥克風講話。燈光閃爍，然後熄滅了。坐在舞台附近的許多聽眾站了起來，不知道該怎麼辦才好。

有個頭髮盤成俐落髮髻的絕世美女，身穿白色繡花領的緊身黑色洋裝，她緊抿著雙唇，匆匆登上魔法演說家登台演說的金屬階梯。她一手拿著手機，另一手拿著破爛筆記本，她奔向老闆，紅色高跟鞋發出了喀啦喀啦的聲響。

不過，女子到來的時間已經太遲了。

魔法演說家倒在地上，宛若本來風光一時、但早就該在多年前退役的拳擊手，在最後一回合當中氣度非凡但出招虛弱，被打得頭昏眼花。這位年邁講者倒在地上，動也不動，跌倒時的傷口冒出了一條小小的血河。他的眼鏡落在他身邊，手帕依然在手中，曾經閃耀的雙眸依然緊閉。

第3章

與怪奇陌生人的意外相遇

千萬不要以自己的壽命宛若還剩下一萬年的態度在過日子，你的大限隨時可能降臨。當你還在世的時候，依然留存於世的時候，要努力成為一個真正偉大的人。

——馬可斯·奧理略，羅馬皇帝

企業家對於她在研討會會場遇到的人撒了謊，她告訴他們，她之所以來到這裡，是為了要學習魔法演說家的指數性爆發生產力的神奇公式，以及挖掘他與企業界領袖分享之個人高超才能所蘊含的神經科學。

她心事重重地說道，自己的期盼是大師的方法論將會賜予她無可匹敵的高超才能，讓自家公司取得領先，順利攀升到公認之主導地位。你們知道她出現在那裡的真正原因：需要重燃希望，而且救自己一命。

藝術家會來參加這場活動，是想要了解如何增添自己的創作力，讓自己的才能以倍數暴增，這樣一來就可以靠著他所產出的畫作，在自己的領域留下持久名聲。

趁著無人注意的時候，流浪漢悄悄溜入會場。

企業家與藝術家坐在一起，這是他們第一次見面。

她詢問藝術家時，他正在玩弄自己的巴布・馬利式嬉皮辮，「你覺得他死了嗎？」

企業家的臉是長型，有稜有角。前額佈滿縐紋與鮮明的裂隙，宛若農夫新田的轍痕一樣。她的棕色頭髮是中等長度，穿衣風格有一點「我很認真，不要耍我」的味道。她身材瘦削，宛若長跑運動員，有著纖細的手臂，還有從顯然是設計師品牌藍裙露出的柔軟雙腿。因為從未痊癒的舊傷，再加上目前影響她深愛公司的亂局，讓她的雙眸看起來很悲鬱。

「不確定，他年紀大了，又重重一摔。天吶，這真是太離奇了，我從來沒有見過這種事……」藝術家焦躁不安，猛拉自己的某隻耳環。

企業家開始解釋，「我對他的演講很陌生，我不是很相信這一套……」她依然坐在原處，雙臂交疊，貼著有大型時髦黑色領結的奶油色上衣，她繼續講下去，態度相當拘謹，「他提到了在這個專注性與深度思考能力被各種電子設備破壞的時代、有關生產力的種種訊息，倒是深獲我心。他的話語讓我有了體悟，我必須要以更好的方式捍衛自己的認知才能。」她完全不想要分享自己目前歷經的低潮，而且顯然想要保護自己那種準備更上一層樓的女強人外表。

「對，他超棒，」藝術家神情緊張，「他幫了我很大的忙，真不敢相信剛剛出的事。真的是超現實，對吧？」

他是畫家。由於想要精進技能，也想要改善個人生活，所以他開始聽魔法演說家的演講。不過，基於某種原因，他體內的惡魔似乎強壓著他更優異的天賦。所以，他總是毀棄了自己的強大企圖與精采的創意。

藝術家身材壯碩，下巴冒出了一撮山羊鬍。他身黑色T恤，長版短褲，褲口落在圓腫的膝蓋下方。橡膠鞋底的黑靴是澳洲人常穿的那一種，為創意十足的清一色服裝完整作結。兩隻手臂與左大腿都佈滿令人眩目的大片刺青，其中有一句話是「富人都是騙子」。另一句話則是從著名西班牙藝術家達利偷來的名言，簡單的幾個字，「我不吸毒，我自己就是毒品。」

「嗨，你們好啊……」流浪漢坐在企業家與藝術家後幾排的位置，不識大體地在叫嚷。演講廳裡依然一片空蕩蕩，視聽組人員在拆卸舞台，發出嘈雜聲響，演講活動工作人員忙著擦地板，背景傳出藝人Nightmares on Wax的某首舒緩歌曲。

這兩個剛認識的人轉頭，看到了一頭糾結亂髮、整張臉看起來幾十年沒刮鬍、衣裝髒兮兮的野人。

「嗯？」企業家語氣的冰冷程度宛若極地之冰一樣，「有什麼我可以效勞的地方嗎？」

「嗨，老哥，都還好嗎？」藝術家的態度比較熱情。

流浪漢起身，拖著腳步走過去，坐在他們兩人的身邊。

他摳弄手腕的疥癬，開口問道：「你們覺得大師是不是掛了？」

「不確定，」藝術家捻玩另一束髮辮，「希望他別死。」

「你們喜歡這場研討會嗎？喜歡這個老前輩所說的話嗎？」

「當然，」藝術家說道：「我喜歡他的演講。我很難完全實踐，但他的字字句句都很有哲理，而且令人震撼。」

「我沒這麼篤定，」企業家態度譏諷，「今天大部分的內容我都很喜歡，但有些其他部分不是那麼信服，還需要一些時間全部釐清。」

「哦，我覺得他是天字第一號，」流浪漢打嗝之後繼續說道：「我賺了大錢，都是歸功於魔法演說家的指導，而且也是因為他，我過著一流的開心生活。大多數的人都希望有美好事物降臨在自己身上，而他教導我的是要當一個卓越的實踐者，製造美好事物給自己。還有一點很棒，他不但教了我成就大夢想的秘密哲學，而且還教了我技術——策略與工具——將資訊轉化為成果。光是他對於如何建立超高效能早晨流程的革命性洞察力，就已經改造了我在自己商場領域的影響力。

流浪漢的額頭有一道歪七扭八的疤痕，就在他右眼的上方。驚人的鬍鬚已經成為灰色，他的脖子上有一條串珠項鍊，就像是印度聖者在寺廟裡戴的那種一樣。他的誇張語氣顯得他性格不穩，而且外貌宛若流落街頭多年，但他的聲音卻展現某種忽隱忽現的權威感，而且那眼神流露出獅子般的自信。

「真是個瘋子，」企業家對藝術家悄聲說道：「如果他是有錢人，那我就是德蕾莎修女了。」

「嗯，他看起來是很瘋癲，」藝術家回道：「不過，妳注意一下他的那隻巨錶。」

這位似乎年近七十歲的流浪漢，左腕有一隻大型手錶，是英國對沖基金經理人前往梅費爾吃晚餐時習慣佩戴的那一種款式。不銹鋼錶框裡面是左輪手槍顏色的錶盤，纖細的紅色時針，日落亮橘色的分針。這種顯眼的榮譽徽章與寬版黑色橡膠錶帶結合在一起，為整個奢華外貌增添了一股潛水夫的感覺。

「簡單得很，一百美元就買得到，」企業家壓低聲音說道：「在我們股票公開發行的第二天，我的公司裡有很多人買了類似那樣的錶。很可惜，我們的股價暴跌，但他們還是留住了自己的垃圾手錶。」

「好，所以你們最喜歡魔法演說家提到的哪一個部分？」流浪漢依然在摳他的手腕，「一開始提到的天才心理學的所有內容嗎？或者是他在中段塞入有關富豪生產力竅門的精采模式？或者是創造頂級表現的神經生物學讓你們大受惕勵吧。還是認同他在那個戲劇化結尾之前所提到的那個理論？我們的責任就是要成為傳奇，同時成為造福人類的工具？」流浪漢講完之後眨眨眼，瞄了一下自己的巨錶。

「嘿，兩位，這整個過程很好玩。不過，我早已學會時間絕對是最寶貴的商品之一。偉大的投資家巴菲特曾經說過，富人投資時間，窮人投資金錢。所以我不能和你們兩個混太久。與噴射機和跑道有約。懂我的意思嗎？」

企業家心想，「他似乎有妄想症⋯⋯」

「巴菲特也曾經說過，『我買了昂貴西裝，但穿在我身上就是感覺很廉價。』也許你日後也會記得這一段話。還有，」她繼續說道，「我真的沒有失禮的意思，但我不知道你是怎麼進來這裡的，我也不知道你是從哪裡弄來那隻巨大的手錶，也不知道你在說什麼噴射機。還有，不要再用那種態度講述剛剛演講時出的事，一點也不好玩，真的。我現在還不確定那位先生是死是活。」

「的確，」藝術家也同意，搓揉他的山羊鬍，「一點也不酷。還有，你的口吻為什麼跟玩衝浪的一樣？」

「嘿大家冷靜嘛！」流浪漢說道：「首先，我真的在衝浪，十幾歲的時候帶著衝浪板混加州馬里布。以前在瘋狂浪點的某個地方附近衝浪，現在是在塔馬蘭灣衝小浪，你們應該從來沒去過那裡。」

企業家語氣冷若冰霜，「我從來沒聽過這個地方，你真的是莫名其妙……」

流浪漢滔滔不絕。

「其次，我在商界一直很成功。在這個諸多企業收入千百億、但是利潤卻掛零的世代，我創設了好幾家獲利相當豐厚的公司，而且他們真是在亂搞。世界變得有點瘋狂，太多的貪婪，理性不足。第三，請容我問一句，」他繼續說道，嘶啞嗓音越來越大聲，「現在有一台飛機在等我，就在距離這裡不遠的飛機跑道。好，在我離開之前，我再問你們一次，因為我很想知道。你們最喜歡魔法演說家提到的哪一個部分？」

「幾乎是全部，」藝術家回道：「我實在太喜歡了，所以把這位老派傳奇人物的話全都錄了下來。」

「不合法，」流浪漢將雙臂緊緊交叉胸前，「那種舉動很可能會惹來得找律師解決的大麻煩。」

「這是違法行為，」企業家也附和，「你為什麼要做這種事？」

「因為我想，就是想要，我愛做什麼就做什麼，你們知道嗎？規矩就是等著被破壞。畢卡索說過，你該像專家一樣學習規矩，這樣一來就可以像藝術家一樣打破規矩。我需要做自己，而不是什麼無膽小綿羊，盲目跟著羊群走向不知通往何處的地方。大部分的人，尤其是那些有錢人，只不過是一群騙子而已，」藝術家說道：「這就像是魔法演說家常講的那句話，『你可以融入這樣的社會，不然也可以改變它，不可能兼而有之。』所以，我就把全部內容都錄下來了。你們想怎樣？坐牢一定很有意思，我很可能會在裡面認識一些很酷的人。」

「嗯，好啦！」流浪漢說道：「我不喜歡你的決定，但我的確很愛你的熱情。那就放馬過來吧，播放讓你興奮難耐的那些段落。」

「我錄下的這一切鐵定會讓你大開眼界！」藝術家舉起手臂，露出了吉他大師吉米．罕醉克斯的精緻刺青圖案，「當愛的力量戰勝對權力的熱愛，這個世界就會懂得和平」字樣壓在這位已逝超級巨星的臉龐。藝術家又補了一句，「等一下你們會聽到獨特的內容。」

企業家起身的時候，開口慫恿他。「好，你就直接播放你喜歡的段落吧。」她也不太確定到底是什麼原因，雖然只是那麼一點點，但她內心深處的世界的確開始起了變化。「也許生活已經讓我徹底潰防，」她心想，「所以正好可以趁這機會找到什麼突破點。」

她參加了這場活動，認識了藝術家，也聽到了魔法演說家所說的話，雖然她並不是完全同意他講的內容，卻讓她覺得在自己公司遇到的困局，也許是為了成就她的偉大事業的某種形式之必要準備。企業家依然抱持懷疑態度，不過她意識到自己變得開放多了，很可能也開始成長。所以，她向自己做出承諾，會繼續依循這個過程，而不是退縮。她以前的生存方式已經再也不適合她，改變的時候到了。

企業想到了老羅斯福所說過的一段話，深獲她的喜愛，「重點不是批評者，不是那些點出強者如何犯下錯誤、指出實際行動者哪裡可以做得更好的人。功績屬於真正站在競技場裡、臉龐佈滿了灰塵汗水以及血跡的那個人；屬於奮力拚搏的那個人；屬於會犯錯，屢敗屢戰的那個人，因為所有的努力都會遇到錯誤與疏失；屬於真正拚命去做的人；屬於懂得偉大熱情與奉獻的人；屬於為了有意義之原因而奉獻自我的人；屬於在最佳情況下、知道自己終能得到崇高成就之勝利的人；屬於在最壞狀況下萬一失敗，至少知道自己是勇敢一試而敗，所以自己永遠不會與那些不知勝利也不知失敗滋味、冷漠又膽怯之人為伍的那種人。」

她也想起了魔法演說家演講中學到某段話——差不多是「當你最想放棄的那一刻，也就是你必須克服心魔繼續前進的那一刻」。因此，這位女強人深入自己的內心，誓言要繼續找尋自己的答案，解決自己的問題，體驗更棒的生活。她的希望慢慢擴張，憂慮正逐漸萎縮。而她最美好自我的微弱寂靜之聲開始低語，一段相當特殊的冒險，即將展開。

第4章

放棄庸俗與一切的平凡

「哦，有時候在吃早餐之前，我就已經相信了六件不可能的事。」　　——**路易斯．卡羅，《愛麗絲夢遊仙境》**

流浪漢玩弄破爛襯衫的鬆垮垮鈕扣，開口問道：「你是畫家？對嗎？」

「是的，」畫家喃喃回道：「算是落魄的那一種吧。我還不錯，但稱不上偉大。」

「我在蘇黎世的公寓裡收藏了許多畫作，」流浪漢露出慈父般的微笑，「我在車站大道那裡買了間屋子之後，房價就正好開始飆漲。我早已學到了無論在什麼地方都只與最高品質之人在一起的重要性，這是我打造自我生活所做的絕佳致勝之舉之一。在我的企業之中，我只收頂尖員工，因為你不可能靠中等表現的員工變出一家頂級公司。我們只發佈完全顛覆我們市場的產品，然後透過它們的高價值徹底改變這個領域。我的企業只以高尚方式為客戶提供提升層次的服務，我們給予的是令人驚歎的使用者體驗，而且培養出無法想像要與其他人打交道的狂熱追隨者，在我的私人生活之中亦是如此：我雖然吃的不多，但只吃最好的食物，我只讀最具有原創性、最能夠引發深思的書，把時間花在最光燦、最鼓舞人心的空間，探訪最迷人的地方。至於人際關係，我周圍的人全都會帶給我快樂與平和，鼓舞我成為一個更好的人。生命何其珍貴，千萬不要和那些不懂你的人在一起；不要和你不喜歡的人在一起；不要和價值觀與標準跟你不同的人在一起；不要和思維模式、感情模式、健康模式、靈魂模式不一樣的人在一起。我們的感化力與環境，以強烈又深切的方式形塑我們的生產力及影響力，的確是一種微小的奇蹟。」

「真有意思，」企業家盯著自己的手機，「他似乎很清楚自己在說什麼……」她對著藝術家柔聲講話，雙眼依然低望自己的螢幕。

她臉龐皺紋的蛛網變得鬆弛多了。她其中一隻手腕掛著兩只完美無瑕的銀鐲，其中一只上面的字樣是「把『辦不到』轉為『辦得到』」，另一只則刻有「完成比完美更好」。企業家當初是在自己公司草創階段為自己買下這些禮物，當時的她相當自信。

「我聽過思維模式，」藝術家說道：「老哥，但我從來沒聽過感情模式、健康模式，還有靈魂模式。」

「將來你就會懂，」流浪漢回他，「等到你了解之後，你在自身領域的創造、生產，以及呈現方式都會大不相同。對於所有創建帝國與打造世界的人來說，這些都是重要的革命性觀念。目前在這個星球之中，很少有企業家與其他人懂得這個道理。要是他們得到了體悟，那麼他們所有的重要生活元素都會迅速壯大。現在，我只想要堅持自己對於周遭一切的超高品質之承諾，你的環境真的會形塑你的感知、靈感，以及成果。藝術餵養我的靈魂，偉大的書籍強化我的希望，豐富的對話讓我的創造力倍增，精采的音樂提振我的心靈，美景讓我精神大振。你們知道嗎？只要一個積極性十足的早晨，就能夠帶來提升一整個世代的大量創意思維。還有，我必須要說，提升人性是前百分之五的頂尖人士從事的大師級商業競技，從商的真正目的不僅僅是為了創造私人財富而已，參與這場賽事的真正原因是要幫助社會。我在商場上關注的焦點是服務，而金錢、權力和聲望，不過就是我一路行來的必然副產品而已。當我還是年輕人的時候，一位厲害的老友教導我這樣的經營方式。它徹底改變了我的財富狀況，以及我的個人自由的範圍。打從那時候開始，這樣的逆向商業哲學就成了我行事的主導方向。誰知道呢？搞不好我哪一天會把我的導師介紹給你們認識。」

流浪漢稍作停頓，盯著自己的巨大手錶，然後閉上雙眼，說出了這句話，「擁有自己的早晨，提升自己的人生。」接著宛若在變魔法一樣，他伸出左掌掌心，一張又小又厚的白紙突然冒了出來。這一招真是了不起，如果你和這三個人站在一起，一定會大為驚歎。

那張紙的繪圖如下：

企業家與藝術家在這時都張大了嘴巴，顯然兩人都陷入困惑，但又神迷不已。

「你們兩個人的心中都有一個英雄，你們小時候就知道這一點。後來，大人告訴你們，要限制自我力量、綁縛自己的才氣、背叛你的內心真相。」流浪漢對他們說出了這段話，語氣神似魔法演說家。

「成人是崩壞的孩子，」他滔滔不絕，「當你更青春年少的時候，早就懂得要如何生活。凝視群星讓你歡喜滿懷，在公園裡跑步讓你覺得自己生龍活虎，追逐蝴蝶讓你開心得不得了。哦，我超喜歡蝴蝶。然後，隨著你慢慢長大，你忘了要如何當一個人，忘記要怎麼過著勇敢、熱情、充滿熱愛，以及狂野的生活。

「你珍貴的希望之蓄池逐漸消失，當個凡人成為可接受的選項。當你開始擔心要融入、要比別人擁有更多、要廣受歡迎的時候，你的創造力、積極性、對自己偉大性格的親近感之明燈就變得越來越黯淡。好，我要說的重點就是：不要參與麻木成年人的世界，因為它空乏、冷漠、處處受限。我邀請兩位進入只有真正的大師、偉大天才，以及貨真價實的傳奇人物才知道的秘密真實世界，而且，要發掘你一直不知道的內心深處原初力量。兩位可以在工作與私人生活之中創造奇蹟，我當然已經辦到了。而我來此就是為了幫助兩位達到這個境界。」

在企業家與藝術家還來不及開口講話之前，流浪漢又繼續演講下去，「哦，我很堅持藝術的重要性，還有讓生命得以延續的生態體系。這讓我想起了葡萄牙作家費爾南多·佩索亞所說的那一段了不起的話，『藝術透過幻象、透過折磨而解放了我們。雖然我們感受到丹麥王子哈姆雷特承受的種種委屈與煎熬，我們卻感受不到自己的苦，這好可悲，因為那是我們自己的苦，而且，正因為它們可悲而顯得我們可悲。』這也讓我想到了梵谷所說的話，『我的一生充滿了不確定感，但是一看到星辰就會讓我做夢。』」

流浪漢猛力嚥口水，目光迅速飄飛，他緊張不安，清了一下喉嚨。

「兩位，我歷經了許多滄桑。曾經被人生擊垮，慘遭修理得體無完膚。曾經生病，遭人攻擊與羞辱，被人辜負。嘿，我的一生就像是鄉村歌曲，要是再加上女友背叛和狗兒死掉，我就可以寫出一首暢銷金曲了。」

流浪漢哈哈大笑，像是某種馬戲團小丑發出的刺耳古怪的諷刺之笑。這位不速之客若有所思，繼續說道：「反正，這一切都很好。痛苦是通往內心深處之門。懂我的意思嗎？悲劇是大自然的偉大淨化者，它燒毀了自我之虛假、恐懼，以及傲慢。如果你有勇氣從事會讓自己受傷的事，那麼就會讓我們回歸到自我的才華與天賦。苦難會產生許多回報，包括了同理心、原創力、聯想力，以及真誠。喬納斯·沙克曾經說過，『我曾經有過美夢，也有過惡夢，但因為我懷抱美夢而戰勝了惡夢。』」

「他很怪，不可思議的古怪，但他有一些特殊之處，」企業家悄聲向藝術家招認，現在的她已經稍微卸除了保護自我璀璨職涯的冷諷保護層，「他剛剛所說的內容，正是我所需要聽到的建言。我覺得他就像是流落街頭、窩在紙箱板上面的人。不過，有時候，他說話的口吻跟詩人一樣。他的口才怎麼這麼好？他的深度從何而來？還有他提到的教導他這麼多道理的『老友』又是誰？他也散發出某種暖意，讓我想起了我的爸爸，我依然很思念他。他是我的好友，最重要的支持者，也是我最要好的朋友，我天天都在懷念他。」

「好，」藝術家對這個怪奇陌生人說道：「你剛剛問我最喜歡演講的哪一個段落。我超愛魔法演說家提到的斯巴達戰士信條，『訓練時多流一點汗，戰爭時少流一點血。』我還喜歡他說過的這一句話，『偉大勝利的成就時刻，是在無人觀看、眾人在深睡的清晨時分。』他對於最高等級早晨流程之價值的教誨，相當精采。」

企業家一聽到這些話，立刻低頭看著自己的電子設備，「我摘錄了一些不錯的內容，卻沒有記下這些珠璣話語。」

「我們只會聽到自己準備想聽的內容，」流浪漢展現智慧，「所有的學習都符合了我們現在身處的心態，當我們更加成熟，了解的也會更多。」

魔法演說家的聲音突然冒出來，流浪漢睜眼睜得跟泰姬瑪哈陵一樣大。可以看得出來，聽到那著名的語調，讓他驚訝萬分。他迅速旋身——找尋音源，突然，一切真相大白。

藝術家播放了他在研討會偷錄的內容。

他直視這個邋遢流浪漢的雙眸，「老哥，這是我最愛的段落，可以完全回答你的提問。」

在數位殭屍文化之中，大家沉迷育樂，被各種干擾而感到苦惱，想要確保在職場和個人生活裡的最重要領域裡、持續產出大師級成果的最明智之道，就是接受一套頂尖的早晨流程。在你的起點取得勝利，而你一開始的那幾個小時就是成就英雄的時刻。

向軟弱發動戰爭，發動抵抗恐懼的行動。你一定可以早起，這種舉動是通往追求傳奇之精采過程的必要條件。

好好照顧你一天之中的上半場，剩下的那一半就沒什麼好擔心的了。

擁有自己的早晨，提升自己的人生。

他們聽得到魔法演說家在喘息，宛若游得太遠又太快的菜鳥泳者。藝術家繼續播放，他調高了音量，現在聽起來是震耳欲聾。

這是業界巨人、傑出藝術表演者、超級成就人士永遠不會與你分享的珍貴小秘密：巨大成效與你的遺傳基因無關，其實反而與你的日常慣性息息相關。目前，最需要校正、然後進行自動化的關鍵因素，就是你的早晨流程。

當我們看到這些指標人物的作為時，會因為文化的強大欺哄而誤以為他們一直就是那麼厲害。他們天生特別，他們幸運贏得了DNA樂透，他們的天賦是因為遺傳。然而，我們目睹的其實是他們多年來遵循演練同一套需要毫不間歇練習的程序之後所散發的燦爛光熱。當我們緊盯商界、體育界、科學與藝術領域的傑出人員的時候，其實緊盯的是對唯一追求目標的偏執關注、對於某項技能的專一、針對某一目標的強大犧牲，以及超凡的深厚準備與無比的紮實耐心所得到的成果。請記住，每一位專業人士都曾經是業餘者，而每一位大師的起點都是學徒。普通人一旦培養出正確的習慣，也同樣可以取得高超成就。

流浪漢嘆道：「這傢伙真是厲害……」他拍了拍自己的骯髒雙手，動作宛若參加嘉年華會的小孩子一樣。不過，他再次看了一下自己的手錶，然後，他開始拖著腳步前行，屁股前後搖晃，現在他的雙手在空中揮舞，再次緊閉雙眼捻手指，他的乾裂嘴唇發出了早期饒舌歌手在沒有音箱時所製造的那種聲響。要是看到他的動作，各位一定會嚇一大跳。

藝術家大叫道：「你到底在幹什麼？」

「跳舞啊，」流浪漢開心晃搖，「它總是讓我進入這種美妙的體驗。蘇格拉底說，『教育是烈焰的火種。』而以撒・艾西莫夫曾經寫道，『我相信，自我教育是教育的唯一形式。』所以啊，老弟，繼續奉行古老智者的話語，真是太棒了。」

藝術家繼續播放錄音：

要堅拒會侵害你的優勢、誘使你陷入分心狀態、導致數位癡呆的這個世界裡的一切。強迫把自己的注意力拉回到渴望更完整傳達潛力的聖母峰，還有，要在今天釋放所有阻礙力量的成因。開始當幻想家——成為那種靠自我未來之尊榮感，而非以過往之牢籠過生活的特殊人士之一。我們每個人都渴望每一天都充滿了小小的奇蹟，大家都盼望擁有自我的純粹英雄氣概，進入無拘無束的獨特優越狀態。現在活著的所有人類，都有一種原初的心理需求，想要生產出令人驚歎的傑作，每天都生活在不凡的驚奇之中，而且知道我們正以某種滋養別人的方式過生活。詩人湯瑪斯．坎貝爾評述時留下了美麗字句，「活在世人的心中，那麼我們就不算死去。」

我們大家——真的是每一個人——天生就是要以自己的真實方式創造歷史。對某人來說，這可能表示要當優秀的程式設計師，或是提升年輕人心靈的優秀老師。對另一個人來說，這種機會可能意味要成為偉大的母親或是優秀經理人。然而對其他人而言，這種好運有可能是要拓展什麼偉大事業，或是成為替客戶提供優質服務的超棒業務員。這種被未來世代懷記在心，而且過著真正有意義生活的機會，並不是什麼陳腔濫調。其實，這真的是事實。不過，發現了這一點，而且接受那一種心態並在晨間練習，同時確保那些可讓成果出現的一致條件的人，實在是少數。我們都想要重新獲得傑出天賦的天生權力、無拘無束的歡喜，以及免於恐懼的自由，但為了挖掘我們隱藏的才能，讓它得以彰顯而願意從事特定舉動的人，卻是寥寥可數。很奇怪，對吧？而且說來也相當悲傷，我們大多數的人都被催眠了，失去了本性的光亮。在這個時代當中，絕大多數的人在最寶貴的工作時間都忙碌不已。總是在追逐瑣碎的目標與人造娛樂，反而忽略了真實的生活，這是最終將以心碎收場的常態。當你身體孱弱、一臉皺紋的時候，才驚覺自己最美好的早晨以及可能充滿產能的歲月都忙著攻上錯誤的山頭，又有什麼意義呢？真的很悲哀。

「那個段落真的是讓我很有共鳴，」企業家插嘴道，她的語氣略顯激動，「我就是科技成癮的人，我就是忍不住要隨時查看，早晨的第一件事，夜晚的最後一件事都是如此，它吸光了我的專注力，我幾乎沒有辦法專注在我的團隊與我承諾研發的產品。還有我生活中的各種雜音也消耗了我的元氣，感覺好棘手，我就是覺得再也沒有專屬於自己的時間了。這真的讓人無法承受，一切的簡訊、通知、廣告，以及引人分心的各種資訊。當我把自己的標準拉升為領導人的時候，魔法演說家的話語讓我獲益良多。我算是遇到了瓶頸。我公司茁壯的速度超過了我的預期，我沒想到自己會這麼成功，不過，有些事引發了我的巨大壓力。」她別開目光，雙臂又交叉胸前。

企業家心想，「我不能把自己實際遇到的狀況告訴他們……」

然後，她繼續說道：「我不得不放棄我真心喜愛的員工，因為我體會到適合企業生命週期某個階段的人，可能會隨著公司的進化而無法繼續適存下去。那是很艱難的過程，他們在早期是很好的員工，但現在已經不適合了。我公司裡發生了一些徹底顛覆我生活的事件，我真的不想惹這種麻煩。對我來說，這段時期真的非常不穩定。」

「關於妳提升自我領導術的觀點，」流浪漢回道：「請記得，領導人的任務是要幫助不相信的人接納妳的夢想，讓懦弱的人克服自身缺點，讓無望的人培養信念。而妳剛剛提到自己喜愛、但已經不適合妳現今企業階段的那些員工，妳必須要下手解雇——這是企業發展時期很正常的一部分。之所以會出現這種狀況，是因為他們並沒有隨著妳的企業成長而一起茁壯。他們開始打混，不再學習、創造，遇到問題之後也不打算要改善一切。最後，他們已經不再是妳企業的絕佳價值孵化器。他們很可能會責怪妳，但這是他們咎由自取。」這位不請自來的陌生人對於建立團隊、在商場致勝之洞察的細膩度，讓他的兩位聽者大感驚奇。

「嗯，的確是如此，」企業家回道：「所以我們必須拋下他們，因為他們已經無法繼續給予我們付出薪水之後所應產出的成果。許多夜晚，我在深夜兩點醒來，全身盜汗。也許這就像是一級方程式賽車手馬里奧·安德烈蒂所說的一樣：『要是一切似乎在掌控之中，那是因為跑得還不夠快。』我平常幾乎就是這種感覺。我們超越關鍵績效指標的速度如此之快，害我頭暈目眩。需要指導的新團隊成員，需要管理的新品牌，需要開拓的新市場，需要觀察的新供應商，需要改進的新產品，還有必須要拿出成績讓新的投資人和股東眼睛一亮，而且還有上千的全新職責需要處理，感覺事情真的很多。我有完成大事的超強能力，卻有沉重巨擔落在我的肩頭。」

企業家緊縮雙臂，失神落魄地搔抓額頭。她緊抿薄唇，宛若海葵發現了天敵而閉縮一樣。而且，她的雙眸也透露出她在承受巨大的苦痛。

「還有，至於妳提到科技成癮的觀點，請記得一點就好，要以聰明方式使用科技，它會讓人類持續進步。透過合理方式運用科技，可以讓我們的生活變得更好，知識更加淵博，縮小我們美妙世界裡的距離。那會摧毀人類心靈、減損生產力、消滅我們社會肌理的是濫用科技。妳知道嗎？要是玩手機一整天，會害人傾家蕩產。還有，妳剛剛提到自己身上的所有壓力，講得真好。網球傳奇人物比莉・珍・金曾經說過，『壓力是某種特權。』」流浪漢繼續分享，「妳必須要成長，身而為人，不斷向上前進，是度過餘生最精采的方式之一。每一次的挑戰，都是讓身為領導者、實踐者，以及人類的你，提升到下一個層次的大好機會。障礙只不過是試煉，其目的是為了要衡量你對於尋求的雄心壯志之回報到底渴望到什麼程度。它們會現身，是為了確認你是否願意提升自我，成為可以掌握那種偉大成就的人。失敗是一種成長，只是披著狼皮而已。在人的一生之中，幾乎沒有什麼比拓展個人以及顯現潛力更來得重要。托爾斯泰曾經寫過這麼一段話，『每個人都想改變世界，但沒有人想改變自己。』成為一個更偉大的人之後，也會自然而然成為更好的領導人——更厲害的實踐者。還有，對，我同意成長很可能會讓人心生恐懼。但我的導師曾經對我提出這樣的教誨：『對於恐懼有執念的自我那一部分，必須接受某種釘刑，這樣一來，值得崇高榮耀的那一部分自我，才能夠歷經某種輪迴。』這就是他當初與我分享的話，一字不改。詭異又具有深度，對吧？」流浪漢一邊講話，一邊搓弄他的聖人串珠。

他繼續講下去，沒有等待他們回應。

「我的良師也告訴我，『想要找到最佳的自我，一定得要先脫離懦弱的自我。』想要達成這樣的目標，只能透過不間斷的精進、持續反省，還有永不間歇的自我探索。要是沒有日日精進，你的生活，以及下半輩子就會陷入困境。這讓我想起了記者諾曼．考辛斯曾經說過的話：『生命之悲劇並非死亡，而是當我們還活著的時候任由心死。』」

流浪漢拉高嘶啞聲量，發表他的意見，「我的良師教過我，一旦我們轉化了與自我的主要關係，就會發現自己與他人的關係、我們的工作、我們的收入和我們的影響力都會隨之變化。大多數的人都無法忍受自我，所以永遠沒有辦法獨處，保持沉默。他們必須要一直和他人在一起，逃避因為辜負了潛能、錯失孤獨及安靜所帶來的美好與智慧的那種自我憎惡感。不然，他們就是不斷看電視，渾然不覺這正在侵蝕他們的想像力，同時也害他們銀行帳戶的數字節節下降。」

「我覺得我生活好複雜，真的讓我無法承受，我沒有任何屬於自我的時間，」企業家又重複了一次，「我不清楚自己的生活出了什麼狀況，反正就是變得好辛苦。」

「我懂妳的感受，」藝術家摟住他新朋友的肩膀，「我的直覺告訴我，妳承受了許多煎熬，但透露的並不多。沒關係。妳知道嗎？嘿，有時候我的生活糟糕到我根本連下床都沒有辦法，只能躺在那裡。我閉上雙眼，希望腦袋裡的濃霧能夠消失，就算是只有一天也好。有的時候，我無法正常思考，在那些時日之中，我完全無望，慘斃了。嗯，還有許多人也過著悲慘生活。我不是反社會，我只是反對白癡。最近出現了太多的傻瓜，身穿自己買不起的衣服、拍下自己嘟嘴的愚蠢時尚照，與自己不喜歡的人攪和在一起。我寧可過著有省思的生活、冒險生活、真實生活、藝術家的生活。人們變得這麼膚淺，真的是讓我發狂。」

然後，藝術家出拳猛搥自己的另一隻手。下顎線周邊出現了消不掉的皺紋，壯厚的脖子上冒出扭曲青筋。

「當然，我懂得你的心情，」流浪漢說道：「兩位，生活並不容易，幾乎一直是艱難前行。不過，就像約翰・藍儂所說的一樣，『到了最後，一切都會好好的，如果不是，那是因為還沒有到盡頭。』」他態度和善，講出了另一段引言，他的腦袋似乎有源源不絕的來源。

藝術家瞬間軟化，露出近乎是甜滋滋的微笑，他猛吐一口氣，很喜歡剛剛聽到的那一段話。

「還有，」流浪漢繼續說道：「這種進入個人與專業優勢的罕見之境、我們三人顯然都已經報名參與的登高之旅，並不適合弱者。我必須要老實說，提升自我生活讓你們得以了解真正的喜悅，還有優化技能讓你們得以掌握自身領域，這趟旅程幾乎沒有輕鬆的時刻。不過，這是我學到的秘訣：成長帶來的痛苦，絕對不會像悔恨一樣必須付出慘痛代價。」

藝術家忙著把這些字句匆匆抄在筆記本裡面，好奇問道：「你是從哪裡學到的？」

「現在還不能說……」流浪漢這樣的回答，更增添了他到底是在哪裡獲取大量智慧的神秘感。

企業家轉身，背向藝術家，在自己的電子設備裡草草記錄一些自己的心得。然後，流浪漢從他滿佈破洞的格子襯衫口袋裡，拿出了一張已經使用得十分破爛的索引卡，他把它舉高，宛若在上展示與討論課程的幼兒園小朋友一樣。

「在我還相當年輕的時候，某位傑出人士給了我這個東西，當時的我正忙著創設自己的第一家公司。我跟你們兩個很相像：充滿夢想，準備在世界上留下自己的功績，渴望要證明自我，生龍活虎地要掌握大局。你們知道嗎？我們生命前五十年的主要目標是在追求適切的位置。我們渴求社會之認可，希望贏得同儕的敬重，盼望鄰居會喜歡我們，我們買了各式各樣其實根本不需要的東西，沉溺在其實並不會讓我們開心的賺錢活動。」

「一點都沒錯……」藝術家低聲附和，點頭如搗蒜，他的姿勢出現了明顯變化，因為他的嬉皮辮已經垂落在肩上。

現在會場已經全空了。

「要是我們具有自省的勇氣，就會發現自己之所以這麼做，是因為內心有一連串的空洞。我們誤以為外在物質可以填補內心的空缺，然而永遠不可能，永遠不會的。反正，我們當中有許多人到了人生中場的時候，就直角轉彎。我們開始意識到自己不會得到永生，剩下多少日子也都算得出來了。所以，我們開始與自身的死亡產生連結，這是一大關鍵，我們發覺終會一死。而真正重要的部分就會變得更加銳利。我們更愛深思，開始心想自己是否忠於自己的才能與價值觀，而且是否在我們覺得適當的條件之下獲取成功。而且，我們會想到當我們離開之際，最愛的人會怎麼評論我們。就是在這樣的時刻，我們當中的許多人發生巨大轉變：本來是在追求社會的適切位置，轉而開始建立有意義的遺產。在過去這五十年當中，重點比不是*我*，而是*我們*；重點不是自我中心，而是服務他人。我們不再為生活添置更多的物品，反而開始減少——而且單純化。我們學到了品賞簡純之美，因為微小奇蹟而覺得感恩，珍惜心靈平和的寶貴價值，花更多的時間耕耘人與人之間的連結，體悟到最慷慨給予的人就是勝利者。這樣一來，你剩下的日子就成為對熱愛生命本身的偉大奉獻，也是造福眾人的行善者。這樣的方式很可能成為你通往不朽的途徑。」

「他真的好特別，」企業家低聲說道：「我已經有好幾個月不曾這麼充滿希望、活力，以及篤實感，以前我的父親總會幫助我度過難關，」她告訴藝術家，「自從他離世之後，我就沒有人可以依靠了。」

藝術家很好奇，「他怎麼了？」

企業家聲音嘶啞，「雖然與早上走進來的時候相比，我現在已經覺得堅強多了，這一點毋庸置疑，但我現在還是有點脆弱。不過我還是簡單交代一下，他結束了自己的生命。我爸爸是個了不起的人——超級成功的商界先驅者。他會開飛機、玩超跑，而且熱愛高等葡萄酒，曾經充滿了活力。然後，他的商業夥伴奪走了他的一切，這與我現在所經歷的可怕狀況幾乎是如出一轍。反正，他的世界崩壞所帶來的壓力與驚愕，逼他做出了我們萬萬想不到的事。我猜，他就是看不到任何的出口……」

藝術家語氣溫柔，「你可以依靠我啊。」他說出這句話的時候，伸出了小指戴著嬉皮指環的手，貼住胸膛，兼具了騎士氣度與波希米亞風格。

流浪漢打破了他們兩人共享的親密時刻。

「讀一下這段話，」他把自己的索引卡遞過去，開始對他們上課。「當你們兩個晉升到接下來的實踐層次，體驗到這一場進入人類領導力、個人優勢、創造非凡生產力職涯的冒險所帶來的一切，這對你們會相當受用。」

在那張因歲月而泛黃的紙片上面，有一段紅字：「所有的改變在一開始時都很艱難，並在中間陷入混亂，到最後一片燦爛。」

「非常好，」企業家開口：「對我來說這是很珍貴的啟示，謝謝你。」

藝術家繼續播放他的魔法演說家演講非法錄音：

在諸位的心中，都有靜默的天才與成功的英雄。如果你們不想理會這種老年勵志者所提出的理想話語，當然悉聽尊便。不過，我很自豪自己是理想主義者，這世界需要更多我們這樣的人。不過，我也是個現實主義者。真相就是：很不幸，當今這個地球上絕大多數人並不是很看重自己，他們透過外表來鞏固自己的認同。他們評價自我成就，是透過自己所搜羅的一切，而不是培養的品格；他們攀比的對象是自己跟隨的那些人所拍攝的精心設計——而且虛假的精華短片；他們是以自己的財產淨值衡量自我價值。而且，他們遭到錯誤念頭所綁架，誤以為某些事情從來沒有人做過，所以就不可能完成——他們本來有機會過著偉大又精采的生活，卻因此剝奪了所有的可能性，也難怪大多數人都陷入充滿不確定、無聊、引人分心之事物與繁複的流沙之中。

「很愛演的婆媽，」流浪漢又再次打斷，「對於那些感染了受害者情結病毒的男男女女，我給了他們這樣的封號。他們所做的只有抱怨自己多倒霉，而不是運用自己的主要力量進行改善。他們只是收受，而不是給予；愛批評卻不生產，憂心忡忡卻沒有努力工作。你們要建立抗體，去對抗辦公室上班時日與居家私人生活周遭的各種平庸形式，永遠不要當什麼很愛演的婆媽。」

企業家與藝術家凝視彼此，然後，因為這個古怪陌生人所使用的術語，還有他剛剛講出這段話時、高舉手臂比出和平手勢的那種姿態，兩人咯咯笑個不停。

然後，他們聽到魔法演說家以誇張的方式講出了下面這一段話：

我們要講清楚，每一天——你的下半輩子——無論你待在什麼地方、無論在做些什麼，都會面臨展現領導力的機會。領導力不是全球偶像與市場大亨的專利，而是大家都可以參與的競技場。因為領導力與正式的頭銜、寬敞辦公室，以及銀行裡的錢沒什麼太大的關係，而是與你投身精進自己的一切任務以及自我息息相關。它的重點是要抵抗平庸之專橫，拒絕讓負面情緒劫奪你讚嘆的能力，而且對於那些向平庸伏首稱臣的各種形式，一定要阻止它們侵擾你的生活。領導力的重點是做出改變，就在你身處之地。真正領導力的重點是要提出能夠闡釋天賦的大膽作品，靠著它的視野、創新與執行力，徹底顛覆你的領域，而且超級出眾，絕對經得起時間考驗。

還有，永遠不要只為了收入而工作，要為影響力而努力。真心真意地釋放那代表近乎詩意之不凡魔力的價值，才是你的追求重點。要展現人類創造之可能性的完整表現，要培養堅持致力產出絕對頂尖之作的耐心，就算是一輩子只能做出一件大師之作也一樣。光是達到這樣的成就，你的這趟人生之旅就值得了。

要做大師，要當傑出人物，要成為獨一無二的人。前百分之五的那一群人不是那麼在意名聲、金錢及認可，反而更加關注在自己的領域之中出拳挑戰更高的量級，端出超越自身能力之薪資等級的更高表現，創造出足以鼓舞——以及服務——千百萬人的那種生產力。這就是他們為什麼能夠賺千百萬美元的原因。所以，永遠不要敷衍交差，而是要全力挑戰。

現在，流浪漢閉上眼，趴到地上，做了一連串的單手伏地挺身，值此同時，他還在唱誦，「擁有自己的早晨，提升自己的人生。」

企業家與藝術家都搖頭以對。

「《先知》是我最喜歡的書之一，」藝術家若有所思說道：「那是有史以來最暢銷的詩作，我看過有文章提到紀伯倫一直把手稿帶在身邊長達四年之久，不斷精雕細琢，最後才把它交給了自己的出版商，那真的是純粹的藝術。我仍然記得他被記者詢問有關創作歷程時所說的那段話，因為當我待在畫室的時候，這些內容給了我很大的提點。雖然我經常得與拖延症奮戰不休，但他的字字句句卻讓我一直要努力發揮更高超的藝術才能。就像我之前說過的一樣，我還不錯，但我知道自己可以變成偉大的藝術家，前提就是我能夠戰勝自我毀滅行為，還有自己的各種心魔。」

現在流浪漢站起來，撫弄自己的巨錶，豆大的汗珠沿著他瘦骨嶙峋的臉龐蜿蜒而下，「他說了什麼？」

「他是這麼說的，」藝術家回道：「我想要確定、十分確定，裡面的每一個字都是我絞盡腦汁的最好成果。」

「了不起，」流浪漢回道：「這是頂尖者自始至終的堅持標準。」

突然之間，他們聽到了魔法演說家在錄音片段裡的咳嗽聲響，接下來的評述宛若好不容易才說了出來，就像未出生的孩子百般不願地離開親愛母親溫暖又安全的子宮。

只要體現我所激勵的重點，大家都可以成為日常之領導人，順境時是如此，遇到逆境時更沒有問題。就從今天開始，只要這麼做，保證未來成功在望。而且，我還要補充一點，活在世間的每個人，只要植入一連串的深度日常流程，再經過不斷練習，使之成了第二天性之後，都可以大量提升自我的思維、表現、活力、成功，以及終生的快樂。這也帶出了我演講的首要原則：在職場得勝，以及創造燦爛生活的重要起點，就是要加入我所謂的「清晨五點俱樂部」。要是你每天早上不挖出一點時間來讓自己成為頂尖人士，怎麼可能躋身頂尖之流呢？

企業家出現了從所未見的超級專注力，拚命做筆記，而藝術家的臉上則露出了「這使我強大」的微笑。流浪漢打嗝，然後整個人趴地做棒式運動，這是健身房裡的專業玩家鍛鍊強大核心肌群時的最愛。

現在可以聽到魔法演說家咳得更厲害，接下來是一陣可怕又綿長的停頓。

然後，他講出了這些話，緩慢猶疑，哮喘聲清晰可聞。他的聲音開始顫抖，宛若菜鳥電話行銷員第一次撥打推銷電話。

在清晨五點起床，的確是「所有固定流程之母」。加入清晨五點俱樂部是一種提升他人行為層次的行為。這樣的生活制度，是讓你得到轉化、進入充滿可能性之無敵模式的基本動力。你展開一天之初的方式，的確會成為你為當日灌注之集中力、元氣、與奮感，以及卓越之程度的關鍵因素。每個早起的日子都是你流芳故事裡的其中一頁；每個全新的黎明，都是釋放你的才華、鬆綁自我潛力、在充滿傳奇戰績的各種人聯盟之中擔任要角的嶄新機會。你的心中的確擁有這等力量，而在破曉的第一道曙光之中，將會盡顯無遺。請千萬不要讓過往的苦痛與現在的挫敗削弱了你的光彩，扼殺了你的無敵氣勢，以及隱身在你心中最崇高位置的永不放棄任何機會之人。在想盡辦法要逼你低頭的世界之中，你要讓自己變得強大；在期盼你留在幽暗地帶的年代裡，你要步入自己的亮區。在魅惑你要忘卻自身天賦的時光之中，你必須取回自己的才華。我們的世界需要每個人都採取這種行動。為了全人類——我們要成為自身業界的翹楚、捍衛自我成長的戰士，以及毫無保留之愛的守護者。

對於居住在這個小小星球其他的每個人，不論他們的信念、膚色或者階級為何，都要展露尊重和同情。在許多人以摧毀他人能量的方式取得能量的文化之中，我們要鼓舞他們，我們要幫助他人體會沉睡在他們心內的奇蹟。把眾人期盼能有更多人實踐的那種美德，展現出來。我現在所說的一切，喊話的對象都是你之前還未被毀壞的那個自我，曾經生龍活虎的那一面，還沒有被迫學習恐懼、囤積、限縮、懷疑的那個你。成為你生命的英雄、成為改變這種文化的創意實踐者、成為挖掘心中這種面向的地球公民，都是你的職責，還有，大功告成之後，要把你的餘生與它重新連結在一起。

接納這個通往人類優勢的機會，我向你保證，成功，以及超越邏輯之界限的精妙魔法，將會同時注入你下半輩子的生活之中。還有，你最偉大潛能的大天使們將會開始定期來找你，其實，一連串狀似不可能的奇蹟，將會循序漸進地降臨在你最真誠的夢土之上，而且會讓最棒的美夢成真。你將會進化為以助人的簡單之舉，提升整個世界的罕見偉大靈魂之一。

現在會場已經全暗了，企業家發出宛若巨大墨西哥城的深廣嘆息，藝術家動也不動，流浪漢開始哭泣。

然後，他站在椅子上，宛若牧師高舉雙臂，以洪量聲量說出了愛爾蘭劇作家蕭伯納的這段話：

> 這是生命的真正喜樂——能夠貢獻自己所認可的強大目標；成為某種自然之力，而不是抱怨世界沒有努力讓你開心、心歡抱怨不滿的憤恨小人。
>
> 就我看來，我的生命屬於整個社群；只要我活著，竭盡所能全力為之做事就是我的權利。
>
> 我盼望在我死去的時候可以鞠躬盡瘁，因為更加辛勤努力，活得就更有價值，生命之本身就讓我樂在其中。對我來說，生命不是「須臾燭光」，而是我當下握在手中的燦亮火炬，而我希望在將它傳承給未來世代之前，盡可能讓它燃燒出無比光亮。

然後，流浪漢跪地親吻自己的聖珠，繼續嚎啕大哭。

第5章

進入晨起優勢的詭奇之旅

每個人都掌握了自己的財富，就像是雕塑家將原料製成人像一樣……將材料塑造為符合我們所期盼的這種技能，必須要經過學習與細心培養。 ——**歌德**

「要是你們兩個有興趣的話，」流浪漢說道：「我很樂意在我的海岸宅邸花幾個早上的時間幫你們上課。我會向兩位展示我個人的早晨流程，對於個人優勢與和卓越工作表現來說，把你的第一個小時調校到最佳狀態為什麼這麼重要，我會好好解釋清楚，就讓我為兩位服務一下吧。你們的生活會開始變得燦爛，而且會在相當短的時間內實現。還有，與我在一起的這趟旅程會很有趣，但不會一路輕鬆，我們已經聽到講台上的那個老頭是怎麼說的了。不過，我保證這價值連城，收穫滿滿又美好，搞不好甚至就像是西斯汀教堂的天花板一樣精采。」

藝術家撫弄他的山羊鬍，「我第一次看到它的時候哭了出來。」

「米開朗基羅這傢伙真是個痞子，我這麼說是誇讚的意思。」流浪漢講出這句話時，也在玩弄他髒兮兮的鬍鬚。然後，他掀開襯衫，展示希臘男神般的腹肌。骯髒之手的某根修長手指沿著輪廓一路向下，宛若五月大雨之後的雨滴沿著玫瑰花的莖柄，以之字形的方式在滑動。

「你要好好教教我，」藝術家興奮叫嚷，宛若被鬆綁的貓兒進入鸚鵡寵物店裡一樣，「你到底是怎麼辦到的？」

「當然，我靠的不是深夜購物台節目買的那種塑膠腹肌訓練機。我身材這麼精瘦，還有這樣的冰塊腹肌，都是因為勤勞，一大堆的伏地挺身、引體向上、棒式運動、仰臥起坐，還有大汗淋漓的心肺訓練課程，通常的運動地點是在我的專屬海灘。」流浪漢掏出一個顯然相當昂貴的皮夾，然後小心翼翼從裡面取出一張印有圖案的塑膠片，就是下面這樣，所以各位可以看到企業家與藝術家在當下所見到的那張圖卡：

這個不修邊幅的流浪漢不讓兩位聽眾進行任何回應，滔滔不絕繼續講下去，「承諾、紀律、耐心及工作，現在已經沒什麼人信仰這些價值，太多人抱持特權心態，以為富足、源源不絕、豐盛的生活哪一天就會自動冒出來，就像是初春的麻雀一樣，而且還期待周遭的每個人要為明明是自己應該負責的部分投注心力。以這種方式運作，哪裡會有領導力？

「有時候，我覺得我們現在的世界，是一個大人的行為宛若被寵壞的小孩一樣的社會。我沒有評斷的意思，只是陳述而已；我不是在抱怨，純粹點出事實。嘿，兩位，讓你們瞄到我雕像一般的腹肌，只是要表達這個重點：不勞動的人，不會有任何成果。我要表達的就是少說多做。對了，看一下這個。」

流浪漢轉身，解開佈滿破洞的襯衫上的鈕扣，在他肌肉發達的堅實背部，有一句刺青，「受害者喜歡娛樂，勝利者熱愛教育。」

「來我的住處，跟我待一陣子吧，它位於某座美麗海洋正中央的迷人小島，距離開普敦海岸五小時之遠。」他把那張刻有海岸景象的塑膠卡交給了企業家，他指向手繪圖樣，語氣開心，「這些是我的海豚。」

「這次的旅行價值連城，」他繼續說道：「當然，這是一輩子難得一見的冒險，你們的某些最珍貴感人的時刻將會於焉展開。我將會傾囊相授對於頂尖清晨固定流程所知的一切，幫助你們成為清晨五點俱樂部的成員，你們會學到固定早起的習慣——這樣一來，你在中午之前所完成的一切，將會超過絕大多數人一週之內的份量，你可以進一步優化自己的健康、快樂及平靜。世界上有這麼多的偉大成就者會在日出之前起床，的確有原因——這是一天中最特別的時刻，我會解釋我如何運用這種革命性的方式建立了自己的王國。還有，我要先講清楚，王國有諸多形式——經濟只是其中的一種而已。你們也可以創造藝術、生產力、人性、慈善、個人自由，甚至是靈性的王國。當初我有幸得到導師指導，轉化了我的一生，我會把近乎一切的內容直接轉授給兩位，你們將會得到許多發現，進入最深沉的層次，以全新的透鏡觀看世界。你們還會品嚐最美味的食物，觀看最壯觀的落日場景。你們可以在海裡游泳，和海豚一起浮潛，搭乘我的直升機、飛過隨風晃舞的甘蔗。如果你們兩個都接受我的誠摯邀約來找我，我堅持你們一定要住在我家。」

藝術家扯開嗓門，「天吶！你一定是在跟我開玩笑，對不對？」他就跟同領域裡的許多人一樣，情緒總是相當激動，對於細節格外謹慎，而且帶有一種因潛在傷痛而產生的敏感性，而且這些情況越來越明顯。比絕大多數人更有感受力的那些人，有時候覺得自己受到了詛咒。其實，他們獲得了贈禮，那是一種能夠察覺其他人遺漏的部分、體驗大多數人忽視的快樂、注意到尋常時刻偉大之處的天分。對，這樣的人更容易受傷，但是，創造偉大交響樂、建造令人目眩神迷之建築、找到治癒疾病之道的，也是這些人。托爾斯泰曾經說過：「只有能夠愛得壯烈的人，才有辦法承受巨大悲痛。」蘇菲派詩人魯米也寫道：「你必須不斷心碎，才能夠敞開你的心。」這類深刻的觀察似乎在藝術家身上得到體現。

「我沒開玩笑，小伙子，我百分百認真，」流浪漢熱情洋溢，「我有一間房子，與名叫『孤獨』的村莊相隔不遠。相信我，他們取名取得真是恰到好處。只有遠離吵鬧與騷擾，處於安靜平穩狀態的時候，你才會想起自己到底想成為什麼樣的人。對人生說一句，『好，我們就這麼做吧！』誠如大師在講台上所說的一樣，在狀似偶然的情形下，當你開始探索出現在自我軌道旁的絕佳機會時，就會有魔法為你而出現，要是你根本不下場比賽，完全不可能會贏，對吧？其實，生命一直在支持你，就連看起來並非如此的時候也一樣。不過，你必須要完成自己的責任，當大好機會到來時全力以赴。哦，要是你們來到我島上的家，我的唯一要求是，你們待的時間要夠久，才能夠讓你們學到我的秘密顧問分享給我的哲學和方法，加入清晨五點俱樂部需要一點時間。」

流浪漢稍作停頓，又補充了一段話，「我也會負擔你們的所有費用，一切都由我支付。要是你們覺得有趣，我甚至可以派我的私人專機來接你們。」

企業家和藝術家互看了一眼，他們覺得有趣，不知所措，完全拿不定主意。

藝術家依然手持筆記本，開口問道：「老哥，可否讓我和我朋友獨處一下？」

「當然沒問題，不管你們需要多少時間，慢慢來就是了。

我就先回到我那邊的座位，打幾通電話給我的執行團隊……」流浪漢慢慢踱步離開了。

「這真是荒唐，簡直莫名其妙，」藝術家對企業家說道：「妳說他有些地方很特別，我超同意，甚至可以說他具有魔性。我知道這種話聽起來很瘋狂，但我對他一直在談論的這位導師很著迷，聽起來有點像是當代大師的教師。我承認這個流浪漢的確有一些很棒的見解，而且他顯然經驗老道。不過，妳看看他的模樣！我覺得他好幾個星期沒洗澡了，衣服破爛到不行，他不僅僅是古怪而已，有時候講話瘋瘋癲癲，我們根本不知道他是誰。這邀約可能很危險，這個人恐怕是危險人物。」

他的同伴附和，「對，真的是很古怪，今天在這裡發生的一切都很古怪。」現在，企業家削瘦臉龐的神情轉為柔和，但是她的雙眸依然鬱鬱寡歡。「我現在處於必須要做出重大改變的階段，」她老實招認，「我真的沒辦法繼續這樣下去了。我聽到你剛剛所說的話了，自從我在十一歲喪父之後，就對所有人事物都抱持懷疑態度。在沒有父親陪伴下長大的女兒，恐懼萬分。老實說，我依然有沉重的感情創傷。我每天都在思念他，曾經談了好幾次糟糕的戀愛。在自我價值感低落的狀況下不斷掙扎，而且，在曾經擁有的人際關係之中，我做出了一些可怕的抉擇。」

「大約在一年之前，我開始去找心理治療師，讓我察覺到自己會出現這種行為的原因。」企業家繼續說道：「心理學家把它稱為『無父之女症候群』，在我的內心深處，很害怕自己會拋棄，而且還有伴隨傷口而來的強烈不安全感。對，因為這一點，讓我的外表顯得格外強悍，而且在某些方面而言是冷酷無情。喪父的憂鬱給了我動力與野心，不過，這也造成了我內心的空缺。我發覺自己一直想要填補他離世時留下的那個洞，我逼自己工作得精疲力竭，我相信只要我越來越成功，就可以得到自己所失去的愛。我拚命想要賺更多的錢彌補自我的感情空缺，宛若海洛英毒蟲需要來一管。我一直苦盼得到社會地位，渴望得到業界認可——在我明明可以處理重要事物的時候，卻為了迅速快感而窩在網路上尋樂。我剛剛說過了，我發覺自己的諸多行為，都是由於我年輕時遇到早期挑戰所產生的恐懼。魔法演說家提到永遠不要只為了收入而工作，而是要成為頂尖領導人，因為它具有重要意義，因為它引發的成長機會以及改變世界的可能性，這番話讓我大受啟發。他的話語讓我覺得充滿了希望，我想要以他所講述的那種方式過生活，但現在的我根本還差得遠。而且，我公司最近發生的狀況已經把我逼瘋了。現在的我確實過得很糟糕，我之所以來參加這場活動，是因為我媽媽送了門票給我。我迫不及待想要改變。」

企業家深吸一口氣，「對不起，」她開口道歉，一臉尷尬，「我幾乎根本不認識你，所以我也不明白為什麼要向你坦白這一切，我猜只是因為和你在一起覺得很安心吧，我也說不上來是為什麼。要是我對你講了太多心事，真的很不好意思。」

藝術家說道：「沒關係……」他的肢體語言顯示他聽得很

入神，已經不再出現焦躁撫弄山羊鬍與嬉皮辮的動作。

「我們與計程車司機和其他陌生人聊天的時候，都超誠實，對吧？」企業家繼續說道：「我想說的是，我已經準備要轉化自己。我的直覺告訴我，這個想要教導我們如何透過卓越早晨流程，建立創意、生產力、財富和幸福帝國的流浪漢，他可以幫助我，幫助*我們*。」

「而且，」她又補了一句，「記得他的手錶吧。」

「我喜歡他，」藝術家說：「這個人很有特色。我喜歡他表述自我的方式，有時候充滿詩情，其他時候又熱情洋溢。他的思維充滿生氣，而且講出蕭伯納名言的時候，彷彿命繫於此一樣。不過，我還是沒有辦法全然信任他……」藝術家再次對著掌心擊拳，「搞不好他是從某個蠢蛋有錢人那裡搶了手錶。」

「我能夠理解你的感受，」企業家回道：「我和你的感受幾乎一樣，而你和我也才剛認識而已，我不確定和你一起進行這趟旅程會是什麼景況，希望你別介意我這麼說。你看起來人非常好，也許是有一些缺點吧，我覺得我知道原因是什麼。」

藝術家面露微喜。他瞄了一眼那個流浪漢，他正在吃裝在塑膠袋裡的酪梨切片。

「我得看看我是否能夠重新安排自己的行程表、暫別辦公室一段時間，這樣我們才能夠跟*他*在一起。」企業家說話的時候，指了一下流浪漢，他正大嚼零食，同時拿著古董級手機在講電話，雙眼盯著天花板，「在名叫『孤獨』的村莊附近的某個小島待個幾天，吃美味的食物，與野生海豚一起游泳，我開始喜歡這種計畫了，我有預感這會是一場超級大冒險，我覺得自己變得更加生龍活虎。」

「既然妳這麼說，我也開始喜歡這種感覺，」藝術家回道：「而且我認為這一切帶有某種充滿興味的瘋狂。這是一次接觸全新原創宇宙的獨特機會，對我的藝術來說，這可能是最美好的經驗。我想到了作家查理・布考斯基說過的一段話，『有些人從來不會瘋狂，他們過的生活一定很可怕。』而且，魔法演說家也的確鼓勵我們要離開日常生活的邊界，這樣一來我們才能在自身的天賦、才能及力量之中成長。我也有直覺告訴自己，去吧，所以，如果妳去，我就一起去。」

「好，你知道嗎？我會賭一把，就這樣。全力以赴，我們走吧！」

藝術家附和，「我也全力以赴。」

他們兩人都站起來，朝流浪漢的方向走過去，現在的他坐在那裡，閉著雙眼。

藝術家好奇地問道：「你在做什麼？」

「奮力想像我想要成為的一切面貌，還有我希望營造的更高層次生活。有個土耳其戰鬥飛行員曾經告訴我，他在每次執行飛行任務之前，都會進行『我們飛行之前的飛行』。他的意思是，在他的想像力劇場當中，以他與團隊成員期盼任務展現的方式，仔細進行排演，好讓他們能夠在實際情境裡執行展現自我優勢的夢想，全程無懈可擊。想要得到個人偉大成就、驚人的生產力、創意領域的成功，你們的思維模式，還有感情模式、健康模式，以及靈魂模式，是你們的強大工具。如果兩位接受我的邀請，我會把這一切了不起的概念傳授給你們。好，回到我閉上眼睛的原因，幾乎是每個早晨，我都會想像接下來這一天的完美表現。我也會深入自身的情緒狀態，這樣一來，我就能夠感受到當我實踐了預計之勝利的時候、到底會產生什麼樣的感覺。我把自我牢牢保持在極致自信的狀態，完全不可能會有任何形式的失敗。然後，我就出門，全力以赴度過那完美的一天。」

「真有意思。」企業家聽得很入迷。

「這只是我為了維持顛峰而履行的日常標準作業流程之一。優秀科學證實了這樣的練習有助我喚醒之前的靜止基因，對我的基因組進行正向調控。你們知道嗎？你們的DNA不是自己的宿命。兩位不要擔心，你們待在島上的時候，將會學到表觀遺傳學的突破性專業領域。你們也會學到某些美妙的神經科學知識，讓你們在這個注意力四散的時代可以大幅提升成就，這樣一來，你的驚人強項就不會被害大眾分心的武器所摧毀。有些創造計畫的執行度非常卓越出眾，因而得以存續世世代代之久，我也會披露我從中發現的一切。你們會聽到保護心神專注力以及身體活力的各種防彈防火級方法。你們將會發現全球最優秀的商務人士如何建立優勢企業，還會學到這座星球最喜樂的人每天早上營造近乎神奇之生活的校準系統。哦，補充說明，SOP是指標準作業流程，我的專門顧問使用這個詞彙來討論在生活競賽之中尋求勝利的必要性日常架構，我猜你們兩個會來吧？」

「對，我們會過去，」企業家語氣開心，「感謝你的邀請。」

「是啊，老哥，謝謝。」藝術家現在看起來比較淡定。

「拜託你了，」藝術家語氣誠懇，「有關創造高影響力領導者和頂尖成功商人之早晨流程，請你傾囊相授。我迫不急待想要改善自我表現與每日工作效率。我也需要你伸出援手，重新調整我的生活架構。老實說，我現在遇到了生活瓶頸。但我今天卻產生了許久以來不曾出現的振奮感。」

「對，老哥，」藝術家說道：「關於那一套幫我成為最厲害的畫家，以及我所能成為的最好的人的崇高早晨流程，請把你知道的秘密都告訴我們吧！」他講話的時候，拿著筆記本在空中搖晃，「派你的飛機過來，帶我們去你的村莊，給我們一些椰子，讓我們騎你的海豚，改善我們的生活，我們全力以赴。」

「你們之後的大發現，並不會是動機，」這個邋遢之人顯露出一股之前不曾流露的嚴肅感，「完全是關於轉化，而支撐它的是強人的數據、最新研究，以及已經在業界艱困環境中經過實戰測試的高度實用技巧。你們兩位準備好迎接此生從未體驗過的超級大冒險吧！」

「太好了，」企業家向這位飽經風霜的陌生人握手，「我必須承認，對我們兩人來說，這整個狀況一直很離奇，不過，也不知道為什麼，我們現在都信任你。對，我們對這種新體驗抱持完全的開放態度。」

藝術家脫口而出，「你人真好，願意為我們做這些，謝謝你。」他對於自己流露的感激之情有些驚訝。

「很棒，兩位做出了明智抉擇，」對方給了溫暖的回應，「請明天早上在這個會議中心外面集合，至少要準備幾天份的衣物，這樣就夠了。我已經告訴過你們，我很樂意張羅其他的一切，所有支出都由我負責，感謝兩位。」

企業家覺得奇怪，「為什麼要向我們道謝？」

流浪漢報以溫柔一笑，拚命在搔抓鬍子，「馬丁路德在遇害之前的最後一段佈道之中，曾經講過這麼一段話，『人人都可以變得偉大，因為任何人都可以服務。不需要擁有大學學位就可以服務，不需要懂得文法就可以服務，不需要了解柏拉圖和亞里斯多德就可以服務，不需要知道愛因斯坦的相對論就可以服務，不需要明瞭熱力學第二定律及物理學就可以服務。你只需要一顆充滿慈悲的心，由愛而生的靈魂。』」

流浪漢把嘴角的一小塊酪梨抹乾淨，然後繼續說下去。

「餽贈他人，就是送給自己的禮物。這是我在這些年來獲得的寶貴教訓之一。提升別人的喜悅，自己會得到更多的喜悅；強化其他人類的狀態，你自己的狀態也會自然跟著強化。成功很棒，但人生的意義才是真正的根本，提升世界的各個偉人的特質是慷慨，而不是一毛不拔。我們需要前所未見的領導者，純粹的領導者，而不是沉溺於自身利益的自戀者。」

流浪漢最後一次低頭看他的巨錶，「你們知道嗎？我們死掉的時候帶不走自己的頭銜、淨值，還有昂貴物品。我還沒看過哪輛靈車開往喪禮地點時，後面還跟了一輛搬家貨車。」他發出咯咯笑聲，兩位聽眾也跟著大笑。

企業家低聲說道：「他真是難得一見的人才啊。」

藝術家同意，「妳講的超好。」

「不要一直把『超』掛在嘴邊，」企業家說道：「讓人越聽越煩。」

藝術家表情有點驚訝，「好。」

「到了你在世的最後一天，最重要的是你所發揮的潛力、所展現的英勇行為，以及你為人類生活所增添的榮光。」這位流浪漢慷慨陳詞之後，變得安靜，又深吸了一口氣。「反正，你們要來真的是太好了，我們一定會很開心。」

藝術家客氣問道：「能否帶我的畫筆呢？」

「如果你想要在天堂作畫，當然不成問題。」流浪漢說出這句話的時候，還眨眨眼。

藝術家把手提包揹上瘦骨嶙峋的肩頭，「還有，明天早上幾點在這地方的外頭與你會面？」

「清晨五點，」流浪漢下達指示，「擁有自己的早晨，提升自己的人生。」

然後他就消失了。

第6章

通往頂尖生產力、藝術性，以及無敵韌性的航班

你的時間有限，所以不要浪費時間過著別人的生活。不要被教條所困——這等於是以他人的思維在過活。不要讓別人意見的噪音掩蓋了你的心聲。最重要的是，要有追隨自己的心和直覺的勇氣，也不知道為什麼，它們早就已經知道你真正想成為什麼樣的人。

——**史蒂夫．賈伯斯**

「我好累……」藝術家手持超大杯咖啡，低聲呢喃，現在的元氣就像是老烏龜在休假一樣。「這趟旅程可能比我想像的更艱難，我開始覺得自己走進全新的世界。就像我昨天在會後跟你說的一樣，我已經完全準備好要改變，迎接新起點。不過，這一切也讓我感到不安。我昨晚沒怎麼睡，做了非常詭異——有時甚至是暴力——的夢。還有，對，我們同意參加的這場體驗可能很危險。」

「唉，我覺得自己快掛了，」藝術家說道：「我討厭這麼早起，好爛的主意。」

這兩個勇敢的人站在會議廳外頭的人行道，這裡就是昨天魔法演說家施展自己的傳奇技巧卻昏倒之後，讓許多人傷心不已的場地。

現在是四點四十九分。

藝術家粗聲狂吼，「他不會出現啦！」他一身全黑打扮，左手腕綁了一條鮮紅色圓點花紋帕巾，靴子跟昨天的一樣，澳洲人的那一款。他朝空無一人的馬路吐了一大坨口水，瞇眼望著天空，刺青雙臂交疊在胸前。

企業家揹了一個尼龍圓筒包。她的打扮是波希米亞風寬邊袖真絲上衣、設計師名牌藍色牛仔褲、高跟涼鞋——看起來就像戴著鏡片尺寸如希臘島嶼夕陽一樣大的墨鏡的休假超模。她緊閉雙唇，臉上的皺紋以一連串的有趣十字狀交錯排列。

「我打賭那流浪漢一定會放鴿子，」她冷笑說道：「我才不管他的手錶，他口才這麼好也不重要，就算他讓我想起了自己的爸爸，也沒有任何意義。天吶，我好累。

「他之所以參加這個研討會，可能只是因為他需要找個地方休息幾個小時而已，他之所以知道這個清晨五點俱樂部，很可能是因為他聽過——剽竊——魔法演說家演講的一丁點內容，而他提到的私人飛機段落，恐怕是他最愛的某種幻想。」

企業家又恢復了她熟悉的懷疑態度，而且隱藏在自己的保護堡壘裡，前一天的滿腔希望顯然已經消融無蹤。

就在這個時候，一對強大的鹵素車頭燈穿透了黑夜之牆。

這兩人互看彼此，企業家勉強擠出微笑，她自顧自說道：「好吧，也許直覺真的比理性聰明多了。」

閃亮的炭黑色勞斯萊斯停在人行道旁邊，有個身穿乾淨白色制服的男子，俐落且有效率地下車，以老派的客氣舉止迎接他們。

「小姐，早安，先生，也向您道聲早安，」他一口英國腔，朗聲問好，同時以熟練姿態一口氣將他們的包包放入車內。

藝術家問道：「那個浪人在哪裡？」這句話展現出那種從來不曾離開山林的鄉巴佬睿智。

司機忍不住大笑，過沒多久之後，他恢復鎮定。

「先生，真是抱歉，對，這麼說吧，雷利先生的穿著非常低調。當他覺得有必要『展現勇氣毅力』的時候，就會這麼做，他將它歸類為練習。其他時候，他過著相當優渥的生活，日子一直是隨心所欲，更精確的說法是，只要他想要的一切都不成問題。所以，他偶爾會做出一些確保自己依然掌握客氣與謙沖態度的行為。請容我補充一點，這就是他古怪魅力的一部分。雷利先生請我將這些東西交給兩位。」

司機拿出了兩個最高級紙質的信封，企業家與藝術家打開之後，看到了這些字句：

嘿，兩位！希望你們都好，我昨天沒有故意嚇唬你們的意思，我只是需要執行任務而已。我最喜歡的某位哲學家愛比克泰德，曾經寫過這麼一段話：「無論是公牛或是有高貴精神的人，之所以有現在的面貌絕非一蹴可幾；他必須承受艱困冬訓，做好自我準備，不能貿然投入不適合自己的一切。」

自願承受不適，不管是我那種衣裝打扮，抑或是每週禁食一次，每個月睡一次地板，都能讓我保持強壯與自律，而且讓我得以專注於打造生活的少數重大要素。反正，預祝飛行愉快，不久之後，我就會在天堂見到兩位，給你們大大的擁抱。

司機繼續說道：「請記得，外表可能會產生誤導，衣裝也無法傳達人格。昨天你們遇到的是一位偉人，外表真的無法顯露出一個人的特質。」

藝術家說道：「我想沒有刮鬍子也是……」他伸腳，以黑靴踢了某個輪胎正中央的閃亮勞斯萊斯標誌。

「我接下來要告訴你們的這些事，雷利先生自己是絕對不會說出口的，因為他的個性就是太謙沖親切了。不過，被你們稱之為『浪人』的那位先生，其實是全世界的頂尖富豪之一。」

企業家雙眼瞪得好大，「你是在開玩笑吧？」

「當然沒有。」司機打開車門，露出禮貌微笑，揮了揮戴著白色手套的手，歡迎兩位乘客進入車內。

座椅散發出某種令人迷醉的全新皮革麝香氣息，裡面的木質鑲板似乎是手工製品，來自某個對工藝細節要求吹毛求疵、靠著這樣的單一執念而建立名聲的小家族。

「雷利先生多年前因為創辦各式各樣的企業而賺了大錢，他也是某間享譽國際之企業的早期投資人。為了謹慎起見，我不能講出名字，如果雷利先生發現我和兩位討論財務，他會非常失望。他對我下達的指示，只是要以最細緻的態度照顧兩位，向兩位保證他絕對誠懇可靠。還有，將兩位安全送到二十一號機棚。

藝術家懶洋洋地進入豪華汽車的時候開口詢問：「二十一號機棚？」他就像早已習慣這種交通工具的搖滾巨星、或是準備來一場週末狂歡的嘻哈藝術家。

司機的回答簡單俐落，「那是雷利先生機隊的停放地點。」

企業家的美麗棕色雙眸綻亮，充滿了好奇，「機隊？」

「是的……」司機只能講這麼多了。

當司機在清晨從街道疾馳而過的時候，一片寂靜。藝術家心不在焉地滾弄礦泉水，一邊看著窗外。他已經多年不曾見過旭日昇起，「好特別，真美，」他承認，「一天當中的此時此刻，一切都如此平靜，沒有噪音，真是寧和的狀態。雖然我現在覺得很累，但我真的可以好好思考，一切似乎變得更加清晰，我的注意力並沒有陷入混亂，宛若這世界的其他地方都在熟睡中，何等的平靜啊。」

琥珀色柔光、破曉時分的空靈色澤，還有當下的寧靜，讓他大受鼓舞，充滿了驚歎。

企業家端詳司機，「多講一點你老闆的事吧。」她講話的時候，一直不停在玩弄自己的電子設備。

「我就只能說這麼多了。他的身價有數十億美元，幾乎所有的錢都捐給了慈善團體。雷利先生是我見過最有趣、最慷慨，也是最富有同情心的人。他也擁有令人難以置信的意志力以及嚴格的價值觀，比方說誠實、同理心、正直，還有忠誠。還有，當然，如果容我大膽直言，他也是個真正的怪人，就像許多非常、非常、非常富有的人一樣。」

「我們已經注意到了，」企業家也同意，「但我很有興趣的事是，你為什麼會說他古怪？」

對方只丟了一句話，「兩位之後就知道了。」

勞斯萊斯迅速抵達某座私人機場，完全看不到雷利先生的蹤影。司機加速，駛向某台保養得完美無瑕的象牙色班機，唯一的顏色是在機尾，有三個橙橘色調的字，「5AC」。

企業家緊抓著自己的電子設備，不安地問道：「『5AC』代表的是什麼？」

「『清晨五點俱樂部』。『擁有自己的早晨，提升自己的人生！』現在，很遺憾，我必須向兩位道別，再見……」他又以法語說了一次再見，然後把行李搬入了閃閃發光的機艙裡。

兩名俊帥機組人員在通達機艙的金屬梯旁邊聊天，有位高雅美麗的金髮空姐把熱毛巾遞給企業家和藝術家，還以銀托盤送上提供咖啡，用俄語向他們打招呼，「早安。」

「認識兩位真是榮幸，」司機準備要回去開車，他抬頭朝飛機的方向大喊：「麻煩替我向雷利先生獻上滿滿的祝福，還有，祝兩位在模里西斯玩得開心。」

「模里西斯？」他們兩人同時驚呼，宛若被某瓣大蒜驚醒的吸血鬼一樣。

「真是太不可思議了，」藝術家進入機艙時說道：「模里西斯！我一直想要造訪那座島嶼。而且我看過一些有關它的資料，它是地球的高頻能量區之一，充滿法國風味，景緻優美得不得了。還有，據說那裡住了許多全世界最熱情幸福的人。」

「我跟你一樣，嚇了一大跳，」企業家啜飲咖啡，偷瞄駕駛艙，觀察飛行員在進行起飛前的準備工作，「我也聽說模里西斯很漂亮，那裡的人非常友善，樂於助人，而且具有更高的靈性。」

完美起飛之後，這架頂級飛機飛入高空，翱翔雲中。到了穩定飛行高度，有高級香檳送到了他們的面前，空服員建議搭配魚子醬，還提到了一連串的美味主餐。企業家相當心滿意足，對於投資者惡意想要奪走她一手創辦的公司一事，也沒有那麼激動了。雷利先生靠著清晨五點俱樂部的哲學與基本方法論，宛若火箭一躍成為商界大亨與全球慈善家，的確，現在可能不是休假了解它的理想時機；或者，也可以說現在是完美時機，逃離她的日常真實生活，探索全球最成功、最有影響力、最喜樂的這些人，是如何開始他們的每一天。

企業家啜飲了一點香檳之後，開始看電影，然後就陷入熟睡狀態。藝術家帶了一本書，書名是《出身費歐倫提諾的米開朗基羅與來自烏爾比諾的拉斐爾：梵蒂岡的藝術大師》，他看了好幾個小時之久，諸位一定可以想見他有多麼開心。

噴射機的軌跡飛越了許多的廣袤大陸與各式各樣的地形，飛航操控一絲不苟，而且降落的時候就跟整個體驗過程一樣流暢。

「歡迎來到模里西斯，非常感謝。」當飛機在剛鋪好的跑道滑行時，機長透過廣播系統以法語開場，他轉為英語，「歡迎來到模里西斯與西沃薩古爾・拉姆古蘭爵士國際機場，」聽得出那種大半輩子都待在空中的人當之無愧的自信，他繼續說道：「帶領兩位貴賓來到這裡是我們的榮幸。幾天之後，我們會再次見到兩位，雷利先生的私人助理已經告知了兩位的行程。再次感謝兩位與我們一起飛航，我們相信這次旅程優雅又舒適，最重要的是，安全。」

一輛閃閃發光的黑色休旅車停在跑道旁，空服員帶領她的貴客下機，並進入嗡嗡作響的車子裡。

「兩位的行李很快就會跟上，千萬不要擔心——會送到雷利先生海邊宅邸的客房……」她最後以俄語致謝，語氣優雅，而且還以極真誠姿態揮手道別。

「這一切真是太夢幻了……」企業家發出讚美，同時做出了反常舉動，宛若網紅一樣噘嘴開心自拍。

「『超』夢幻……」藝術家回應的時候，趁機在她後面偷偷擺出伸舌的搞笑姿勢，就像是愛因斯坦在他的那張著名照片中一樣，背離了他身為科學家的嚴肅態度，反而曝露出他童心未泯的驚奇感。

當這輛勞斯萊斯在高速公路奔馳的時候，高大的甘蔗隨著印度洋吹送的微風在搖晃。安靜的司機配戴的是五星級飯店行李員的那種白帽，一身燙得筆挺的深灰色制服，透露出低調卻細緻的職人精神。遇到限速下降的時候，他從來不會忘記放慢車速，而且每逢轉彎一定會確認自己打了方向燈。雖然這名男子顯然比較年長，但是他在路面操控車輛的時候，發揮的是年輕學徒矢志要成為翹楚的那種精準度。在從頭到尾的駕駛過程當中，他一直專注緊盯前方的道路，處於某種能夠確保乘客安全的出神狀態，但依然能夠以順暢效率將他們送達目的地。

他們經過了一些小村落，它們散發出時光靜止不動的感覺。街道兩側佈滿九重葛，帶有街頭之王氣魄的野狗群站在道路中線，與休旅車正面對決，來一場誰是膽小鬼的遊戲，小孩子在小小的草坪上盡情玩耍，偶爾可以聽到公雞在嘶吼，頭戴簡樸毛帽、缺牙、一身栗子色皮膚的男人們，坐在飽受風吹日曬的木椅裡，看來有太多的白日時光需要打發，也因為生活之艱辛而顯得疲憊，不過依然可以看出充實生活帶來的智慧。雀躍的鳥兒唱著悅耳歌曲，還有色彩繽紛的蝴蝶翩翩飛舞，似乎到處都看得到牠們。

休旅車蜿蜒進入某個小村莊，有個腿長比例不像話的瘦男孩，騎著一輛仿美式機車造型的古董級小孩腳踏車，車框吱嘎作響，搭配極高的座墊位置。映入眼簾的另一個畫面，是一群身穿背心、衝浪短褲、夾腳拖的青少女，在狹小但精心養護的路面上慢慢前行，後面跟了一個穿軍綠色工裝短褲的男子，他的T恤後面印有「天下第一焔烤雞肉」字樣。

島上的一切似乎都處在移動狀態，大家看起來都很開心，散發出燦爛活力，不像我們許多人過著行程爆炸、由機器主導、有時甚至是毫無熱情的日子，這樣的活力很難看得到。海灘美到令人無法以言語形容，花園非常漂亮。在一整片高更風格的場景中，點綴背景的是宛若由十六世紀佛羅倫雕塑家打造的一系列山脈。

「你們有沒有看到上面那一塊？」司機打破了自己刻意而為的沉默，伸手指向某個類似人形山峰上的岩塊，「它被稱為彼得博斯，是模里西斯的第二高山。看到那裡的頂峰了嗎？很像是人頭吧？」他伸手指向那個岩塊。

藝術家回道：「超像……」

「我們在念小學的時候，」司機說道：「曾經聽過這樣的故事，有個男人在山腳下睡著了，他聽到奇怪聲響而醒來，看到仙女和天使在他周邊跳舞。這些生靈吩咐這男人，永遠不可以把自己剛剛看到的事告訴任何人，否則他會變成石頭。他同意了，不過，後來因為他對於親眼目睹的神妙體驗感到很興奮，便違反諾言，對許多人講出了自己的好運故事。仙女和天使生氣了，把他變成了石頭，然後他的頭不斷膨脹凸升，最後到了你們兩位現在所看到的雄偉山峰頂端，提醒每個看到它的人都得要信守承諾，說到做到。」

休旅車又在另一個社區裡曲折前進。某座房子前廊放了小喇叭在播放音樂，兩名青少年、三個頭髮上插有白色和粉紅色花朵的青少女在開心跳舞，背景還傳出狗兒低吠聲。

企業家說道：「很棒的故事……」她的車窗大敞，棕色捲髮在風中飛揚，平常佈滿皺紋的臉龐，現在看起來光滑無瑕。現在，她說話的語速變慢，聲音中透著前所未有的寧和。她的某隻手放在座位上面——距離藝術家隨興擱置的手並不遠，他那隻手的中指和食指刺有精美刺青。

「馬克吐溫曾經寫過這樣一段話，『先有模里西斯，後有天堂；天堂是模里西斯的複製品。』」司機本來有些矜持，但現在卻打開了話匣子，露出宛若總統在就職典禮發表完演說的驕傲燦笑。

「我從來沒有看過這樣的場景……」藝術家開口，他兼具粗野與暴怒的雄性敵意，現在已經被某種更平和、無憂無慮、放鬆的態度所取代，「我在這裡所感受到的活力，正在翻攪我內心深處的創造性。」

企業家瞄了一下藝術家，目光停駐的時間稍微超過了禮節的容忍範圍。她隨後別開目光，眺望海洋，雖然她不情不願，但還是忍不住露出了溫柔微笑。

他們聽到司機在對休旅車的免持電話低聲細語，「再五分鐘就到了。」然後，他把兩塊似乎是手工打造的純金金屬板分別交給兩位乘客，他告訴他們，「請看一下這些內容……」

狀似貴金屬的面板以精美雕刻方式，寫下了五大宣告，面板樣貌以下：

第一條規則

對令人分心的事物成癮，將會終結你的創造性生產力。帝國創建者和歷史創造者會在破曉之前，抽出一個小時的時間，在超脫複雜糾結的寧靜狀態之中，為頂尖的一天提前做好準備。

第二條規則

藉口無法孕育出天才。你以前沒有培養早起的習慣，不表示現在辦不到。放下你的理由，而且，要記住只要持之以恆，每天一點一滴的進步，就能帶來驚人成效。

第三條規則

所有的改變在一開始時都很艱難，並在中間陷入混亂，到最後一片燦爛。你現在覺得容易的一切，當初也覺得困難。只要持續練習，在黎明時起床會成為你的全新日常，而且你會變得自動自發。

第四條規則

想要獲得頂尖的百分之五的執行者擁有之成果，你必須要開始做百分之九十五的人不願意實踐的事。當你開始過這種生活的時候，大多數人會說你瘋了。請記住，被貼上怪胎的標籤是偉大之代價。

第五條規則

當你覺得自己快要放棄的時候，要持續不輟，勝利喜歡堅韌的人。

當車子經過一整排老舊白色海濱房屋的時候，速度開始減緩，近乎是爬行的速度。某間房子髒兮兮的戶外車道停放了小型貨卡，另外有一戶的前院看得到隨意放置的潛水設備，而在最後一間房舍的前院，一群吵鬧的小孩玩遊戲玩得好開心，笑得歇斯底里。

海洋出現了，頂端冒泡的藍綠色水浪發出沙沙聲響，最後撞擊沙岸。空氣散發海洋生物的氣味，卻又像花蜜一樣甜美，還混有令人意想不到的淡淡肉桂味。在某個寬板碼頭上面，有個留著聖誕老公公大鬍子、身穿捲起褲管卡其褲的清瘦男子，打著赤腳在釣魚，準備當一家人的晚餐，這個老人的頭上還戴著機車安全帽。

夕陽逐漸西沉，美麗的球體散發出奪目光亮，在與它熱情相擁的水面投射出黃條狀波光與倒影。鳥兒依然啁啾不休，蝴蝶依然在飛舞，這一切真的是好神奇。

「我們到了……」司機對著金屬柵欄旁的對講機開口，設立這道圍欄的目的似是為了阻擋野生動物，而不是防賊闖入。

大門徐緩地開了。

休旅車沿著兩側林立九重葛、木槿、雞蛋花、模里西斯的國花耳環花的蜿蜒道路前行。司機打開了他的車窗，邀請海風入內，它帶有一股令人暈眩的香氣，包括了新冒出來的茉莉花與豐美的玫瑰。身穿俐落園藝工作服的園丁們熱誠揮手，其中一個在車子經過他面前的時候，大聲以法文道了聲早安；兩隻肥嘟嘟、尺寸如卡車司機拳頭的鴿子在石板小道跳躍的時候，另一名員工也以混合語法文問好。

富豪的房子很低調，設計風格有些像是美國瑪莎葡萄園小屋與瑞典農舍的混合體。充滿了美感，又有絕對的隱私。

房子後面有一個延伸到洋面上方的大型陽台，髒兮兮的登山車斜靠在某面牆上，衝浪板放在接近戶外車道盡頭的地方，唯一的奢華建築裝飾品是大片的落地窗。戶外平台區精心佈置了更多的珍奇花卉，此外，還有一台推車，上面放了開胃小菜、奶酪拼盤、新鮮檸檬茶，以及厚度恰到好處的待用生薑片。被陽光曬白的灰色階梯，蜿蜒通往令人屏息的美麗海灘，就像是在菁英階層喜愛的旅遊雜誌裡會看到的那種。

在這一大片美景之中，有個孤單形影站在奶白色沙岸上，他動也不動，處於完全靜止狀態。

那男人的身材如同艾菲爾鐵塔一樣偉岸，他沒穿上衣，露出黃銅色肌膚，身穿迷彩圖案的寬鬆短褲、鮮黃色的涼鞋，加上可能是在羅馬孔多蒂大街買到的那種都會風格太陽眼鏡，禪風衝浪者與蘇活區痞子綜合體的形象大功告成。他凝視大海，依然是不動如山的姿勢，宛若非洲遼闊天空中裡的星星。

「他就在那裡，」企業家說道：「我們終於見到了主人，了不起的雷利。」

她語氣欣喜，匆匆走下通往海岸的木梯時，加快了腳步，「你看看他！就只是在海邊閒晃，沐浴在陽光之中，熱愛生活的程度百分百。我早就告訴過你，他很特別。真開心我信任自己的直覺，答應參加這趟奇妙冒險。在這個有太多人說出自己根本辦不到的事、做出自身無法兌現之承諾的世界中，他卻一直說到做到，言行非常合一。他對我們真好，甚至不認識我們，但他真的很想幫忙，他對我們的支持，我沒有任何懷疑。你加快腳步好嗎？」她揮手催促動作慢吞吞的夥伴，「我想給雷利先生一個熱情的擁抱！」

有隻幼小壁虎直接橫越碼頭的某塊寬板，引來藝術家哈哈大笑。他在耀眼陽光下脫去了自己的黑色襯衫，露出佛陀尺寸的肚腩，還有豐美芒果般的男乳。

「我也想抱他，他的確是言行一致的人。天吶，我得要曬曬太陽。」畫家低聲說道，他加快速度，拉近與企業家的距離，氣喘吁吁。

這兩名客人走向這個站在海濱私人區天堂水岸的男人，他們發現放眼所及看不到其他房子，完全沒有。只有幾艘因為經年累月而使得塗漆斑駁的木製漁船，停泊在近岸的淺水灘之中；除了這位有義大利風格的拜日帝國創建者之外，沒有其他的人類，完全沒有。

「雷利先生⋯⋯」藝術家大叫，現在他已經站在沙地上，飢渴地狂吸空氣，進入他那虛弱的肺部。

那個精瘦的人形依然動也不動，宛若等待皇家車隊到來的宮殿衛兵。

「雷利先生⋯⋯」企業家也熱情呼喊。

沒有回應。那男人只是繼續盯著洋面，還有四散在地平線附近，與足球場面積相當的那些貨櫃船。

沒多久，藝術家站到那個人緊實黝黑的雙肩後方，拍了拍他的左肩三下。突然之間，對方轉身，兩名訪客都瞠目結舌，企業家伸出纖細的手掩嘴，而藝術家出於本能往後急退，最後摔落沙地。

看到眼前的畫面，兩人都愣住了。

那是魔法演說家。

第7章

預備轉化的天堂起點

要相信令人不敢置信的事物，對小孩來說沒有任何問題，對天才或瘋子來說也一樣。只有聰明又心胸狹窄的你我會懷疑，東想西想，躊躇不前。

——史蒂芬·帕斯費爾德，美國作家

「哦，哇！」企業家驚呼，她露出了似笑非笑的表情，看得出她有驚訝，也有歡喜。

「我們參加了你的研討會，你在講台上的表現真是精采。」她終於能夠好好講話，從微微震驚轉為她更熟悉的企業強人姿態，「我是某家科技公司的領導人，我們被業界權威稱之為『太空船』，因為我們一直處於爆發性成長。狀況一直非常好，直到前一陣子……」

她不再盯著魔法演說家，反而凝視著藝術家，緊張不安地玩弄手鐲好一會兒。她臉上的深紋變得更明顯，而且，就在那個當下，在那個壯麗海灘邊，她的臉龐流露出某種沉重、疲憊，而且又受傷的神態。

「妳的公司，」魔法演說家問道：「發生了什麼事？」

「某些當初投資我公司的人覺得我擁有太多股份，他們想要拿到更多，是非常貪婪的人。所以，他們操弄我的執行團隊，說服了主要員工聯合起來反對我，現在拚命要把我扔出這家公司，那是我耕耘了一輩子的地方。」企業家哽咽了。

一群色澤豔麗的熱帶魚游過沙地旁邊的淺灘。

「我本來打算要自戕，」她繼續說道：「而我參加了你的研討會之後就改變了念頭，你有許多充滿智識的珠璣話語帶給我希望，你有好多字字句句讓我又變得堅強。我也說不上來是什麼，但你讓我相信自己與我的未來，我只想要向你道謝。」她擁抱魔法演說家，「是你讓我展開了優化生命之旅。」

魔法演說家說道：「真是謝謝妳的善言。」他現在的模樣，與企業家和藝術家上次見到他時出現了明顯變化。他不僅散發出日曬的健康光澤，而且現在站得很穩，也比較圓潤一點。

「對於妳剛剛說的話，我很感激，」魔法演說家繼續講下去，「不過，其實並不是我讓妳展開追求提升自我的生活，妳開始套用我的見解與方法——也就是實踐了我的教導，所以妳改變了自我的生活。許多人都講得頭頭是道，他們會對你說出他們打算完成的雄心壯志，還有計畫要付諸行動的抱負。我不是在抱怨，我只是要說：大多數人一輩子都過著相同的生活。他們太害怕，不敢離開之前的運作方式。與平庸之自滿互相結合，與順從的鐐銬連結，卻抵制一切成長、進化、提升個人的機會。我們當中有這麼多的好人如此恐懼，拒絕了讓生命進入充滿可能性之藍海的召喚，在那樣的地方，英勇之尊嚴和大膽無畏的真實正在等待他們。妳有智慧，會根據我在活動時所分享的資訊採取行動。妳是當今芸芸眾生之中的極少數，願意全力以赴成為更好的領導人、實踐者，以及人類。妳做得很棒，我知道轉化並不容易。不過，毛毛蟲的生命必須終結，才能夠綻放蝴蝶的光彩。過往的『你』必須死亡，然後最好的『你』才能夠誕生。妳真的很聰明，不會等到在理想狀態下才進入超凡卓越的工作領域和私人生活。一個簡單的開端，就能夠釋放出巨大的力量。當妳開始以期盼最高抱負如願成真的方式，關閉已經暢通之循環的時候，妳內心的秘密英雄力量就會開始顯化。大自然會注意到妳的努力行動，接下來開始會以一連串意想不到的成功，來回應妳的忠實承諾。妳的意志力變得更加強大，信心爬升，而且妳的才華也會突飛猛進。一年之後，妳會很高興把今天當成了起點。」

企業家說道：「謝謝。」

「我聽過這樣的故事，有個男人說他得要減肥，才能開始慢跑。妳想想，居然說要先減重才能開始跑步。這就像是作家在等待靈感到來之後才開始動筆寫書，或者，經理等待升職成為業界領導人，一家新創公司在推出顛覆現況的產品之前，必須要等待全額資金到位。生命之湧流獎勵的是積極行動，懲罰的是猶豫不決。反正，能夠以某種微不足道的方式為妳的自我提升提供貢獻，讓我很開心，聽起來妳的個人創業正處於某種困難、但依然令人充滿期待的時期。請妳這麼想吧，對自我來說，這是糟糕的一天；卻對靈魂而言，這卻是美好的一天。你的恐懼之音聲稱這是惡劣季節，不過，你的智慧燦光卻知道這是美好大禮。」

「我們以為你死了，」企業家坦露心情，毫無任何保留，「幸好你安然無恙，而且你這麼謙虛，讓我很欣賞。」

「我深信最謙沖的人就是最偉大的人。純粹的領導人面對自我相當從容，所以他們的主要任務就是要提升他人。他們的內心充滿自尊、快樂，以及平靜，不需要為了稍微讓自己感覺良好而向社會宣傳自己的成功。如果容我再多說一句，我要強調，真正的力量與虛假的力量之間有天大的差別。」魔法演說家繼續解釋，更加深入讓他聞名全球的大師模式。

「我們的文化教導我們要追求名銜與飾品、掌聲及讚譽，還有金錢加上豪宅。那一切都很好——的確如此——只要你不要被洗腦，靠著這些東西來定義你作為人的價值。享受它們，但千萬不要被它們羈絆；擁有它們，但千萬不要依據它們來建立自我認同；欣賞它們，但千萬不要覺得它們是必需品。這一切，都只是我們的文化讓我們誤信自己追求成功和平靜時不可欠缺之虛假力量形式。其實，要是妳喪失了其中哪個部分，那麼妳從中得到的替代型力量就會消失無蹤，瞬間蒸發，顯露出它本來就是幻象。」

企業家在消化他說的字字句句，「拜託，再多說一點。」

「真正的力量從來就不是來自於外在事物，」魔法演說家繼續說道：「許多有錢人其實並不富有，千真萬確。」魔法演說家脫掉了他的鮮黃色夾腳拖，把它整齊地放在附近如糖粒的沙地，「真正的力量——也就是傳奇人物之本質——並非來自於你的外在表象以及你所擁有的外在物品。現在，這世界已經陷入迷失，當你碰觸自身的原初天賦、而且實踐你身而為人的最豐富才能，那份真實又持久的力量就會顯化。我也要說，真正的財富來自於生產力、自律、勇氣、誠實、同理心，以及正直等高尚美德所建立的生活，能夠按照自我方式過日子，而不是盲目追隨這個病態社會當中早已被馴化的那群綿羊。現在，已經有太多人成了『綿羊人❷』。有一個天大的好消息是，我所提到的這種力量，地球上的每個人都可以獲得。我們可能已經遺忘而且否認我們所擁有的這種力量，因為生活傷害了我們，讓我們大失失望、困惑不已。不過，它仍然在那裡等候我們，與它建立連結，進行培養。妳知道嗎？過往歷史的所有偉大導師都是身無長物。甘地過世的時候，只有十件左右的個人物品，包括了他的涼鞋、手錶、眼鏡，還有一個簡樸的食碗。德蕾莎修女，心靈豐足，具有影響千萬人的真正力量，死去時所待的小房間裡幾乎沒有任何世俗用品。當她旅行的時候，全部的家當就放在一個白色布袋裡面。」

---

❷ 結合sheep與people的sheeple，意即隨波逐流之人。

藝術家問道：「為什麼這麼多偉大的人類英雄都身無長物？」坐在沙地上的他，現在已經全然放鬆。

「因為他們已經到達了某種個人成熟度，讓他們得以看到花時間追求最後毫無價值的目標，終究只是一場空。而且他們已經培養自身品格到了相當程度，所以不再像多數人一樣，需要以引人分心與吸睛的事物、逃避，以及奢侈品等各種方式，填補內心空洞。他們對於膚淺財產的慾念越低，就會越渴望實質的追求目標，比方說實踐自己的創意之夢、表達與生俱來的天賦、以更高的道德計畫過生活。他們了解得十分透徹，鼓舞人心、展現天賦、無畏無懼，都是內心的任務。要是能夠觸達真正的力量，拿外在物質與這種寶藏所提供的成就感相比，根本是一片蒼白。哦，還有，這些歷史重量級人物發覺了自己的崇高本質，也體悟到打造精采人生的首要目標之一就是貢獻，包括影響力、益處、助人。企業創辦人可能會稱之為『釋出利益關係人價值』，就像我在研討會昏倒之前所提到的一樣，『領導就是服務。』」哲學家魯米對此的觀察心得比我精采多了，『放棄涓滴，成就海洋。』

「感謝分享……」企業家真誠致謝，她坐在沙地上，就在藝術家的旁邊，還小心翼翼把自己的手放在他的手附近，相隔只有一丁點距離而已。

藝術家說道：「看到你身體好轉，真是太棒了。」他現在已經脫掉了靴子，沒穿襪子，「所以當初你到底是怎麼了？」

「疲累，」魔法演說家老實招認，「我跑太多城市，搭了太多航班，太多的媒體曝光，太多的演說。我只是想要篤實追尋自我任務，幫助人們提升領導力，啟發他們的天賦，讓這些才華成為他們生活的英雄，畢竟我比大家更了解這一點。」

魔法演說家摘掉時髦的太陽眼鏡，伸手向他的兩名學生問好，「認識兩位真是榮幸。」

「老哥，我也是，」藝術家回道：「你的演說幫助我度過了某些艱困時期。」當藝術家講出這些話的時候，發現遠方有一艘載滿盛裝派對打扮遊客的遊艇急駛而過。此外，可以在清澈水中看到有另一群星斑裸頰鯛忙著泅泳。魔法演說家意外發現了它們，露出燦笑，繼續講下去。

他說道：「你們一定很好奇我為什麼會出現在這裡。」

「是啊，」企業家脫掉鞋子，她和同伴一樣，把雙腳鑽入細沙裡。

「在雷利先生三十三歲的時候，我就開始當他的顧問。所有職業運動員都有頂尖教練，而所有的傑出企業家也是如此，你就是沒辦法靠單打獨鬥成為一方霸主。我們認識的時候，他正開始創業，但即便是在那個時候，他也明瞭學得越多、成就越高的這個道理。成長是頂尖人士每天都在玩的真正運動，教育的確是預防墮落的疫苗接種。當你變得更好，你生活的所有領域也會為之精進，我把這稱之為『2x3x心態』：為了要讓你的收入與影響力加倍，要在兩個關鍵領域投入三倍的投資——你的個人優勢，還有你的專業能力。」

藝術家搔抓鬆垮垮的大肚腩，然後又摳掉一塊殘破腳指甲。

「雷利先生很早就知道，要攀升到頂峰，就必須要有頂尖的支持。多年以來，我們已經成了好友。我們共享歡欣時刻，比方說，在他這個私人海灘上享用了五個小時的午餐，我們享用了棕櫚心沙拉、新鮮的烤蝦、上等法國葡萄酒。」

魔法演說家把雙臂伸向空中，凝望巍峨高山，保持沉默了好一會兒。

「然後，我們也一起經歷了深沉的悲痛，就像是我的好兄弟剛過了五十歲生日，就因為癌症而生病了。他看起來擁有男人所渴望的一切。不過，他知道要是沒有健康的身體，就等於一無所有。那一點徹底改變了他。你們知道嗎？健康是戴在身體無恙者的頭頂，卻只有生病的人才看得到的王冠。或者，套句老話，我們年輕的時候，犧牲健康換取財富，等到我們年紀漸長，有了智慧，我們體會到什麼才是最重要的事物——樂意犧牲一切財富，只求換得一日的健康生活。你知道嗎？你永遠不會想成為墓園裡最有錢的那個人。」

「不過，他打贏了這場仗。」魔法演說家立刻又加了這一句，盯著在遊艇辦派對的吵鬧觀光客，「宛若他一慣的作風，他會保護自己，抵禦會擊潰自己夢想的一切障礙。史東是個了不起的人，我對他的愛宛若愛我自己的兄弟一樣。」

「認識你們兩位真的很開心，」魔法演說家繼續說道：「我聽說你們要過來，雷利先生非常興奮要分享他答應過你們的事，有關發揮極致生產力、維持傑出表現、靠著一流的早晨流程密碼營造自己所愛的生活。他能夠把我當他導師時所教導給他的一切，進行傳承與分享，讓我很開心。你們一定會很喜歡即將來到你們面前的智慧與學習模式。對你們兩位而言，清晨五點俱樂部將會產生革命性效果。我知道這聽起來詭異，令人不敢置信，不過，接觸史東教你們的方法論，將會讓你們的內心深處產生重要變化，光是聽到這些訊息，就足以喚醒你們心中的特別感應。」

魔法演說家戴上了他的時髦墨鏡。

「反正，雷利先生請我告訴你們，在接下來的這幾天裡，就把這裡當成自己的家。你們看到我的機會不多，因為我在這段時間幾乎都忙著浮潛、航海，以及釣魚。釣魚是我人生最愛的活動之一，我來到模里西斯，不只是為了要輔導你們即將見到的那位和善巨人，也是為了要重獲新生，還有擺脫我們這個過於複雜的世界，充斥著重重困難、遍體鱗傷的經濟狀況、飽和的工業，以及環境惡化，我只是隨口舉幾個威脅我們的創造力、元氣、表現及幸福的因素。我出現在這個地方，是為了恢復活力及補充元氣。沒有寧靜假期的菁英式生產，會造成持續不斷的消耗。對於所有致力要達到優勢的人來說，休養與恢復並不是奢侈品，而是必需品。多年來我一直教導大家這個原則——可是我自己卻忘了，而且在這次的活動當中付出代價。我也體悟到必須要透過隔絕來激發靈感，遠離主宰當今大多數人的無窮盡的數位娛樂，還有無腦的過度溝通。而且，你們也要知道，當你們最喜樂的時候，就會顯現自身天賦。當我們休息、放鬆、充滿喜樂之際，就會獲得改變世界的靈感。這個位於印度洋的小地方，幫助我重新獲取最佳狀態，這也是一個真正的平安聖地，擁有令人驚歎的美景與美饌，還有依然真情流露的熱情人民。我真的很喜歡模里西斯人，他們大多數人仍然會欣賞生活中最簡純喜悅之美好。比方說家庭聚餐，或是與朋友一起游泳，然後分享從連鎖超市買來的烤雞晚餐，以冰鎮鳳凰啤酒佐餐。」

藝術家問道：「鳳凰？」

「這是模里西斯的啤酒，」魔法演說家回道：「而且，我必須要說，每當我離開這座島的時候，我的強韌、速度、專注力，以及元氣都增強了一百倍。我希望以下這段話聽起來不會像是自以為是，但我真正在乎的是提升整個社會，而且努力付出自我，但求能夠減少社會中的貪婪、仇恨，以及衝突。所以我可以歸返，為這個世界努力。你們知道嗎？我們都在為這個世界努力。反正，你們兩個要過得開心，好嗎？再次謝謝你們前來參加我的研討會，還有你們的正面回饋。這對我來說具有非凡意義，遠超過兩位的想像。任何人都可以當評論者，拿出勇氣鼓舞他人。不需要成為一個不尊重他人的人、也能夠成為有影響力的領導者，我盼望有更多的領導人能夠明白這個原理。」

魔法演說家拍掉迷彩衝浪褲的沙子，開口說道：「對了，還有最後一件事……」

「是什麼？」企業家詢問的語氣充滿敬意。

「明天早上請過來這個沙灘，要開始接受訓練。」

「沒問題，」企業家接受了，「什麼時候？」

「清晨五點，」她聽到了回覆，「擁有自己的早晨，提升自己的人生。」

第8章

清晨五點方案：創建世界者的早晨流程

在破曉之前起床非常好，因為這種習慣有益健康、財富，以及智慧。 ——**亞里斯多德**

「歡迎加入清晨五點俱樂部！」富豪從海濱屋的階梯跳下來時，大聲打招呼，他親切伸手迎接兩位客人，「Bonzour[3]！這是此地混合語的『早安』。守時是皇室的特徵，至少在我自己的指南中是如此。我名叫史東．雷利。」

他身上原本的破爛衣服已經換成了剪裁俐落的慢跑短褲，搭配素白襯衫，上面印有「只有動手做才想得出可行方案」字樣。他打赤腳，鬍子刮得乾乾淨淨，身體似乎很健康，還有漂亮的口曬膚色，這一切都讓他看起來比研討會的時候年輕多了。而且，他還反戴了一頂黑色棒球帽。

❸ 法語Bonjour的變體。

他的綠色雙眸依然異常清澈，而且笑容熱力四射。對，如同企業家先前的感應，這就是這男人的特別之處，

有隻白色鴿子在富豪頭上盤旋，飄浮了約十秒鐘之久，彷彿被魔術固定在空中一樣，然後才飛走。可以想像那畫面嗎？這是親眼見證的奇蹟。

「要是你們不介意的話，讓我擁抱一下吧。」富豪沒等他們回答，已經伸出長臂，同時摟住了企業家與藝術家。

「天吶，你們真有勇氣，真的，」他若有所思地說道：「你們相信一個糟老頭，根本不認識的人，我知道我前幾天看起來像是個流浪漢。嘿，這並不表示我不關心自己的外表，我只是沒那麼在意。」他哈哈大笑，因為完全覺得這沒什麼好扭捏的，「我只是喜歡保持事物的真實面，又好又單純，完全可靠真誠。這讓我想起那句古老智語：擁有大筆金錢並不會讓你與眾不同，它只會讓你更了解賺大錢之前的自己。」

富豪凝望海洋，讓黎明的第一道曙光灑落全身。他閉上眼睛，深深吸了一口氣。透過T恤，可以清楚看到他輪廓分明的冰塊腹肌。接下來，他從黑色短褲的後側口袋中掏出一朵花，企業家和藝術家都不曾見過這樣的花，而且它放在富豪口袋裡卻完全沒有任何毀損，真奇特。

「對於在工作與私人生活領域創造魔法的人來說，花朵非常重要，」富豪嗅聞花瓣的時候說道：「反正，我想說的是我父親是農夫，我們搬到南加州之前，我是在農場長大的。我們的思維很簡單，講話很簡單，吃得簡單，生活得簡簡單單。你

們知道嗎？你們可以把這個男孩帶離鄉村，但是沒辦法帶走男孩體內的鄉村魂❹。」當他的雙眸緊盯壯麗海洋時，流露出一種具有感染力的熱情。

企業家與藝術家向富豪表達深深的謝意。他們細述這趟冒險非常精采，還以誠懇語氣說出這座島嶼與他的私人海灘是他們這一生從未見過的美景。

「烏托邦，是不是？」富豪戴上太陽眼鏡，「當然，我很幸運，你們能夠來到這裡，讓我真的很開心。」

他們沿著海邊散步，藝術家問道：「所以是你父親讓你養成了在黎明時分起床的習慣嗎？」

有一隻小螃蟹迅速爬過去，上面同時有三隻蝴蝶在飛舞。

這位富豪做出令人訝異的舉動，他開始像跳旋轉舞的回教修士一樣不斷旋身，他一邊做動作，一邊大喊：「我想要在你房間的窗簾寫下這句話：『你要是不早起，絕對一事無成！』」

企業家問道，「呃，你在幹什麼？」

「這是查坦伯爵威廉・皮特的絕佳名言。也不知道為什麼，我就是覺得現在需要分享給兩位。好吧，先讓我回答一下有關我父親的問題……」富豪的語氣很尷尬。

「可以說是，也可以說不是。我小時候每天都看他早起，正如同所有良好的習慣一樣，他早起的次數太多了，所以不這麼做是不可能的。不過，我就跟大多數的小孩一樣，面對父親

❹ 出於美國著名鄉村歌曲的歌名和歌詞。

的要求一直很抗拒。我體內一直有某種叛逆的因子，從某種程度來說，我有點像海盜。也不知道為什麼，他並沒有跟我天天小吵，只是讓我愛怎樣就怎樣。所以，我就繼續睡，晚到很晚才起床。」

「好棒的爸爸……」企業家今天早上穿瑜伽服裝，帶著她的電子設備仔細做筆記。

「沒錯。」富豪表現善意，摟住了他的兩名學生，三人繼續沿著純淨海灘緩步而行。

雷利先生繼續說道：「其實，是魔法演說家教導我『清晨五點方案』。我第一次遇見他的時候還很年輕，剛創立自己的公司。我需要有人指引我、挑戰我、培育我，讓我成為企業家、頂尖成就者，以及領導人。人人都說他是全世界截至目前為止最好的經理人導師，候補名單得要等三年。所以，我天天打電話給他，終於等到他點頭當我的顧問，當時的他也相當年輕，但是他的授課內容具有智慧深度、力量的純粹度，以及大幅超越時代前端的原創影響力。

藝術家打斷他，「早起的紀律真的有效嗎？」

富豪對藝術家微笑，同時停下腳步。

「這是一種會改變——而且提升——其他實踐之道的一種實踐。現在，研究人員把這種能夠增強你所有的其他行為模式的關鍵行為叫做『基礎習慣』。但要將它接通為某種完全的神經通路，需要一點努力，一路上會有一些煎熬，還有最堅定的自我承諾。我必須要向兩位坦白，將這種流程予以自動化的過程當中，我曾經很不爽，也曾經頭痛欲裂，宛若被鑽地機襲擊一樣，還有的早上我只想繼續睡下去。不過，一等到我固定培養了清晨五點起床的習慣之後，我的生活開始持續不斷成長——而且幅度驚人——這是我從所未有的美好體驗。」

兩名聽眾很好奇，異口同聲問道：「這是怎麼辦到的？」

企業家伸出一根手指，充滿愛意地撫摸藝術家的手臂，彷彿在暗示兩人正在共同體驗，現在兩人是同一個團隊，她會把他放在心上。藝術家與她四目相接，他露出了溫柔燦笑。

富豪繼續說道：「在這個充滿急遽變化、令人消化不完的休閒育樂，以及塞到滿出來的行程表的時代，在清晨五點起床，執行魔法演說家教導我的早晨流程，是我對抗平庸的解藥。我的早晨再也不會匆匆忙忙了！想像一下，光是那一點就會對你一天的生活品質產生什麼變化。在只有早晨能夠提供的靜謐之中，盡情享受你的一日之初，這一天才剛開始，就充滿了堅定專注感，而且自由自在，我發現隨著日子一天天過去，我也變得越來越專心，效果非常顯著。每一個偉大的執行者，不論是冠軍運動員、頂級經理人、著名建築家，還是備受敬重的大提琴家，全都已經培養出在長時間持續不輟的狀態下，專注優化他們特定技術的能力。在太多人稀釋了認知頻寬、分散注意力、接受不良表現與普通成績，同時過著令人失望之平庸生活的世界之中，這樣的能力正是讓他們得以產生此等高品質成績的特殊原因之一。

「我百分百同意，」藝術家說道：「最近已經很少看到有人發揮連續幾小時、十幾個小時的專注力進行創作。魔法演說家在大會中的說法很正確，他把沉迷於電子設備的人稱為『網路殭屍』，我每天都看到他們，彷彿已經不再是真正的人類，更像是黏住螢幕的機器人，整個人已經沒了，半死不活的狀態。」

「我懂你的意思，」富豪說道：「如果你真心想要在自身領域取得領導地位，培養高人一等的才能，那麼，保護自己免於分心，正是你需要努力的方向。在我們所提的這種巔峰精神狀態中，感知能力變得強烈，我們可以想出充滿創意的念頭，處理能力到達了一個全新的水準，精神科學家稱其為『心流』。而清晨五點起床可以大幅增進『心流模式』。哦——在破曉之前起床，你周邊的人幾乎都在熟睡之際——我的創造力也跟著揚升，元氣絕對倍增，生產力當然暴增三倍，我的……」

「你是認真的嗎？」企業家打斷他，這樣的概念讓她忍不住心生癡戀；竟然只要一個簡單的改變，投入指定的早晨流程，就可以完全重新組構人生。

富豪發表心得，「當然。誠實是我從商多年的關鍵信念之一。最美好的莫過於每天晚上早早入眠、良心始終如一、無擾的內心世界。我想，這是我的農莊男孩天性吧。」

突然之間，企業家的手機顯示有一條緊急訊息，她低頭看著螢幕，「非常抱歉，我告訴我的團隊不要打電話給我，我講得很清楚了，真的不知道他們為什麼現在來打擾我……」

接下來，出現了全都是粗體字的刺眼字句：

離開這家公司，不然妳就準備喪命。

企業家慌忙摸弄手機，失手把它摔落在沙地裡。沒多久，她開始拚命喘氣。

藝術家迅速問道：「發生了什麼事？」他發覺不對勁。

看到他朋友的臉龐全無血色，而且雙手不停顫抖，他又繼續追問：「發生了什麼事？」這次更焦急，流露出更濃厚的同理心。

富豪也很擔憂，「妳還好嗎？要不要喝點水什麼的？」

「我只是收到了死亡威脅。是……嗯……來自……我的投資者。他們要我的公司。他們……嗯……想要把我踢出去，因為我擁有太多股份。他們剛剛告訴我，要是我不走人，他們就……嗯……會殺了我。」

富豪立刻摘掉太陽眼鏡，把它高舉到空中，做出繞圈的動作。幾秒鐘之後，茂密的棕櫚樹林後方冒出兩個戴著耳機、配有步槍的壯漢衝向海濱，速度之快，宛若服用了類固醇的單車騎士。

比較高的壯漢緊張問道：「老大，你還好嗎？」

「是的，」富豪態度自信平靜，回覆他的維安小組，「不過，我需要你們立刻去查看一下這個狀況——要是需要我幫忙，不成問題，」現在，他望著企業家，「我可以幫妳立刻解決。」

然後，富豪低聲對自己喃喃自語，一群鴿子在天空盤旋。

「是，當然，要是您能夠幫忙，我十分感激……」女強人的聲音依然在顫抖，佈滿皺紋的額頭區塊冒出了豆大的汗珠。

「就把這件事交給我們吧。」富豪朗聲宣布，然後開始交代自己的維安小組，他態度客氣，但依然帶有一股無庸置疑的權威感，「看來有一些匪類正在惡意騷擾我的貴客，他們想要奪走她的企業。麻煩你們弄清楚他們在搞什麼，然後向我報告你們的解決方案。」

「別擔心，」他告訴企業家，「我的手下在業界是頂尖高手，這絕對不成問題。」雷利先生為了強化效果，講出最後一句話的時候，每一個字都鏗鏘有力。

「非常謝謝……」企業家似乎鬆了一大口氣。

藝術家溫柔地握住她的手。

太陽在燦爛熱帶天空的位置已經越來越高，富豪問道：「如果可以的話，我繼續下去好嗎？」

他的客人們點點頭。

有位衣裝一絲不苟的服務生從位於海濱高處、綠底白邊的小屋走出來。沒多久，助理為企業家與藝術家送來了他們這一生喝過最豐醇美味的咖啡。

「每天早上專心沉思的時候，這是超棒的增強認知飲品，」富豪一邊啜飲一邊解釋道：「而且咖啡含有豐富的抗氧化劑，所以能夠延緩老化。」

「好——我們剛剛說到哪裡了？我剛剛告訴你們的是，我得到的絕妙好處源源不絕，都是我加入清晨五點俱樂部，遵行魔法演說家向我披露的早晨方法論之後所發生的事，它被稱為二十／二十／二十法則，相信我，光是學到這樣的概念，然後持之以恆予以實踐，你的生產力、豐足、表現及影響力，就會出現爆發成長。我還真是想不出來，還有什麼其他的流程能夠對我的成功與幸福提供如此巨大的貢獻。我對自己在商場中所取得的成就，態度一直很低調。我總認為誇耀是性格的一大缺陷。實力越強，就更不需要去宣傳；領導者越強大，就更不需要大聲嚷嚷。」

「魔法演說家有稍微提到了你獲得的成就。」開口的是企業家，現在她的面容看起來更加釋然。

藝術家插嘴，露出了好幾顆殘缺的牙齒。「還有，你在大會現場的瘋狂打扮也符合了你所說的話！」

「每清晨五點起床，這種重要的個人實踐方式，讓我絕大多數的目標都得以實現，讓我成為充滿願景的思想家，給了我培養堅強內心生活的反思空間，這種紀律幫助我變得很健康，而且收入大幅提高，由於優越的健康狀態，生活風格也隨之進化。早起也讓我成為優異的領導者，而且它幫助我成為一個更好的人。就連前列腺癌想要摧毀我的那段期間，保護我隔絕傷害的也是這一套早晨流程，千真萬確。在接下來的課程中，我會深入介紹二十／二十／二十法則，這樣一來，兩位就會完全明白醒來的第一刻開始應該要做些什麼，才能獲致精采成果。

即將到來之訊息的力量與價值，一定會讓你們大感不可思議。我為兩位感到十分興奮。歡迎來到天堂，歡迎來到真正更美好生活的第一天。

企業家在模里西斯的那一晚睡得安穩，她已經多年不曾有過這種深眠。雖然她收到了那種威脅，但是有了富豪的簡略提點、大自然的壯麗景色、清朗海洋空氣的純淨感，再加上她對藝術家逐漸滋長的愛意，讓她放下了諸多煩憂，重新找回了遺忘多時的寧和狀態。

然後，就在半夜三點三十三分，她聽到有人猛敲她的房門。

她會知道時間，是因為睡在主人精心安排的漂亮客房的她，瞄了一下木桌上的鬧鐘。企業家以為是藝術家過來找她，也許是有時差問題，或者是因為他們享用了美味豐盛的晚餐之後而失眠。她沒有問是誰，直接開了門。

沒有人。

她對著星星滿天的穹蒼開口，「哈囉？」

海潮輕拍她小屋附近的海岸，微風散發出玫瑰、薰香及檀香的氣味。

「有人在嗎？」

一片靜默。

企業家小心翼翼地關上門，這一次，她上了門閂。這一次，當她拖著沉重腳步，回到鋪有埃及棉與英國亞麻的床上時，房門出現了三次的大力碰響。

「誰？」企業家大叫，她現在開始變得警覺，「誰？」

對方聲音粗啞，「小姐，妳點的咖啡，我們已經準備好了。」

企業家的臉龐又佈滿了皺紋，心臟開始狂跳。她好難受，腹內的鬱結宛若阿爾卑斯山一樣巨大。「他們會在這種奇怪的時段送咖啡給我？真叫人匪夷所思。」

她回到了客房的門前，解鎖，開門，動作十分遲疑。

有個身材矮胖、頂著噁心禿頭、有隻眼睛似乎脫窗的男人站在那裡，露出了竊笑。禿頭的樣子令人討厭，他身穿紅色風衣，牛仔五分褲，脖子上掛了藍色細繩，下方的塑膠板照片在晃動。

企業家瞇著眼，想要在一片漆黑之中仔細端詳照片裡的人臉。她看到了某個老人的臉，那是她非常熟悉的臉龐，是她深愛的人，極其想念的人。

她剛剛端詳的塑膠薄片裡的影中人，是她死去的父親。

「你是誰？」恐懼不已的企業家尖叫道：「你是怎麼弄到這張照片的？」

「妳公司的夥伴派我來找妳。我們知道了有關妳的一切，所有的一切。我們已追查了妳的私人資料，破解了妳的所有檔案，對於妳的所有過往，我們調查得一清二楚。」身穿風衣的禿頭男把手伸向腰帶前端——取出刀子，距離企業家滿佈青筋的細長頸脖只有十多公分的距離。

「現在沒有人能夠保護妳，我們有一整個團隊專門要對付妳……我不會傷害妳……時機未到。這一次我只是要放話，我要當著妳的面把話講清楚……離開妳的公司，放棄妳的股權，然後就走人。不然的話，這把刀子就會在妳最意想不到、誤以為自己很安全的時候，刺入妳的脖子……也許是跟妳那個胖嘟嘟的畫家朋友在一起的時候……」

那男人收手，把刀子放回腰間，「小姐，晚安，很榮幸認識妳，我知道我們很快就會再次相會。」然後，他伸手拉門，碰一聲狠狠關上。

企業家全身顫抖得好厲害，癱軟跪地。

「拜託，上帝，幫助我，我已經受不了了！我不想死。」

又傳出連續三次敲門聲響，這次的動作比較輕柔。

「嗨，是我，拜託開門。」

敲門聲嚇到了企業家，她瞬間驚醒，對方依然還在敲門。她睜開眼睛，在無光的房間裡四處張望——這才驚覺剛剛做了一場惡夢。

女強人起身，拖著腳步走過寬板橡木地板，打開了房門，因為她一聽到藝術家熟悉的聲音，立刻就知道是他。

「我剛剛做了一場最可怕的惡夢，」企業家說道：「有個粗暴男人跑來這裡，脖子上掛著一塊塑膠薄板，上面是我父親的照片，而且他還威脅我，要是我不把公司交給投資者，他就會拿刀殺了我。」

藝術家溫柔探問：「妳現在還好嗎？」

「我不會有事的。」

「我也做了一個特別的夢，」藝術家解釋道：「醒來之後我就再也無法入睡，它讓我思考了許多事。我藝術創作的品質、我信仰體系的深度、我各種藉口的愚癡、我憤世嫉俗的態度、我的強烈攻擊性、我的自我毀滅性格，以及沒完沒了的拖延症。我在分析自己的每日流程，還有要如何度過餘生。嘿，妳確定妳還好嗎？」藝術家發覺講了太多自己的事，卻沒有對緊張兮兮的同伴流露同理心，趕緊追問她的狀況。

「我沒事。你在這裡，讓我覺得更平靜了。」

「確定嗎？」

「嗯。」

「我一直在惦記著妳，」藝術家說道：「可否讓我多說一點自己的夢？」

企業家鼓勵他，「說吧。」

「好，當我還是小孩，還在念書的時候，我每天都會假扮自己是兩種人：巨人與海盜。我深信自己具有巨人的力量，還有海盜的反叛氣度，一整天都是如此。我告訴老師，我是巨人與海盜，在家裡的時候，我把同樣的說詞告訴我爸媽。我的老師們嘲笑我，而且澆我冷水，他們叫我要實際一點，行為舉止要多學學其他的小孩，不要再胡思亂想。」

「你的爸媽怎麼說？有沒有對你比較寬容？」企業家現在

盤腿坐在沙發上面，擺出了瑜伽姿勢。

「跟我的老師一樣。他們說我不是巨人，當然也不是海盜。他們提醒我，我只是個小男生。還說要是我不限制想像力、消滅我的創意、就此結束幻想，他們就會懲罰我。」

「後來呢？」

「我乖乖聽從他們的指令。我屈服了，接納了大人的態度，我讓自己變得更渺小、而不是更偉大，所以我是好孩子。我壓抑自身的期盼、天賦及力量，努力去迎合——就像是大多數人的日常作為。我開始驚覺我們被催眠要告別自我才華、被洗腦要遠離自身天賦的狀況有多麼嚴重，魔法演說家與富豪講的一點都沒錯。」

企業家鼓勵他繼續說下去，「再多講一點你的夢吧。」

「我開始硬逼自己配合這個體系，我成了隨波逐流的人，不再相信自己像巨人一樣強大，像海盜一樣神氣活現。我跟著羊群一起前進，開始變得和其他人一樣。最後，我成了一個預支金錢花費，為了要讓那些我不喜歡的人大感崇拜，買下我不需要的物品的人，好慘的生活方式。」

「我也做過一些類似的事，」企業家老實招認，「多虧了這次超級怪誕又十分實用的旅程，我開始深入瞭解我自己。發現我長久以來居然這麼膚淺自私，而且其實我的生活中有這麼多的美好優勢，這世界上有許多人根本難以想像可以體驗到我所擁有的一切幸福。」

「我懂，」藝術家說道：「所以，在我的夢中，我成了會計，結婚成家，住在某個住宅區，開好車，生活過得相當不錯。有一些真正的朋友，擁有可以支付房貸的工作，能夠繳納帳單的薪水，不過，每一天看起來都一模一樣，日子是灰色的，而不是繽紛多彩；很無聊，完全沒有令人喜悅之處。我的年紀越來越大，小孩離家過著自己的生活，我的身體開始衰老，活力下降，還有，不幸的是，夢中的妻子過世了。我越來越老，視力開始惡化，聽力衰退，記憶力差到不行。」

「我聽了覺得好難過……」企業家的語氣很脆弱。

「等到我真的已經相當年邁，完全忘了自己住在哪裡，想不起我的名字，根本不知道待在群體裡的自己是什麼人。不過——聽好了——我開始想起自己到底是誰。」

「巨人，海盜，對不對？」

「一點都沒錯！」藝術家回道：「這個夢讓我有所體悟，想要做出精采創作，我再也不能拖拖拉拉；要改善我的健康、幸福、自信，甚至是我的愛情生活，再也不能有任何的拖延。」

「真的嗎？」企業家很好奇，充滿了期待。

藝術家回道：「真的……」

然後，他身體前傾，親吻了她的額頭。

第9章

實現崇高之架構

大丈夫處其厚，不居其薄，處其實，不居其華，故去彼取此。

——**老子**

「嘿，兩位！」富豪聲如洪鐘，「你們跟以前一樣準時，非常好！」

現在是清晨五點鐘，月亮逐漸褪去的輪廓依然高懸空中，而全新一日的黎明之光，已經迎接站在完美無瑕沙灘的那三個人。

芬芳海風在飄旋，聞得到紅木槿、丁香及晚香玉的味道。

有一隻全球最罕見的模里西斯隼在上方盤旋，還有隻粉紅色的鴿子——全球最稀有的鳥兒——窩在茂密棕櫚樹林附近自顧自在忙，一群壁虎正準備走向某個重要地方時卻遭到半路擊殺，有隻巨大的亞達伯拉象龜沿著海岸上方的草堤緩緩爬行。這一切的自然壯麗奇景，都讓站在沙地上的清晨五點俱樂部三名成員大為雀躍，心神振奮。

富豪指向海洋中漂浮的某個瓶子。當他手指左右揮動的時候，瓶子也同樣在晃動；他伸出手指做出打轉的動作，水中的瓶子也隨之一起旋轉。然後，他緩緩把手舉高，沒多久，瓶子彷彿也跟著漂升，浮出水面。

「瓶中信，」富豪開心說道，還像小朋友一樣拍手，他絕非凡夫俗子，而且是個精采人物，他繼續說道：「這樣很方便，可以為我今天準備要教導你們的晨課定調。」

然後，富豪拿起瓶子，扭開瓶塞，取出了繡有以下架構圖的那塊布：

三階段成功公式

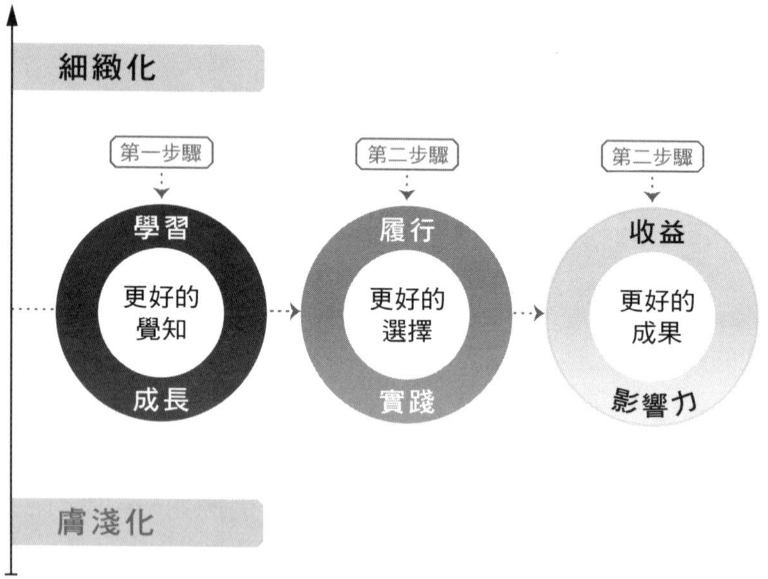

「這是魔法演說家在我年輕時，傳授給我的最簡單，但也最困難的教學模型之一，」富豪進行解釋，使用了更多的衝浪俚語，「它將會為接下來的所有教學內容提供脈絡，所以，我真心希望你們兩位可以仔細了解。乍看之下，這似乎是一個非常基本的模型，不過，隨著時間融會貫通，兩位就會發現它具有非凡的深度。」

然後，雷利先生閉上雙眼，以雙手蓋住耳朵，朗誦以下的字句：

> 轉變的起點是感知增強。當你看得更多，就可以實現得更多，等到你知道得更多，就可以達到更高的成就。世界上的偉大人物——創造出神妙交響樂、美好時刻、科學突破，以及科技進步的這些人士——在一開始時都是重新打造自己的思維、重新創造自身的意識。靠著這樣的方法，他們進入了大多數人無法感知的秘密宇宙，也因此得以讓他們做出了鮮少人能夠做出的日常決定，自然而然就產生了鮮少人能夠體驗到的日常成果。

富豪再次睜開眼，伸出食指湊到唇邊，彷彿沉浸在某種了不起的重要感知之中。他專注盯著繡在絲巾的架構圖，繼續說道：「你們知道嗎？各界的英雄、泰斗、指標人物都具有某種一般人無法實現的個人特質。」

身穿無袖背心與速比濤牌泳褲，看起來傻呼呼的藝術家問道：「是什麼？」

「嚴謹，」富豪回答道：「全世界最優秀的人物都具有底蘊，然而絕大多數的人都困陷在膚淺的工作心靈架構之中。他們的整體態度就是輕率，完全沒有真正的準備，幾乎沒有省思。然而，為了想要達到預期目標，必須要設定一個偉大的遠景，耐心規劃能夠產出良好成果的執行順序。百分之九十五的執行者並不會苦心注意枝微末節，也不會像大師一樣仔細修飾最細部的收尾工作。對於大多數的人來說，真正的重點是阻力最小的那一條路，只要混水摸魚盡快完成必要工作就好。敷衍行事，而不是拿出看家本領。少數的獨特創意成就者，是以完全不同的哲學思維在操作一切。」

藝術家聽得入迷，「願聞其詳。」

「他們套用的是細緻化的心態，而不是膚淺化的心理狀態。他們早已把深度編碼為一生之價值，而且自己的一切作為都堅持完全奉行崇高的信條。秀異分子十分明瞭他們的創意產出——無論他們是砌磚工人還是麵包師、執行長還是酪農、太空人還是收銀員——都代表了他們的名聲。不論是在哪一行，最優秀的人都會重視自己的名字就烙印在推出的每一件作品，而且，他們也知道無法靠售價標籤換取眾人對你的盛讚。」

富豪搓揉瓶身，然後把它舉高，透過玻璃觀看逐漸消失之月的最後殘證，然後繼續說下去。

「不過，它的深度超過了社會認可，」富豪指出重點，

「你為世界所提供的作品等級，反映了你的自重程度。那些自尊心深重至極的人，絕對不敢交出任何的平庸之作，因為這種行為會對他們造成莫大戕害。」

「如果你想要成為自己業界的翹楚，」雷利先生繼續說道：「就要當一個有深度的執行者、有深度的人，」他再次強調，「致力成為一個獨具一格的人，而不是從眾成為膽怯之人，過著隨便的生活，而不是輝煌的生活；過著複製性的生活，而不是原創性的生活。」

藝術家脫掉了他的無袖背心，準備曬一下太陽，他開口讚道：「值得深省……」顯露出相當的雀躍之情。

「藝術大師們在自己的作品之中，考量得極為周全，對於自己的一舉一動都有精確思考。他們以最高的標準要求自我的成果，即便是最微小的細節也會讓他們揮灑汗水，比方說，雕刻大師吉安・洛倫佐・貝尼尼的四河噴泉──座落在羅馬納沃納廣場中央的了不起大師巨作。這樣的實踐者一絲不苟，展現近乎完美的工藝，還有，顯然他們真的非常、非常、非常在乎創作。」

「不過，現代社會裡的人有一堆事要忙，」企業家插嘴道：「現在又不是十七世紀，我的電子信箱裡有一大堆郵件，行程全滿，幾乎天天都是會議，一場接著一場連續開個不停，我得要做簡報，我覺得自己永遠跟不上迎面而來的工作，要追求大師級表現並不容易。」

「我懂，」富豪和善回應道：「妳知道嗎？少就是多，妳太拚了。天才們都明白，創生一件傑作，比製造一千件普通作品更了不起。這就是我喜歡接觸最精美藝術的原因之一，我會被那些傑出藝術大師的信仰體系、情感靈感和工作方式所感染。而且，我可以百分百肯定告訴你，正如我之前所提到的一樣，這些史詩級的實踐者，生活在一個與當今商業和社會大眾截然不同的宇宙之中。」

就在這時候，一隻色彩斑斕的蝴蝶停在史東．雷利的左耳上方，他微笑說道：「嗨，小朋友，又見到你真是開心。」然後，富豪繼續補充，「當你們解構超級巨星、藝術大師及天才的成就之道時，就會發現，他們對日常崇高表現機會的強大覺知力，鼓舞他們做出了更好的每日選擇，從而產生更好的每日成果。」

雷利先生指向那一個學習模式。

「那就是自我教育的力量，」他滔滔不絕，「當你們明瞭了全新的概念，不論是身為實踐者或身而為人，都會開始成長。隨著個人與專業的發展不斷提升，實現與執行偉大抱負的層次也會隨之提高。當然，隨著你們實現夢想與願景的能力逐漸增強，也將得到更豐厚的收入與更強大的影響力，」富豪伸出手指，拍打圖表的第三步驟，「這就是你們答應接受我的培訓是明智之舉的原因，這就是架構圖所要教導的內容。」

富豪搔抓自己的精瘦腹肌，深吸一口海洋的空氣。

富豪活力四射，「由於傑出人士看待世界的方式、對自身技藝的態度，以及在生活中的樣態，截然不同於芸芸眾生的行事方式，所以大家會稱呼他們瘋子、邊緣人、怪胎，但他們並不是！」

「他們只是待在相當高聳的地帶——在罕見環境之中進行實踐。他們會花好幾個星期、好幾個月，有時候甚至是好幾年的時間，只求一個完美的收尾。當他們覺得孤單、恐懼，或是百無聊賴的時候，他們強逼自己繼續工作；當他們遭到誤解、嘲弄，甚或是被人攻擊的時候，他們依然堅持要把英雄夢想轉化為日常之實相。天吶，我欽佩世界上偉大的天才。我真的非常欽佩他們。」

藝術家言簡意賅，「一個社會離真相越遠，就越討厭說真話的那些人。」

企業家盯著他，開始搓弄自己手腕的鐲子。

「這是喬治·歐威爾所說的話，」他說道：「還有，『每當你在自己的周邊創造美麗的時候，也在修補自己的靈魂』，」藝術家繼續說道：「這段話是出於愛麗絲·華克。」

「大師的生產方式會被一般人貼上『偏執』的標籤，」富豪詳細解釋道：「不過，值得關注的真相是，百分之九十五的執行者對於關乎某項重要計畫所稱之『挑剔態度』，頂尖的百分之五的創造者都知道這只是通往巔峰的門票而已。好，再次研究一下這個模型，好讓你們了解得更加準確。」富豪撫摸絲布的圖表，開始進行指導。

「現在，這星球大多數的人類都被膚淺所困住了，」他再次強調，「對於提升自身力量的瞭解很膚淺；對於自身潛能可能性的熟悉度很膚淺；對於有關優勢之神經科學知識、創建世界者的日常流程，以及他們期望在下半輩子優先實現志向的掌握程度很膚淺。大部分的人都卡在模糊、不精確的思維模式，而模糊、不精確的思維就會產生模糊、不精確的結果。我馬上舉個例子：隨便找個普通人問路，你就會發現，大部分的時候，他們的指示都很不明確，那是因為他們的思維方式並不清楚。」富豪從海邊撿起一根棍子，指向架構圖上的「細緻化」一詞。

「製造傳奇的人物截然不同。他們很清楚，感知的業餘級水準，永遠不會得到最高級的專業成果。我希望另一個例子能夠讓你們洞悉這個重要觀念。我是一級方程式賽車的超級粉絲，最近獲邀進入我最喜愛的隊伍的維修區參觀。他們對於細節最精細之處的關照，對於展現頂尖卓越的奉獻心力，還有不顧一切只為達到崇高成就的意志，不僅得到了公眾的認可，而還相當鼓舞人心。我又要重申一次，對於一般人來說，在自己的專業與私人生活之中，提到以偏執之專注力關切最小部分細節的必要性，還有超級嚴謹方法之重要性，似乎是很奇怪的事。不過，那些一級方程式的工作人員！他們針對賽車的完美校準，執行維修站任務的超人速度，甚至在賽車呼嘯離開之後，以工業吸塵器清潔維修區，讓所有地方都看不到一絲污垢的方式，實在令人歎為觀止。這就是我的重點。頂尖的百分之五的那些人，對於自我日常態度、行為及活動所採取的是細緻化手法，而不是套用膚淺心態。

藝術家聽得很著迷，他開口問道：「他們真的對於細節努力到這種程度？在賽車離開後還清除維修區的灰塵？」

「對，」富豪說道：「他們清掃並拿吸塵器清理整個隔間。當我詢問他們為什麼要這麼做時，他們告訴我，就算只是沉積物的小分子進入賽車引擎，都可能會害他們輸了比賽，或者，更可怕的是——很可能會造成有人喪命。其實，即便是哪個團隊成員的行動精準度出現了任何的微小失誤，都可能造成悲劇。心不在焉的成員沒有拴緊某顆螺絲，可能會引發災難；煩躁的同事漏掉檢查清單的某個項目，可能會引發災難；或者，某個小組成員在賽車進入維修站之前，他的寶貴注意力專注的是在玩自己的手機，因而沒注意到某項缺漏的數據，這可能會讓到手的勝利飛了。」

「我開始同意你所說的方法很重要，」企業家也表示贊同，「幾乎沒有什麼商界人士，以及藝術、科學和體育等其他領域的人士，具有這樣的思維與行為。我想，這在以前來說很正常吧。對於我們從事的事物培養高度覺知力，以一絲不苟的方法確保成品完美無瑕。修飾細節，為微不足道的地方揮汗努力。以精確的方式進行生產，而不是非專業的粗率形式。謹慎承諾，成果超出預期，對於自身技藝要無比自豪。深入與接納——套用你的說法——這是細緻化與膚淺化的對比。」

「我絕對不能掠人之美，」富豪語氣謙沖，「這種語彙以及這個模型，都是魔法演說家教我的。不過，談到爐火純青，細節是重點。我曾經在某個地方看過這樣的內容，讓許多人心碎的挑戰者太空梭爆炸悲劇，起因是某一個O型密封圈失靈，有些專家估計它的價值是七角美元。貌似無足輕重的細節失誤，卻引發了奪走許多人命的慘案。」

「這一切讓我想到了荷蘭的天才畫家維梅爾，」藝術家也共襄盛舉，「他是追求最高品質作品的畫家，嘗試了各式各樣的技法，讓自然光以某種特殊方式傾落，使得他的畫作產生了立體效果。他的創作具有無比深度，每一個筆觸都充滿魅力，每一個動作都極其細緻。所以，我也同意，一般藝術家對自身繪畫有一種非常隨便、馬虎、不耐的態度，他們比較關心鈔票，而不是藝能；他們專注的是名聲，而不是技法。我猜就是因為這樣，他們永遠不會建立更強的覺知與敏銳度，來幫助自我做出更好的抉擇，為他們帶來更好的成果，進而成為他們專擅領域的傳奇人物。我開始懂了，這個簡單模型的威力有多麼強大。」

「我好愛維梅爾的《讀信的藍衣少婦》，當然，還有《戴珍珠耳環的少女》。」富豪說出這段話，強化了他雅好偉大藝術的事實。

「我好喜歡你與我們分享的這個觀念。」企業家的雙眼睜得好大，然後抓住藝術家的手，雷利先生眨眼以對。

「我早就知道這一刻會到來。」看到他們愛意逐漸滋長，他低聲喃喃自語，開心藏不住。蝴蝶依然棲息在這個古怪富豪的耳朵上，當牠在揮動美麗翅翼時，雷利先生唸出了偉大詩人魯米的作品。

如果你是真正的人，就會為愛豪賭一切。如果不是，那就離場吧。淡漠無法通達偉大。

企業家很好奇，「我可以問個問題嗎？」

富豪回道：「當然。」

「在人際關係之中，這種嚴謹和細緻化的哲學要如何發揮作用？」

「很難，」這位光著上半身的富豪回答得很誠實，「魔法演說家曾經教我一個名為『天才之陰暗面』的概念。基本而言，這概念就是每一種人類天賦都有缺點。讓你在某個領域出類拔萃的特質，正好會讓你在另一個領域格格不入。其實，這世界有許多傑出藝術大師的個人生活都過得亂七八糟。」

「他們具有可以看到常人無法參透之夢想的天賦，以絕對的至高標準要求自我，他們可以長時間單槍匹馬樂此不疲、瘋狂琢磨計畫中最細微的部分，堅持不懈地完成自身的傑作，以罕見的自律行事，聆聽自己的內心之聲，卻對他們的批評者置之不理，造成他們的人際關係困難重重。他們被誤解，大家認為他們『難搞』又『特異獨行』，『嚴苛』又『失衡』。」

然後，富豪趴臥在沙地上面，以狂速做了更多的伏地挺身。然後他盯著某隻從他的海濱宅邸屋頂滑翔而過的白鴿，做了二十次的波比跳，繼續說下去。

「而且，許多有創造力、生產力，以及頂尖表現的傳奇人物都處於失衡狀態，」富豪說道：「他們是完美主義者、離經叛道之人，還有狂熱分子，這就是『天才之陰暗面』。讓你展現令人驚歎技法的那種特質，很可能會摧毀你的家庭生活，我只是要告訴兩位真相而已……」富豪啜飲某個瓶子裡的水，瓶身印有一些小字，要是你近距離細看，就會發現以下的內容；

> 馬其頓的腓力國王捎訊給斯巴達人：「你們最好迅速投降，不要有任何拖延，因為我可能會率領軍隊進入你們的家園，摧毀你們的農田，殺光你們的人民，夷平你們的城市。」
>
> 斯巴達人的回覆：「有可能的話。」

「不過，光憑天賦自帶缺陷這一點，並不表示你不該勇於表現！」富豪元氣滿滿地進行解釋，「你們只需要培養覺知，知道它們可能會在自我生活中的哪些面向引來麻煩，然後處理這些困境。這就巧妙地回到今天早晨的學習模式，對於各位接下來要學習的清晨五點俱樂部的轉化價值，以及要如何把它牢牢保持為歷久不輟的習慣而言，它的確是一切之根基。」

富豪彎身，撿起了被海浪磨蝕的棍子，用它來點觸那一塊絲布。

「請務必永遠記，以這個追求個人崇高成就之架構圖，所建立菁英表現的核心格言：靠著更好的日常覺知，可以做出更好的日常選擇；靠著更好的日常選擇，就可以開始看到更好的日常成果。魔法演說家把這稱之為『三階段成功公式』。比方說，靠著更好的日常覺知，掌握可達到崇高成就的天賦，或者，了解該如何把提升生產力的清晨五點方案，融入自己的早晨流程，這樣一來，你們就可以脫離目前主宰地球的膚淺社群，提升進入細緻化的社會。這種強化的智慧與意識能夠優化你的日常選擇。而且，就邏輯面而言，只要你做出正確的日常選擇，自我領導力、成就及影響力也會獲得顯著進步，因為你的選擇會決定你的成果。」

「有一次，魔法演說家在為我上輔導課程時，」富豪繼續說道：「我們在瑞士的琉森會面，那是座落在漂亮湖泊，周遭有令人屏息的壯麗群山環繞，很美的一座城市，有點像是童話仙境。好，某個早上，他點了一壺熱水，配上一些檸檬角，這樣一來，他就可以享用平常在晨間啜飲的新鮮檸檬茶，重點來了……」

「想必一定很有趣……」藝術家打斷了他，伸手搔抓臂膀，上面有一圈安迪·沃荷的名言刺青：「我從來不覺得人死了，他們只是去逛百貨公司而已。」

「托盤來了，」富豪繼續說下去，「完美的銀器，精巧的瓷器，一切都校準到最高水準。還有這個：在廚房裡切檸檬的那個人，靠著更上一層樓的方式，展露出維持精湛優勢的高深才藝之嚴謹度，挖出了檸檬角的種子。真了不起，是不是？」

富豪又開始跳舞，他在會議中心時跳的也是同一種詭異舞步。然後，他停下動作，企業家與藝術家都搖頭以對。

企業家開口，假裝並沒有因為這位大亨的舞姿而分心，「在一個如此膚淺、執行者陷入冷漠的世界之中，這種鉅細彌遺的專注力相當罕見。」

「魔法演說家把這種現今商業界的普遍現象，稱為『商業界集體去專業化』，」富豪解釋道：「那些本來應該要好好努力、取悅客戶、展現不凡技能，為自己的組織釋出超俗價值，讓自己與企業得到成功的人，卻在手機上觀看無聊影片、網購鞋子，或是滑手機觀看社群平台上的發文。我之前從來沒看過這麼多人在工作時如此渙散、心不在焉，又如此疲憊，而且，我之前也從來沒看過這麼多人犯下了這麼多的錯誤。

富豪以那根彎曲的樹枝，再次指向三階段成功公式。

「為檸檬角去籽是一個很好的隱喻，刺激你不斷改變，從膚淺化轉向到細緻化。真正的嚴謹方法不僅適用於工作，在私人生活中亦是如此。真正的深度與你的思考、行為、實踐方式息息相關。健康的完美主義——在自己的能力範圍之內，矢志追求成為最好的人，就是我站在這個漂亮海灘向你們兩個好人揭櫫的重點。這樣接下來就可以讓你們接觸到魔法演說家所說的『巨大競爭優勢』」。在當今的商業領域之中，擁有那種精神並不容易，因為鮮少有人會為了達到業界優勢地位而努力。高超才能很罕見，而願意在崇高層次拚搏的人更是鳳毛麟角。所以，這領域是你的天下！只要你依照我鼓舞你的方式全力表現。以下是受用無盡的觀念：在平庸層次的競爭者不勝其數，但是在非凡層次的競爭者卻幾乎掛零。想要成為無與倫比的人，這是前所未有的絕佳機會，因為，在這個注意力渙散、價值觀遭到侵蝕、對自我的信念與抱持之天生原初力量雙雙墮落的時代，為追求頂峰而全力奉獻的人實在太少了。

「你們在商店或餐廳裡遇到全神貫注、超級客氣有禮、知識淵博、充滿熱情、工作認真、想像力豐富、具有可觀的創造力，而且對自己的工作表現得令人讚歎連連的這種人，有多少次呢？幾乎從來沒有遇過吧？是不是？」

「是的，」企業家承認，「我必須面試數千人，才能找到一個這樣的珍貴人才。」

「所以，你們擁有『巨大競爭優勢』！真是幸運！」富豪大聲叫嚷，「你們幾乎一定可以成為自身領域的翹楚，因為這樣的人現在很少見。提升自己的承諾，提高自身的標準，然後努力把這種生活培養為你們的人生預設值。以下這一點相當重要：必須要每一天都進行優化。持之以恆是高超才能的DNA，只要維持勤勉不懈，任何微小、日常、貌似微不足道的進步，都會帶來驚人的成果。請務必記得，了不起的企業與精采生活，不會因為突如其來的革命而出現，不可能。它們是透過漸進之演化而體現。從長時間看來，日常的細瑣成功以及不斷積累，最後終將大放異彩。不過，現在沒什麼人有耐心去承受這種漫長競賽，也就沒有多少人能夠成為傳奇人物。」

藝術家穿回襯衫，語氣充滿感激，「這一切資訊太精采了，對我的藝術創作來說也受用無比。」

「聽到你這麼說，真是太好了，」富豪表示謝意，「我知道你們都在非常短的時間之內體驗了許多知識，我知道你們正在培養早起的新技能，而且你們所聽到有關追求崇高、離開群眾、告別庸俗、放棄平凡之種種，很可能讓你們喘不過氣來。所以，只要深呼吸——放鬆，拜託。達到卓越是一場長旅，藝術頂峰是一場浪遊。羅馬不是一天造成的，對嗎？」

藝術家同意，「對。」

企業家也回話，「的確。」

「我也很清楚，提升自己進入自我優越能力與最高人類天賦的更純粹範圍，是一種令人不適的可怕過程，我已經經歷過了，而在你們不斷努力學習清晨五點方案之際，即將得到的回報之價值，超過了你擁有的金錢、名聲，以及世俗權力。而我今天所教導的內容，是黎明前起床，並自我準備成為菁英實踐者與發光者之運作體系的必要元素，我們接下來上課時會進行深入探討。我想，在今天早上放你們兩個去玩耍之前，我真正想要說的是，雖然身為實踐者以及身而為人的成長可能很困難，不過，這的確是人類最好的任務。還有，你們要牢牢記住，當你們心跳飆升到最快速度的時候，你活力滿點；當我們的恐懼之音嘶吼至極的時候，我們十分清醒。

一陣怡人海風吹動企業家的棕色髮絲，她尋求確認，「所以，我們還是要繼續努力，對嗎？」

「當然，」富豪說道：「在堅持不懈的溫暖光曜之下，所有不安的幽影都會消融無蹤。

「我要再講最後一個例子，有關在職場與家庭生活中採行嚴謹方法，以及面對重要計畫、必要技巧，進行有意義活動時全面細緻化，取得巨大競爭優勢。之後，我希望你們兩個去游泳、浮潛、曬太陽。兩位應該看看我的團隊為你們準備的豪華午餐！我得要前往路易港參加某場會議，但我真心希望你們可以把這裡當成自己的家。所以……」

雷利先生停頓了一會兒，彎身觸摸腳趾四次，同時低聲唸出以下的禱文：「今天是光榮的一天，我將以無限熱情與無盡之真誠，過著卓越生活，我會懷抱充滿愛的心，忠於我的夢想。」

「我記得我看過一篇文章，」富豪繼續說道：「義大利時尚品牌盟可睞的執行長，曾經被問過最喜歡什麼食物。他的回答是番茄義大利麵，然後，他分享心得表示，雖然準備這道菜超級簡單，只需要義大利麵、新鮮番茄、橄欖油，還有羅勒葉，但這位管理人卻指出，想要正確『校準』，必須具備獨特專業與不凡本領。對我們三個人而言，在頂級競賽中努力不懈、提升表現、增加我們對世界的貢獻度時，要牢記在心的字詞就是這個：校準。調整到最佳態度，琢磨最微小的細節，這就是讓細緻化與升級感進入你的天賦軌道，以及過著神奇生活的重點。」

然後，這位古怪富豪把瓶中的那塊絲布放入他的短褲口袋，整個人消失無蹤。

第10章

歷史締造者的四大重點

人生本屬短暫，但精采一生的回憶卻是永恆。

——**西塞羅**

朝陽之光炫目燦爛，企業家與藝術家手牽著手，沿著海岸線前行，準備要與富豪在指定地點會面，進行第二天早晨的指導課程。

當他們抵達時，雷利先生已經待在那裡了，他坐在沙地上面，閉眼，陷入深沉冥想狀態。

他上半身赤裸，身穿迷彩圖案的短褲，與魔法演說家日前出現在海灘所穿的那一件很類似，他身邊放了一雙橡膠潛水靴，鞋面佈滿了笑臉符號，要是親眼看到他穿上那雙潛水靴，一定會覺得更好笑。

當富豪一舉手、朝天比出眾所周知的那種勝利手勢，立刻有一名助理從富豪的屋內衝出來，動作俐落，從亮面黑色真皮背包裡取出三張整整齊齊的紙，不發一語地交給了富豪。史東・雷利微微點頭表示感謝，隨後給兩名學生一人一張紙。

正好是清晨五點整。

富豪拿起了一顆貝殼，朝洋面打水漂。今天早晨，他似乎心思沉重，平常的輕鬆嬉笑，還有尷尬耍寶全不見了。

企業家問道：「你還好嗎？」她在撫摸自己的手鐲，上面刻有這幾個字，「全力拚命，晨起工作，當我死去時自然會好好睡覺。」

富豪閱讀手鐲上的銘言，把食指放在唇間。

他問道：「當你死去的時候，誰會為你哭泣？」

藝術家驚呼，「什麼？」

「等到你已經不在人世的時候，那些認識你的人會悄聲談論你過往的生活方式嗎？」富豪朗聲唸出這個問題，腔調宛若老練的演員，「你過日子的態度宛若自己注定長生不老，腦海中從來沒有想過自身的脆弱，也沒有注意到已經流逝了多少時光。你浪擲時間，彷彿有豐沛的來源供你汲取，不過，你與某人共度，或是做某件事的那一天，很可能是你的大限之日。」

藝術家問道：「這些是你想出來的嗎？好厲害……」

富豪看起來有點不好意思，「要是這樣就好了！不，剛才那些話是出自斯多噶學派哲學家塞內卡的專文，〈論生命之短暫〉。」

「所以，我們到底為什麼要在這種美麗的清晨談論死亡呢？」企業家看起來有點不安。

「因為目前在世的大多數人都盼望有更多的時間，卻在浪費自己擁有的時間。思考死亡，會讓最重要之事務變得更加清晰。你們不會再放縱數位娛樂、網路消遣，還有數位世界的紛紛擾擾，偷走那些生命中不可取代的珍貴時光。你們知道嗎？日子過去了，永不復返。」富豪語氣友善但很堅定，「我昨天在市區開完會之後，重讀了《追逐日光：一位跨國企業總裁的最後禮物》。這是位高權重的執行長尤金・歐凱利的真實故事，他的醫生發現他有三顆腦瘤，告知他只剩下幾個月的壽命而已。」

藝術家柔聲問道：「所以他做了什麼？」

「他拿出經商時對有條不紊的同等投入精神，安排自己的最後時日。歐凱利想要努力彌補自己錯過的學校演奏會、無法參與的家族旅行，還有遺忘的友誼。在書中的某個段落，他分享了自己邀請某個朋友在大自然裡散步的過程，還說這『有時候不僅僅是我們最後一次這麼悠閒散步，而且也是第一次』。」

「好悲傷……」企業家開口，她緊張不安地撫弄自己的手鐲。在滿盈的燦爛陽光之下，她額頭的憂愁紋又冒出來了。

「然後，昨天晚上我看了我最喜愛的電影《潛水鐘與蝴蝶》，」富豪繼續說道：「這也是真實故事，主角也是同樣位於世界頂峰的人，法國《她》雜誌的總編輯。尚－多明尼克・鮑比擁有一切，然後中風了，除了左眼眼瞼之外，全身所有肌肉都動彈不得。這種病症稱為『閉鎖症候群』。他的心智依然能夠完全正常運作，但這就像是他的身體被困在潛水鐘一樣，完全麻痺。」

「好悲傷……」藝術家也說出了同伴剛剛講的話。

「注意聽好了，」雷利先生說道：「他的復健治療師教了他一套名為『無聲字母表』的溝通方法，讓他可以透過眨眼逐步挑選字母、完成字詞。在他們的協助之下，他寫出了關於自身體驗，以及生命重要意義的作品。他一共眨眼眨了二十萬次，但他還是完成了這部書。」

企業家悄聲說道：「我對我的人生沒有任何抱怨了……」

「這本書出版之後沒多久，他就過世了，」富豪繼續說下去，「但我講了這麼多，想要表達的觀點是，生命非常、非常脆弱。有的人醒來、洗澡、穿衣服、喝咖啡、吃麥片，然後在前往辦公室的路上死於車禍，這就是人生。所以，我對於獨特的你們所提供的忠告就是，千萬不要拖延展露自身天賦的任何實踐機會，忠於自己的感覺過生活，專注在每天發生的小奇蹟。」

「我懂了……」藝術家猛拉自己的嬉皮辮，同時撫觸他為今天早上的輔導課所特別選戴的巴拿馬草帽。

企業家憂傷回道：「我也是。」

藝術家又開口，「好好享受每一次的三明治。」

雷利先生說道：「非常睿智的觀念啊！」

「這不是我說的，」藝術家羞怯回道：「這是歌曲創作人華倫·澤馮的話，他發現自己得了不治之症之後，有感而發。」

「對於每一個時刻都要懷抱感激。對於自己的雄心壯志，千萬別膽怯。不要再把時間浪費在愚蠢小事，而且要把重拾體內冬眠的創造力、熱情及潛力當成首要任務，執行這一點非常重要。不然你們覺得柏拉圖為什麼要鼓勵眾人『認識自我』？他得到了深刻體悟，我們擁有豐沛的能力儲量，必須要取出，好好發揮，讓我們過著活力十足、喜樂、平和，以及富有意義的生活。要是忽略我們這種隱於心中的力量，就等於是替未發揮潛力之痛苦、不曾擁抱無畏無懼的挫敗感，以及從來不曾探索高超才能的意興闌珊，製造培養的溫床。」

有一名風箏衝浪者呼嘯而過，一群銀帶棘鱗魚在清透如林肯總統之良心的水域中泅泳。

富豪下達指令，「這樣正好可以巧妙切入我今天早上想帶你們了解的內容，請仔細看一下你們手中的那張紙。」

以下是兩名學生所看到的學習模型：

歷史締造者的四大重點

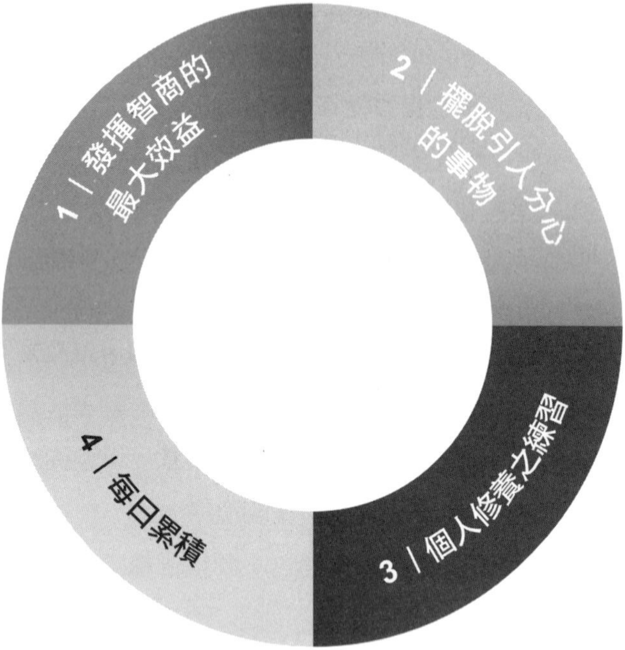

歷史締造者的四大重點之一：發揮智商的最大效益

富豪解釋了著名心理學家詹姆斯·弗林的最大效益化概念。他所抱持之觀念就是：傳奇成就者如此優秀的原因，並不是他們天生的才能含量，而是他們實踐潛能，以及最大效益化的程度。「這世界上有許多最優秀的運動員，」雷利先生發表他的觀察，「他們的天賦並不如敵手優秀，但是他們為了強化自身才能的卓越奮鬥、奉獻及魄力，使他們成了指標型人物。」

「誠如那句古諺的智慧，『重點不在於鬥犬的體型大小，而在於狗兒心中戰力的高低。』」這位富豪隨手搓揉自己的冰塊肌腹，戴上了全新的太陽眼鏡，是南加州衝浪者會使用的那一種。

「魔法演說家很早就告訴我，加入清晨五點俱樂部之後，我每天早上都會得到一次絕佳機會，可以培養自身的最高資產，花一點時間做好自我準備，把每一天都打造為一顆小小的寶石。他幫助我了解到成功人士妥善運用自己的早晨，以破曉之前起床的方式，我就能夠贏得準備迎向成功之日的第一步勝利。」

「我似乎從來沒有任何的『自我時光』，」企業家插嘴道：「我的行程總是滿檔，」她又重複了一次，「我很希望可以在早上有一段為自己充電的時間，而且可以從事一些活動，讓我能夠成為更快樂、更好的人。」

「說的一點都沒錯，」富豪說道：「有許多人都過著渴求時間的生活。我們絕對需要每天早上至少要留一個小時來補充元氣、成長、成為更健康也更和平的人。清晨五點起床，執行等一下你們很快就會學到的二十／二十／二十法則，將會讓你們的日子得到獨特的開場。你們可以集中精神從事高價值的活動，而不是讓白天控制你。你將會體驗到自己之前從來不知道的能量，重新找回的喜樂會讓你大吃一驚，還有，你的個人自由感會得到完全揚升。」

然後，雷利先生轉身，展示自己肌肉發達的背部上的臨時刺青，上面寫的是法國哲學家卡繆的話，「面對不自由世界的唯一方式，就是成為一個絕對自由者，讓你的存在本身就是一種反叛行為。」

富豪背部的刺青字樣下方，是一幅鳳凰從火焰中升起的圖像，就像是這樣：

「我好需要這個，」企業家說道：「我知道要是自己能夠在每天早晨變得忙亂之前擁有一些私人時間，那麼我的生產力、感恩之情，以及心情平靜都會得到改善。

「我也是，」藝術家開口道：「每天早上留一個小時給自己進行反思與準備，將會顛覆我的藝術創作，還有我的人生。」

「魔法演說家很早就告訴我，在他所稱的『勝利時段』投注六十分鐘，培養最好的自我與最強大的技能，將會轉化下半輩子在心理、情感、身體，以及靈性各方面的呈現風貌，它會為我帶來我們昨天討論的『巨大競爭優勢』，而且，會過著由創造力、金錢、喜悅和有益人類所組構而成的純粹帝國之生活。我必須要說，他百分百正確。」

「所以，」富豪講個不停，「回到效益最大化的概念，還有以睿智方式努力開發自我天賦的重要性。有太多人接受了集體催眠，誤以為那些具有不凡本領的人是天賦異稟，得到了掌管獨特才華諸神的美好恩賜，但真的不是這樣。」現在的富豪流露出一抹農場男孩的風格。

「一週七天，付出與紀律勝過了才華和天賦。一流運動員不是天生好運，他們是自己創造好運。每當你抗拒某項誘惑、追求某種優化的時候，你就會激發自我的英雄氣概；每當你做出自認為理應要做，而非輕鬆容易的舉動，就會加速自己進入史詩成就者名人堂的速度。」

富豪盯著某隻肥嘟嘟的海鷗攫住牠黏糊糊的早餐，然後，他打了一聲響嗝，「哦哦，真是對不起……」他的聲音充滿了歉意。

「就像我之前所提到的一樣，最近有許多針對成功人士的研究，證實了我們對於自身潛力的自我說法，正是我們是否真正開發了那種潛能的關鍵績效指標。」

「這是什麼意思？」開口詢問的是企業家，她本來忙著在自己的電子設備裡做筆記，現在停下動作，盯著富豪的雙眼，現在，他穿上了一件緊身T恤，上面寫的話是「受害者擁有大電視，領導人擁有大圖書室。」

「要是你的內心敘事在說，你並沒有成為出色的商界領導人，或是自身領域著名行家的條件，那麼你根本連築夢冒險的第一步都不會踏出去，對吧？世界頂峰是一種過程，不是單一事件。執行『平凡人不可能變得偉大』或者『天才靠的是與生俱來，而不是後天培養』這種充滿限制的心理程式，會害你以為學習、花好幾個小時練習、在生活中優先考量內心之渴望，只純然浪費時間而已。要是在你的信仰體系之中，認定你這樣的人不可能達到大師層級成就，那麼投注這所有的勞動、精力、時間，以及做出了一切犧牲，又有什麼意義？然後，因為你的日常行為永遠是最深層信念所發揮之作用，所以你無法實現成功的那一種認知就此成真，」富豪強調，「人類行為注定會吻合我們的自我認同，永遠如此，你的表現絕對不可能超越你的自我說法，這段話含有重要的觀念。」

隨後，他凝望海洋，盯著某艘在船尾撒網的小漁船，身穿紅襯衫的漁夫正在抽菸，同時忙著把船駛離某些危險的珊瑚礁。富豪又喃喃對自己講出另一段禱文。

「我滿懷感恩，我抱持寬恕之心，我時時奉獻。我的生活美好，充滿創造力與生產力，豐盛又神奇。」

他又繼續討論最大效益化。

「正向心理學家將我們接納自我身分之敘事、我們能夠達到什麼樣的目標，然後造就美夢成真的行為態度，稱為『自我應驗預言』。我們的潛意識採行的思維模式，是來自小時候的學習經驗，對象是那些對我們最有影響力的人，包括我們的父母、老師、朋友。然後我們就依循這個模式行事，由於我們的所作所為的確會創建出我們看到的結果，所以這個通常有問題的自我說法，就成了我們自己造成的事實。很神奇，是吧？但這就是多數人度過一生精華歲月的方式。世界是一面鏡，而我們從生活中所得到的並不是自己的想望，而是我們的原貌。」

「我想，對於無法獲致自己期盼之卓越成果的核心信念，要是我們的接受度越高，那麼我們不僅會就此深信不疑，而且還會深化與其相關的行為態度，讓它成了日常習慣。」藝術家娓娓道來，語氣宛若教授，而不是在潔淨晨氣中的波希米亞人。

「說得真好！」富豪興奮地回應道：「我喜歡『深信不疑』這樣的概念。要是你今天見到魔法演說家，應該要把這個字詞告訴他。我猜他去釣魚了，但就我對他的了解，他等一下會在這個海灘做日光浴。」

富豪繼續說道：「無論我們是否意識到這一點，但每個人都有崇高之本能、對英勇的渴望，以及晉升到自我最佳才能之樂園的精神需求。有許多人都因為周遭的邪惡與毒害而極度限縮，受到了嚴重壓抑，我們完全忘了真我。我們成了妥協的專家，以緩慢又穩定的方式接納了越來越多平庸的面向，最後，它成了我們的標準運作體系。真正的領導人永遠不會跟自我標準討價還價，他們知道永遠可以找出改進的空間。他們知道當我們全力拚搏的時候，我們與自我天性可以產生最強烈的連結。亞歷山大大帝曾經說過這樣的話，『我不怕綿羊領頭的獅子大隊，我怕的是獅子領頭的綿羊大軍。』

富豪猛吸氣，聲音清晰可聞。有隻蝴蝶飄飛而去，還有隻螃蟹奔逃，離開了他的身旁。

「我在這裡是要提醒你們，」他繼續說道：「每個人心中都擁有深厚的領導能力。正如兩位現在已經知道的一樣，我所說的領導力，並非是擁有頭銜、高級職位，抑或是需要某種正式權威感。我所說的遠比這更重要、更偉大。這是人心裡的真正力量，而不是靠著豪華辦公室、跑車、大量銀行存款所帶來的短暫力量。我所指的是好好努力的潛能，它如此美好，所以我們沒有辦法把目光從你身上移開。在你的領域裡創造巨大價值的能力，衝擊——干擾——整個產業的能力，過著榮耀、尊貴、大膽、誠正生活的力量。所以，你就可以靠著自己的原創方式，得到創造歷史的機會。不論你是執行長或工友、有錢人還是挖水溝的人、電影明星或是學生，都一樣。就算你目前因為自我認知受限而不相信，但只要你今天還活在人世，就具備了在無頭銜的狀況領導世界、在世界上留下自己印記的能力。你目前的認知不是真相，根本不是，那只是你目前對於真相的理解，請記住這一點。這只是你在通往頂峰的向上過程的這一刻，觀看真相的當下所使用的透鏡。這讓我想到了德國哲學家叔本華寫下的這一段話：『大多數人把自己眼界之限制當成了世界之限制，有一些人並非如此，要加入他們的行列。』」

「所以，真相與我們感知的真相之間有巨大的差異，對嗎？」企業家問道：「從你所說的話看來，我們幾乎是以自己個人的內建濾鏡在看待這個世界，而且這樣的內建程式運作次數之頻繁，已經害我們被洗腦，以為我們以這種方式看到的世界就是真相，對嗎？你現在讓我重新思考自己所見到的一切。」她認可富豪所說的話，她前額的皺紋緊繃，宛若遇冷收縮的玫瑰花。

「我開始產生諸多疑問，」她繼續說道：「為什麼我一開始要創業？為什麼社會地位對我來說如此重要？為什麼我這麼渴望去最豪華的餐廳用餐，住在最好的社區，開最時髦的車？我想，對於有人想要奪走我的公司，我之所以會如此沮喪的部分原因，就是因為我創辦了這家公司而得到了身而為人的認同。老實說，我一直忙於推動自己的事業，沒有踩煞車釐清事情的全貌——生活過得沒有意義。這就像是你昨天教導給我們的『三階段成功公式』，當我對於自我，以及一舉一動的背後緣由，培養出更強的日常覺知力，那麼我就可以做出更好的日常選擇，因而產生更好的每日成果。」

企業家已經停不下來了，「我不知道我真正的價值是什麼，身為領導人的我又想要展現什麼，為什麼要創建我正在創造的一切，什麼會真正讓我開心，還有，當我不在人世之後，我希望留給大家什麼記憶。那位執行長的故事，以及那位編輯的經歷，對我來說確實是醍醐灌頂。生命真的脆弱無比。還有——既然我都已經這麼坦率了——我就直說自己已經浪費了許多時間去追求錯誤的一切。被卡在繁複的吵鬧之中動彈不得，卻沒有聽到那些在我的職涯與個人生活中真正會引發改變的、追求頂尖價值的訊號。而且我經常想起那段過去，我的那一段童年往事，而且我也沒有時間交朋友，沒有真正的熱情，我一直沒有好好觀賞日出，直到此刻才發生了改變。還有，我一直沒有找到真愛……」企業家焦慮不安地搓弄自己的手鐲。

企業家望向藝術家，「直到此刻才發生了改變。」

他的眼眶盈滿了淚水。

「這個宇宙有無數的星球，」他朗聲說道：「而我們的這個星球上有數十億人，我何其幸運遇見了妳。」

企業家微笑，以溫柔語氣回應道：「我希望我永遠不會失去你。」

「不要對自己太嚴苛，」富豪插嘴道：「我們都進入了自己的正道，明白我的意思嗎？我們現在身處的位置，正好可以吸收我們本來就該學習的成長課程，除非等到你把所受到的培訓發揚光大，否則問題會持續存在。我非常同意妳的觀點，人類有一種可悲的習慣，就是會牢牢記住那些聰明人應該要忘卻的一切，但是卻忘記了聰明人應該要記得的一切。反正，我的確懂得妳的心情。請相信妳最崇高、最具智慧的那一部分自我正在引導妳前進。在這條通往傳奇與打造充滿意義之生活的這條正道上，一定會安然無恙。而且，如果你問我的話，豪宅、跑車和大量的金錢，完全沒有任何問題。我真的、真的需要你們聽我講清楚，拜託。誠如某句古諺所言，我們是有人類經驗的靈性生物。擁有充足的錢，是生活理應給你的贈與，豐盛是自然之道，世界不乏花朵與檸檬樹，天空不乏星斗。金錢可以讓你為自己——還有為你最在乎的人——得到精采體驗，而且也給予你機會幫助需要的人。」

有一名在快艇後方的旅客從他們面前滑水而過，可以聽得到他的開心大笑。

「我要分享一個小秘密給你們，」這位大亨繼續說道：「我已經把絕大部分的流動資產都捐出去了。對，我還有噴射機和蘇黎世的公寓，以及這個濱海房子。雖然我商業利益的總值依然還是可以讓我當富翁，我完全不需要這些東西，我完全沒有任何羈絆。」

「我曾經看過一個故事，我想你會喜歡，」藝術家說道：「作家馮內果，還有《第22條軍規》的作者約瑟夫．海勒，參加某位金融家在長島舉辦的聚會。馮內果詢問他的同伴，他們的東道主在晚會前一天所賺的錢，超過了他最暢銷作品的所有版稅，不知道他做何感想？海勒回答說：『我擁有他永遠無法拿到的東西。』馮內果問道，「約瑟夫，到底是什麼？」海勒的回答真是了不起，『我已經擁有的具足知識。』」

「好故事！」富豪熱情洋溢，「我喜歡！」他與藝術家擊掌，還發出了無釐頭的巨聲吼叫。然後，他又開始跳起自己開心時演出的短暫舞蹈，之後開始做一連串的開合跳，全程雙眼緊閉，真的是怪人一個。

藝術家滔滔不絕，「反正，我了解你現在教導我們的最大效益化以及自我應驗預言。除非我們先相信自身的崇高性，並且以真誠嚴謹的努力予以實現，否則，不會有人相信我們具有做出偉大事業的能力。你們知道畢卡索曾經說過什麼嗎？」

「拜託，就告訴我們吧……」企業家懇求知道答案，從她現在的姿勢看來，此時此刻的她非常願意接受新知。

「畢卡索是這麼說的，『我媽媽告訴我，如果你當兵，日後就會是將軍；如果你當神父，日後就會是教宗。不過，我當了畫家，最後成了畢卡索。』」

「老弟，了不起，」富豪讚賞道：「這就是對人類潛能的信念與自信。」

富豪以拳頭撫摸曬黑的下巴，低頭凝望白色沙灘好一會兒。

「大多數人在最美好日子的精華時段當中，腦中運行的都是那一套受限程式，該負責的並不是只有我們的父母而已。正如同我之前所說的一樣，許多好意但無知無覺的老師們強化了這種概念：藝術、科學、體育，以及人文領域的英勇天才是『獨特人物』，我們需要接受自己是『凡人』，無法創作出精湛程度令人驚歎的偉大作品，也沒有辦法過著無與倫比的人生。然後，我們會聯想到自己的朋友，還有媒體不斷發出的訊息，證實了同樣的『事實』。它真的成為持續不斷的催眠過程，在這種狀況下，心中一度熊熊燃燒的天賦之火也變得越來越黯淡，而我們全程渾然不覺。曾經熱情的潛能之聲變得越來越沉默，我們極度限縮自身能力，明明自己有力量卻開始過著小格局的一生，而且開始對我們的強項周邊逐步建造監牢。我們的一舉一動不再像是領導者、創意實踐者、堅信一切都有可能的人，我們開始扮演受害者的角色。」

企業家提出了省思，「這麼多的好人卻遇到這種狀況，真是令人感傷，我們大多數人都看不到這種洗腦行為會阻止我們實現最美好的自我……」

「對，」富豪說道：「我得要強調一點，更可怕的是，潛能無法體現將會轉為苦痛。」

「這句話是什麼意思？」開口的是藝術家，他別開目光，轉換姿勢，看起來有點緊張不安。他心想，「也許我本來可以創造出與大師一樣充滿創意的獨特作品，卻被自己搞砸了，因為我一直偷懶，未能把自我潛能發揮最大效益化，已經拖了這麼久，造成內心深處受到了重傷。」

富豪強調，「我們最崇高的自我都很清楚以下的事實：每個人生來都能運用自我的人類天賦完成驚人壯舉，靠著我們的豐富才能實現令人驚歎的成就。『令人驚歎』（astonish）這個字詞其實源於拉丁語的『extonare』，意思就是『讓人感受雷擊』。在世的每個人的內心與精神深處，都有能力可以做到這一點。

「我們越努力壓抑不良敘事之聲量——以神經生物學的角度而言，這是我們大腦邊緣系統的產物——我們就越能聽到這種要求自我挺身而出，大膽表達我們最偉大天賦之崇高召喚。

無論你是大型組織裡的主管、辦公室小隔間裡的程式設計師、學校教師，抑或是餐廳廚師都一樣。你絕對有能力將自己的作品提升至藝術層次，而且為人類進步發揮影響力。然而，由於我們對自我本質，以及真正能夠達到的成果，具有這種錯誤的認知，所以我們就任由生活陷入冷漠，嚴重困陷在半死不活的日子之中，以下這段話的概念相當重要：當我們背叛自己真正的力量，有一部分的自我也開始死去。」

「了不起的真知灼見，」藝術家說道：「我真的需要做一些重大改變。我老是覺得疲倦，忽視自己的創作才能，已經讓我心生厭倦，我開始覺得自己很特別。」

「你是啊，」企業家又重複了一次，柔情萬千，「你真的很特別。」

「我也開始發現我太在乎別人的想法。有些朋友會嘲笑我的畫作，他們在我背後偷偷說我是怪人。我覺得他們只是不了解我，不明白我對於自我藝術創作的夢想。」

富豪喃喃說道：「你們知道嗎？許多世間的偉大天才，都是在死後多年才得到世人的賞識……」

「還有，關於你提到的那些朋友，我不太確定你是不是跟合適的朋友為伍。也許現在該好好做自己了，不要繼續被他人的意見左右而限制了自己的才能與活力。寇特・柯本[5]的詮釋比我更精采，『純粹為了擁有友誼，因而必須假扮他者與人群共處，已經讓我心生厭煩。』」

「嗯……」這是藝術家的唯一回應。

「我所分享的一切千真萬確，我們要成為自己的夥伴。如果你與消極的人混在一起，你永遠不會在自身領域產生積極的影響力，也永遠不會創造美好生活。」富豪繼續說道：「哦，還有我剛剛提到的那種苦痛，要是沒有細心關注，把它釋放出來，它就會開始在我們的內心累積為恐懼與自我憎惡的深沉儲量。對於這種被壓抑之痛，大多數人都沒有感知，也欠缺妥善處理的工具。對於這種因為我們不尊重自身承諾而產生的沉默痛苦，大多數人都渾然不覺，所以，要是有人提到它的話，我們甚至會否認。一遇到表現才能機會的時候，我們會逃開，我們的下意識培養出一連串丟臉的逃逸路線，就是為了要避免感受這種因為自身才能被否定所產生的痛苦。」

企業家很好奇，「比方說像是什麼？」

「癮頭。比方說一直查看訊息，或是檢查『按讚數』。或者，在我們的日常生活中花大量時間看過多的電視節目。最近的節目水準很高，讓人很容易就沉迷其中。在某些觀片平台看完一集之後，下一集又自動開始播映。有不少人也會透過漫無止盡的閒聊與八卦，來逃避自我的崇高特質，他們其實並不明瞭忙碌與發揮生產力之間的驚人差異。」

「高影響力的實踐者以及真正的世界創建者，不太理會那些尋求他們關注、期盼他們抽出時間的人。大家很難找到他們，他們幾乎不會浪費時間，更專注的是從事真正的工作，而

❺ 美國音樂家，超脫樂團的主唱、吉他手與詞曲作者。

不是虛假的工作，所以他們會交出能夠推進世界、令人驚歎的成果。逃避潛能未發揮之苦痛的其他策略，包括了長時間無腦掛網、網路購物、工作太多、喝太多、吃太多、抱怨太多，還有睡得太多。」

這位大亨啜飲他瓶子裡的水，又一艘漁船駛過，駕船的女子朝雷利先生揮揮手，他微微頷首回禮，

「魔法演說家將這整個現象稱為『後天習得之受害狀態』，」富豪講話中氣十足，「我們告別青春之後，會出現某種自滿傾向。我們可能會開始打混，安於熟悉的一切，失去了開疆闢土的亢奮慾望。我們採納了受害者模型，我們編造藉口，然後不斷複誦多次，訓練我們的潛意識誤以為這是真的。我們把自我掙扎怪罪給他人與外在狀況，而且我們為了自己的天人交戰而譴責過往事件。我們變得憤世嫉俗，喪失兒時的好奇心、驚奇感、同情心，以及純真。我們變得冷漠、性好批判、麻木。在這個絕大多數人為自己創造的個人生態系統中，平庸就變得可以令人接受了。由於這種心態模式在我們腦中天天上演，對我們來說，這種觀點似乎相當真確。我們真心認為自我說法披露了真相，因為我們與它的距離如此接近。所以，我們並沒有在自身領域展現領導力，靠著產出精采作品及打造有趣生活的方式發揮天賦，反而任由自己落入平庸。看出這一切是怎麼發生的了嗎？」

企業家回道：「對，至少變得比較清楚了。所以，關鍵是重新撰寫我們的自我敘事，對嗎？」

「一點都沒錯，」富豪很肯定，「每當你察覺自己落入受害者模式，轉而做出了更富有勇氣之抉擇的時候，你就開啟了重寫敘事之路，你提升自我認同、強化自尊、增加自信。每當你選擇支持優秀的自我，你比較軟弱的那一面就少了養分——反而讓你天生的力量得到滋潤。還有，當你做到展現高超才能所要求的持之以恆的時候，『發揮智商的最大效益』，也就是你實踐天賦之能力，將會不斷成長。」

富豪邀請他的兩名學生移駕到他家的露台，繼續今晨課程的「歷史締造者的四大重點」。

歷史締造者的四大重點之二：擺脫引人分心的事物

富豪伸出小指，點向那個模型。

「記得成功人士烙印大腦的重要格言嗎？對令人分心的事物成癮，將會終結你的創造性生產力。它可以帶領我們進入今日輔導課程的這個段落，而且我已經決定要深入探討贏得這場對抗令人分心的事物與網路干擾之戰的重要性，因為這是我們文化中相當嚴重的議題。就某些方面來說，新科技與社群媒體不只侵蝕了我們美好的實踐潛能的聖母峰，同時也讓我們變得越來越缺乏人性。真正對話的機會變少了，真正的往來與有意義的互動變得越來越稀少。」

企業家承認，「嗯，沒錯，在這個海灘度過了幾個早晨之後，我也更加體悟到這一點。」

「對於大多數的人來說，在寶貴時間裡填滿無意義的活動，等於是他們偏好的毒品，」富豪繼續說道：「就理智面來說，我們很清楚不該浪費時間從事零價值的活動，但是我們的感情面就是無法拒絕誘惑。反正我們就是無法抵抗這種誘餌，而這種行為導致組織喪失生產力、引發品質缺陷的損失高達數十億美元。正如我之前所說的一樣，大家工作時所犯的錯誤遠遠超過以往，因為他們對於自己的職責心不在焉。對科技的濫用挾持了他們的寶貴專注力，綁架了他們聚精會神的無價能力，讓他們失去了創造最佳作品和調整最佳生活的機會。」

現在，依然可以強烈感受到專屬於一日之初的那種寂靜寧和。

富豪停頓了一會兒，掃視全場，定睛在自家周圍整齊排放的花朵，然後是地平線那些似乎動也不動的貨船，最後，他凝望的是海洋。

「好，兩位，」他終於開口，「我熱愛現代社會——真的。要是少了我們擁有的各種科技，我們的生活將會變得相當辛苦，我的企業不可能像現在這麼成功，我不會跟現在一樣有效率，而且，我應該也沒有機會與兩位待在這裡。」

「為什麼？」藝術家看到某隻海豚以優雅姿態游泳，甚是驚喜。然後，牠高躍跳出洋面，在空中旋轉了四次之後才回到水中，濺起了大片水花，讓人歎為觀止。

雷利先生看起來興高采烈，「我已經找到如何成為奇蹟之磁石的方法，我真是開心，」他對自己輕聲細語，「我迫不及待想要教導這些好人如何為自己辦到這一點。」然後，他又開始繼續講課。

「我生病的時候，都是靠醫療技術的各項創新救了我一命，」富豪解釋道：「反正，好好利用科技是非常了不起的事，現在讓我真正憂心忡忡的是大家使用它的種種愚蠢方式。許多有機會成為傑出人士的人都患有『注意力分散症候群』，因為他們已經在自己的職場與私人生活裡塞滿了太多的設備、干擾，還有網路喧嘩。要是你喜歡成功的感覺，請以人類歷史的所有大師為本，拋卻你平日的一層層複雜外衣，簡化，精簡一切，成為純粹主義者。少就是多，只要專注幾項工作計畫就夠了，這樣一來你就可以交出驚人成績單，而不是被太多任務分散了注意力。至於社交生活，要減少朋友的數量，但是要與他們深交，這樣一來才能夠厚實彼此的關係。不要接受那麼多的邀約，縮減主要休閒活動的項目，學習，然後完全掌握，看書求精不求多。只對最重要的項目發揮高度專注力，正是專業人士實現成功的方式。簡化，簡化，再簡化。」

「不要再忙著管理時間了，要開始管理你的重點項目，」富豪補充說道：「現在，在我們這個充滿過多刺激的社會之中，我們找到了成就偉大的方式。」

「感謝你目前教給我們的一切，」藝術家說：「現在我明白了，一直在忙碌中，未必等於具有生產力。我還發覺當我在畫新作的時候，越是接近傑作完成的狀態，我內心之中比較黑暗的部分就會更加逼我分心，這樣一來，我就會迴避產出驚世巨作。現在我仔細思索，發覺這種狀況經常發生。我會上網，純粹就是隨便亂逛。我會更晚睡，觀看一季又一季我喜愛的電視節目，不然就是熬夜和我的網友一起打電玩。還有的時候，我會暴飲廉價紅酒。」

「越接近自我天賦，越得要面臨各種恐懼之破壞，」富豪深感同意，「你會害怕遠離大眾，得要就此面對高超才能的各種副作用，比方說變得與眾不同，來自競爭者的眼紅，還有逼使自己下一個計畫必須有更好表現的壓力。當你提升自我、朝精湛之路邁進的時候，會對失敗感到焦慮，擔心自己不夠好而恐懼，也對另闢全新蹊徑而感到不安，所以，你的杏仁核——在我們腦中負責偵測恐懼、杏仁狀的灰色物質——立刻火力全開。你開始摧毀自己建立的成果，你們知道嗎？大家的潛意識層次都有一個破壞者，埋伏在最脆弱的自我之中。好消息是只要你們了解這種狀況……」

「我可以做出更好的日常選擇，讓我得到更好的日常成果。」藝術家打斷他，語氣中充滿了寵物一整天孤單過日，乍見主人時的滿腔活力。

「正是如此，」富豪說道：「只要你意識到這種事實，也就是當你接近自身最高才能與最光燦之天賦的時候，你恐懼的那一面就會抬起它的醜陋頭部，想要靠著追求令人分心事物與可能的逃離路線，逃避最後的大功告成，藉以破壞你創造的傑作。其實，你能夠控制這種自我毀滅的行為。你可以跳脫出來，消解它的威力，只要觀察它批判你高超才能的各種招數就是了。」

「這一段話的確發人深省，」企業家開口道：「對於我為什麼會在自己的公司限縮自我的生產力、表現及影響力，這提供了詳盡的解釋。我會設定某項重要指標，把團隊找進來，將關鍵交付成果進行排序，然後我就開始分心了。我會對另一個增加業務複雜性的機會說『好』，我會與那些只喜歡聽到自己聲音的人開一堆無用的會，塞滿自己的時段。我會陷入偏執地拚命檢查通知，認真觀看『突發新聞』報導。今天早上讓我清楚看到，我是如何徹底破壞了自己的效率，還有，對於你所說的數位垃圾，我的確上了癮，這一點也相當明顯。老實說，我還沒有放下某些前任男友，因為太容易在社群媒上體觀察他們的生活狀況。我現在明白了，我明明擁有許多可以強烈激發創意的時間，卻被我拿來在網路上打發時間。雷利先生，這就像是你所說的一樣，那是某種逃避的形式。我似乎就是沒有辦法停止網購，這實在太容易了，而且它會讓我覺得開心幾分鐘。我現在明白史蒂夫·賈伯斯為什麼沒有把他賣給世界的東西交給他的孩子，他很清楚如果使用不當就會引人上癮，而且會害我們漸漸失去人性與活力。」

富豪舉手，另一名助理從海灘小屋冒出來，快速抵達現在完全浸沐在陽光之下的露台。他身穿俐落白色襯衫、深灰色帆船休閒褲，以及仔細打理的黑色真皮涼鞋。

這名年輕人講話帶有法國腔，「先生，東西在這裡。」他把寫有神秘標記的托盤送交給大亨，正中央是人腦模型。

看起來就像是這樣：

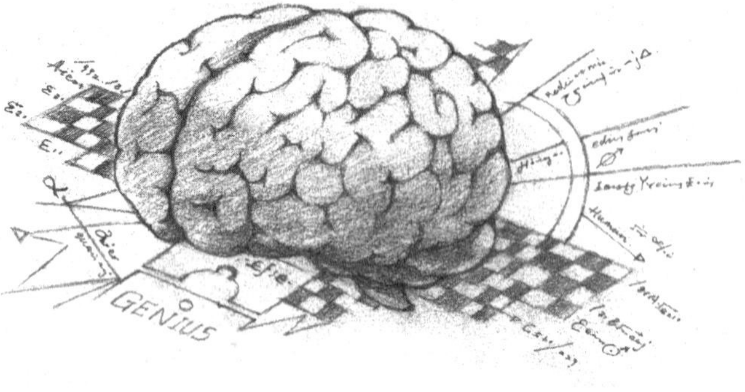

「皮耶，非常感謝。現在，讓我們研究一下自我破壞的神經科學，這樣一來兩位就可以了解得更透徹，然後戰勝它。請務必記得，每個人都擁有魔法演說家稱呼的『古老腦』。這是由大腦邊緣系統所組成，位於丘腦兩側，就在大腦正下方的大腦結構，我剛剛提到的杏仁核也是其中一部分。數千年之前，在一個充滿冷酷威脅的原始社會，比方說饑饉、極端溫度、敵對部落、滿口利刃尖牙的老虎等等，這種基本的低功能運作腦部組織保障了我們的安全。它主司的功能如下：維持某種穩定狀態，同時警告我們遠離危險，這樣一來我們就能夠生存並繁衍自己的下一代。」

富豪客氣地問道：「目前還跟得上嗎？」

企業家與藝術家異口同聲回道：「沒問題。」此時管家送上新鮮檸檬茶，裡面加了一些薑塊。

「非常好。我們古老大腦的迷人特點之一，就在於它的負面偏見。為了確保我們的安全，它對環境中的正面因素沒什麼興趣，反而是想方設法讓我們知道不好的部分。」

「這種腦部構造的預設值是尋獵危險，」富豪開心地繼續說道：「我們可以迅速反應，保住小命。這種機制對我們的祖先而言超級管用。不過，在現代世界之中，大多數人並沒有天天面臨死亡。其實一般人的生活品質甚至比數百年前的大多數皇室成員都還要好，麻煩請你們多想一想這種恩賜。」

富豪呼嚕嚕喝了一些茶。

「不過，由於我們古老大腦中具有這種內建的負面偏見，我們會一直檢視是否哪裡出現了安全漏洞，處於高度警戒狀態，即便一切看起來圓滿成功，都還是焦慮不安又緊繃。很有趣吧，你們說是不是？」

「這種解釋相當清楚，難怪我們會這麼思考自身的行為，」企業家也在享用她的茶，「現在我明白了，雖然與我認識的所有人相比，我已經取得了比他們更高的成就，但我似乎還是覺得自己成就不足，」企業家繼續說道：「在我的投資人變得貪婪之前，我明明有很成功的事業，厚實的淨資產 -
相當美好的人生。儘管我擁有一切，我的腦袋卻一直關注著我少了什麼、哪裡還不夠，以及我為什麼會沒有達到成功的期望值。這逼得我發瘋，幾乎是永無寧日，從來沒有得到平靜。」

企業家交疊雙臂。然後，藝術家給了她一個飛吻，他的嬉皮辮在狂風之中不斷飛晃。

「老羅斯福總統說過一段話，我覺得很重要，得讓你們知道。」

「他說了什麼？」

「與人比較高低，是喜悅的小偷，」富豪回道：「一定會有人比你擁有更多財富、名譽及物品。思考一下我之前關於抽離的重點，還有，要接納知道哪一個時間點要適可而止的智慧。」

「對，我記得……」企業家的態度很有禮貌。

「你們這種越來越強烈的渴求，來自於更深沉的匱乏，主要都是源於古老大腦的運作方式。它掃視你的周遭環境，激發了負面偏見，阻止你享受所擁有的一切美好。」富豪說道：「現在讓我們進行更細緻化的討論。隨著時間推進，我們的大腦也跟著演化，前額葉皮質變得越來越進步。這個部分負責大腦的高階思維，神經科學家認為它是高等理性的皇冠寶石，而魔法演說家把它稱為「主宰之大腦」。不過，重點來了：當我們開始擁抱更偉大的夢想，學習速度變得更快，提升創造性、生產力及表現績效時，古老大腦和主宰之大腦開始有了衝突，陷入交戰。原始大腦發現我們的成長，知道我們正離開已知的安全港灣，而且因為我們正要告別傳統生活方式而活力四射。

它感受到威脅，雖然那明明是對自我提升與職涯進步的必要威脅。對於有機會更加了解我們的原初才賦、成為我們理應成為之人的未開發境域，我們當然必須大膽冒險進入。知道我們能夠發揮更高才能、有勇氣向外探訪，會讓我們的內心興奮不已，這樣的體悟是讓生活變得充滿價值的巨大寶藏之一。著名心理學家馬斯洛曾經說過，『如果你打算當安全牌，不做超出能力之外的事，那麼你這一輩子很可能都不會開心。』然而，當我們離開熟悉的環境、嘗試新事物的時候，我們的杏仁核就會進入高檔位狀態，讓迷走神經受到刺激，釋放恐懼激素皮質醇，然後，我們開始自己搞破壞，摧毀了我們主宰之大腦展現高度智慧、希望我們實現的目標與成就。」

「難怪具有高度創造性、豐富生產力的人這麼稀少，」藝術家提出觀察，「當我們一離開舒適圈，我們的古老大腦就立刻啟動；當我們增強專業、提升影響力的時候，它就會被這樣的變化嚇得半死。」

「正是如此，」雷利先生鼓掌叫好，「然後，大腦開始釋放皮質醇，讓我們的覺知能力變得狹隘，呼吸轉為短淺，我們陷入不戰鬥就逃跑的模式。其實，恐懼的三個選項是逃跑、戰鬥，以及驚呆不動。」

「我們的高等思維希望我們成長、演化、完成更多傑出作品、過著更好的生活、鼓舞世界，」藝術家繼續說道：「不過，我們的大腦卻在打仗。每個人體內那個古老、低層次、比較原始的大腦想要阻止我們進化。」

「一點都沒錯！」富豪伸手，與藝術家互碰拳頭。

企業家提出疑問，「所以，提到歷史締造者的第二大重點，你正在帶我們學習的模式——擺脫引人分心的事物——我想，正是因為我們面臨了這樣的恐懼，才會想盡辦法讓自己分心，這是為了讓自己心情好轉，既便是一分鐘也好，是這樣嗎？」

「的確，」富豪說道：「而且，這樣一來，也可以逃離我們更加熟悉自身天賦所帶來的不適感。」

「這對我來說真的是意義重大，」藝術家無法壓抑自己的熱情，「你剛剛帶領我們領悟了為什麼我們的文化如此執戀於各種令人分心的事物，還有為什麼大多數的人都沒有體會到自身的偉大。我想，這就是富有創意與生產力之人會成為我們社會真正戰士的原因。我們不但要面臨反對者的侮辱，還有不懂我們藝術的批評者的利箭，也得要有膽量衝過苦求我們不要接觸自身才華之古老大腦警鐘。」

「小老弟，說得真有詩意！」富豪開心讚美，他又開始跳起自己那一套短暫舞蹈，正忙著清掃露台的管家只是搖頭以對。

「感受到真正個人與職業成長的那種恐懼，即便覺得自己快要死掉了，卻依然持續不懈——這需要巨大的勇氣，」富豪諄諄教誨道：「不過，當你害怕的時候卻繼續挺進，就會造就你成為傳奇人物。你們兩位是偉大事物的創建者，而所有的創建者一直在突破恐懼，天天如此，以尋找更高層次的本領、影響力，以及人類自由。哦，當你全力表現自我之力量及天賦時，你將會得到的豐厚回報，不僅僅是英勇努力所帶來的成果，更是你在通往高超才能的過程中，穿過恐懼之火與考驗熱溫，最後鍛鍊而成的人。你會明瞭自己是誰，更加看清自己的能力，你的信心會狂升，已經不再那麼需要人群的安撫，你會開始過真正的生活，而不是由一個不願讓你得到自由的世界所為你形塑的生活模式。」

富豪拿起水瓶，喝了一點水，繼續解釋一定要盡全力擺脫那些死掐人們不放的電子式分心事物與數位干擾的重要性。

「這就是成為清晨五點俱樂部會員之後，同時也能為你施展魔法，」他告訴這兩位聽眾，「世界上的偉大人物避免複雜性的方法之一，就是在每天的一開始融入寧和與平靜。這種美妙的紀律，給予他們絕對必要的時間，得以遠離過度刺激，細細品賞生活之原味、補充創造力儲量、培養至高自我、對自己擁有之一切充滿感恩、奠定日後生活之基礎美德。許多驅動文明前進的人物，都有在破曉之前起床的習慣。」

企業家問他，「可否舉幾個例子呢？」

「著名小說家約翰．葛里遜就是其中之一，」富豪回道：「其他的著名晨型人還包括了莫札特、藝術家喬治亞．歐姬芙、建築師法蘭克．洛伊．萊特，以及海明威，他曾經說過，在一大早的時候，『沒有人會打擾你；不管天氣是涼是冷，一開始動工寫作，暖意立刻上身』。」

藝術家也補充道：「貝多芬在黎明時分起床……」

「偉大的人都會投注許多時間獨處，」富豪說道：「孤獨——在太陽升起之前得到的那一種孤獨——是一種提升自我能力、專業，以及與人類連結感的力量加速器。而且，你也需要孤獨才能提升自我。好，你可以花一整天的時間拿手機不斷討論一千件無聊的事物，或者你也可以挖掘自身才能、精進技術，成為提升所有人的鼓舞之光來改變世界。不過，你沒辦法兩者兼得。普林斯頓大學心理學家埃爾德．沙菲爾運用『認知頻寬』這個詞彙，詳細解釋了這樣的觀點：我們每天晨起的時候，心裡容量有其限度。當我們把注意力分散在各式各樣會影響我們之事物的時候——包括了新聞、訊息、各種網路平台，乃至我們的家、工作、健康，以及靈性生活——我們的專注力就化為碎片，去關切我們從事的每一種活動。這是值得我們深思的重要觀點，難怪大多數人到了中午時已經很難專心處理要務，我們已經用完了自己的頻寬。明尼蘇達大學商學院教授蘇菲．勒羅伊，把我們注意分心事物與其他刺激的現象，稱為「注意力殘留」，她發現當大家一整天在不同任務之間切換而造成自我干擾時，他們的工作效率就會大幅降低，因為他們把寶貴的注意力殘留在太多的不同目標。解方就是我所提出的建議：一次只處理一種高價值之活動，而非持續不斷的多工狀態——還有，必須要在安靜的環境中行事。愛因斯坦以犀利方式指出了這一點：『只有以全副心力投入單一理想的人，才能夠成為真正的大師。』這的確是藝術大師和歷史締造者嚴守的秘密之一，他們不會分散自身的認知頻寬，不會因為忙著追逐每一種炫目的分心活動、出現在面前的吸睛機會，而稀釋自身的創造天賦。絕對不會，他們反而恪守集中心力專作幾件事就好的嚴格紀律——但絕對是世界頂尖水準。這就像是我之前所說過的一樣：偉大人物很清楚，創造一件傑作——真正的大師之作——能夠歷經世世代代考驗的作品，遠比一千件看不出任何才華的作品更了不起。還有，請記得這一點：百分之九十五的人浪費時間；頂尖的百分之五的人珍惜時間。清晨五點是最不會受到干擾、可以展現人類最高光輝，以及最平靜的時段。所以，要好好運用『勝利時段』，你們的工作效率及個人特殊才能將會出現驚人躍進。有關今天早上我所分享的神經科學，我不想進行太多的深入討論，而且，我早已規劃了一個驚喜。不過，我還想要與兩個分享一個概念，它被稱為『短暫額葉功能低下』。」

藝術家好奇詢問道：「短暫的什麼什麼？」還哈哈大笑。

富豪走向某棵巨人的椰子樹，粗壯的樹幹顯露出它的古老年紀。有一張被陽光曬到褪色的木桌，底下有一個寬圓台座，桌面刻有一個精雕細琢的圖表模型，要是你親眼看到的話，一定會大感驚豔，而且為之著迷。

富豪清了清喉嚨，灌了好幾口檸檬茶，過了幾秒鐘之後，他開始漱口，對，真的是漱口，然後他開始講課。「當你早起，只有自己一個人，遠離過度刺激和喧鬧的時候，就不會被科技、會議，以及其他可能會限制最大生產力的各種因素，分散了注意力，」富豪若有所思地說道：「因此，我們的前額葉，也就是負責理性思考——同時一直在煩憂的——腦部區塊，也會暫時關閉一段時間。很有意思的資訊，對吧？這就是短暫額葉功能低下的『短暫』時分。它只會出現須臾片刻，此時，你不停分析、反覆琢磨、備感壓力的過度思考都會停止，你陷入暫停狀態，不會想要努力搞清楚一切，也不再擔心那些可能永遠不會發生的事情。其實，你的腦波會從平常的貝塔波轉為阿爾法波，有時候甚至會降到西塔波。這種破曉時刻的孤獨、無聲，以及靜止，也會促使超級實踐者之重要靈感刺激——多巴胺的分泌，以及觸發為大腦帶來美妙愉悅效果的血清素之類的神經傳導物質，你自動自發、自然而然進入了我之前描述的『心流狀態』。」

雷利先生的左手移到了桌面那張圖表上方，揮了好幾次，它的模樣如下：

早晨天才的秘密：

短暫額葉功能低下

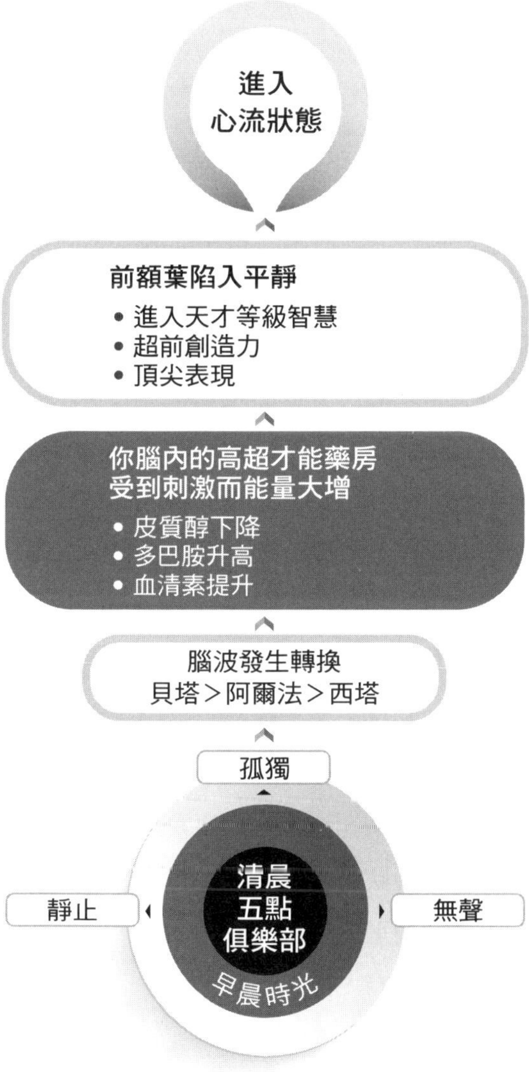

富豪熱情地補充道：「這種『心流狀態』，就是頂尖小提琴家、明星運動員、菁英大廚、傑出科學家、帝國創建企業家，以及傳奇領袖等人在推出自身最好成果，所身處的巔峰心靈狀態。」

「當你們送給自己一份遠離忙碌的早晨寧靜之禮，每個人大腦裡進入純粹才華領域的天生功能，就會得到啟動。以下是送給你們兩位的天大好消息，只要靠著正確的舉動，就可以把這種精采表現狀態培養成習慣，這樣一來，它就會以絕對可預測的方式現身。」

「短暫額葉功能低下，效果非常好的模式……」企業家小心翼翼地把自己的手機放入短褲裡。

「要是大家都知道這樣的資訊，整個世界都會發生轉化。」藝術家發出了感歎。

企業家說道：「他們應該要把這一切傳授給學校裡的孩子們。」

「的確，」富豪同意，「不過，話說回來，我向你們分享的這套哲理，以及我馬上要帶你們學習的，可以讓你們執行此一強大資訊的轉化方法論，都必須要歸功於魔法演說家。他一直是我最偉大的導師，而且，毋庸置疑，也是我認識的人當中最傑出的一位。對我來說，缺乏誠正特質的獨創性，不會贏得我太大的尊敬。要是少了超凡的同情心，那麼特殊成就就毫無任何意義可言。還有，如果地球上的每個人都學習了這套教材，而且矢志實現，那麼整個世界都會跟著躍進，因為每個人都會認知並發揮其潛在力量、體現卓越成果，進而提升成為傑出之人。」

歷史締造者的四大重點之三：個人修養之練習

富豪帶領他的兩個學生離開這個可以欣賞環繞屋宅前方怡人海景的寬敞露台。戶外車道停放了一輛黑色休旅車，在晨光的浸浴之下閃閃發光。

企業家問道：「我們要去哪裡？」

「在我們相遇的那場大會的戲劇性場合中，我曾經答應過你們，要是你們來模里西斯，我要讓你們和海豚一起游泳。所以，我要實踐諾言，我們要前往這座島嶼的西部，到一個名叫弗利康弗拉克的面海小村。那裡有兩個可愛的年輕人正在等候我們，他們是找尋海豚位置的高手。朋友們，準備好了，等一下的體驗會讓你們驚歎不已，保證會終生難忘。」

沒多久，休旅車穿過了富豪宅邸周邊的那些迷你小城鎮，進入精心養護的高速公路。富豪坐在司機的旁邊，詢問他的孩子最近有哪些興趣，以及他對於未來的想望。雷利先生會仔細發問，然後往後一靠，專心聆聽，看得出來他這個人極具深度，充滿愛心。

休旅車緩緩駛向某個美麗港口，沙灘、幾座白色小屋、充滿古趣的海鮮餐廳、停泊於水中的諸多老舊船隻、自豪地高唱早晨讚歌的公雞，都增添了這裡的風采。而且，還有橫跨蔚藍天空的雙彩虹奇景。

兩名年輕的漁夫擁抱富豪，向他問好。這一群人出發進入廣闊的印度洋，尋找可以一起游泳玩耍的海豚。船隻側面以灰色膠帶隨意黏貼的廉價喇叭，傳出了牙買加歌手夏奇的歌曲〈女力〉，機動船擊浪時濺起的水花，讓富豪、企業家及藝術家的臉龐全濕了，逗得三人咯咯笑個不停，就像孩子們在雨後留下的水坑裡跳舞一樣。

他們試了幾次，終於發現海豚在小海灣裡開心游泳，周邊都是高聳懸崖，就是在加州的太平洋海岸高速公路看到的那一種。這些生物在海洋裡開心梭游的模樣，會讓你誤以為小海灣裡有數千隻海豚，但其實只有十一隻左右。

富豪戴上浮潛面罩，立刻從機動船後面的平台滑入水中，「來吧，兩位，」他語氣興奮，「我們出發吧！」

企業家跟過去，她的雙眸充滿活力，她的心充滿了告別青春之後就未曾出現過的激昂。透過通氣管傳出的呼吸聲，聽起來又淺又急，宛若在頻頻呼呼作響。

最後是藝術家，以腹部貼水的蠢姿勢入海。

身穿繽紛熱帶印花短褲、運動橡膠鞋的年輕漁夫，擔任他們的導遊；趁著海豚於水面下四處暢泳時，這三名冒險者開始與牠們玩耍。當海豚下降的時候，這三名開心的同伴也跟著照做；當牠們旋轉身體的時候，這些清晨五點俱樂部的會員們也一樣；當牠們互相調情的時候，企業家與藝術家也做出相同的動作。

這樣的體驗大約只持續了十五分鐘，但十分神妙。

「太不可思議了⋯⋯」藝術家氣喘吁吁地浮出水面，好不容易爬回小船引擎附近的小平台，冒出了這句話。

企業家熱情親吻他，開心讚道：「這是我一生最美好的體驗之一⋯⋯」

富豪立刻浮出水面，他開心叫喊，笑聲連連，「哇，棒透了！」

回到港口之後，他們繼續在海邊上晨課，旁邊是當地人拿來烤魚的石頭堆，雙彩虹依然橫跨在廣袤天空之中。

富豪伸手朝天，四隻白鴿突然出現，不知道到底是從哪裡冒出來的。然後，又有一群粉紅色與淡黃色的蝴蝶飄然飛過。

富豪盯著牠們，開口說道：「很好⋯⋯」他發出了幾聲也不知道是從哪裡冒出來的咳嗽聲響，繼續指向今日特別向學生介紹的歷史締造者的四大重點之第三區塊，上面印有「個人修養之練習」字樣。

藝術家好奇提問：「我們在這裡要講的是什麼？」他的嬉皮辮在滴水，佈滿刺青的雙臂摟住了企業家，為她保暖，因為她在發抖。

「訓練你最優異的部分，」對方的回答直接了當，「還記得魔法演說家在研討會上分享的斯巴達戰士信條嗎？『訓練時多流一點汗，戰爭時少流一點血。』好，你們早晨練習的品質，決定了你日常表現的水準。打贏勝仗是在密集訓練的初期——沒有人監看的時候，早在戰士步入戰場之前，勝利就已經成了定局。成功屬於準備最充足的人。顯然你若想要成為商業、藝術、西洋棋等領域的世界頂尖高手，抑或是要成為第一等的設計師、技師或是經理人，都需要投入大量的練習時間來提升專業。具體而言，誠如佛羅里達州立大學傑出心理學家安德斯·艾瑞克森透過創新研究所教導的內容，一個表演者必須在十年之內每天至少投入兩小時四十四分鐘提升自我選擇的技能，不管是在哪一個領域，這是出現天才之初步跡象所需的可行最低練習量。然而，鮮少有人會想到投入上萬小時的訓練時間以成為更好之人的重要性。這就是為什麼幾乎很少有人能夠解開這個密碼的原因，只要破解成功，就能夠解放至高之自我，這樣的顯化也能夠帶來智慧、創造力、勇敢、愛，以及內心之平和。只有當我們涵養自我，我們的生活才會得到涵養，懂我的意思嗎？我建議兩位必須要每日練習精進個人修養，就像是我們全力付出，尋求得到世界頂級地位的其他技能一樣。相信我，強化、保護並滋養你內心世界的核心面向，你的生活會強增百倍，你在外在世界的所作所為，完全都是內心狀況的結果，這就是你必須真正努力的早晨準備功課。然後，你每天走入這個世界的思維、感受及實踐，就會到達無敵之層次，這是你應該要給自己的禮物。」

「在參加魔法演說家的大會之前，我一直不是很相信自我提升這種事，」企業家坦承道：「對我來說，我一直覺得那很不實際。」

富豪語氣堅定，「妳有沒有試過？我指的是認真實踐過一段時間？」又有一隻鴿子從上方飛過，當他抬頭望向太陽的時候，雲朵已經散開。

「其實一直沒有，」企業家說實話，「最近才開始，是我加入清晨五點俱樂部之後的事。」

「哦，很好，這樣的話，我們就繼續保持下去，以下是關鍵，」富豪說道：「在『勝利時段』，每天清晨五點到六點，集中注意力提升魔法演說家所稱的『四大內在領地』。這將是你們一生當中最棒，有時卻也是最艱難的任務。我等一下就會開始講授如何深入改造自我，培養四大核心內在領地，而這將成為你們轉化的金鑰。我必須強調，這並不容易，但絕對值得。」

「為什麼？」企業家很好奇。她已經不再因為印度洋上吹來的涼風而顫抖，不過，藝術家依然摟著她，他的嬉皮辮還在滴水，那隻叛逆公雞還在叫個不停。

富豪強調道：「因為，你們必須先把內在領地提升到頂級層次，才會看得見那些外在領地，而且，只要你大膽無懼，財富永遠會隨之而來。兩位，這是非凡智慧，你對世界的影響力，完全映照出你內在之榮光、尊貴、活力，以及燦亮。在這個人類行為宛若人工機器的膚淺時代，沒有多少人會記得這個重要的生活真相。外在永遠會顯現出那未必時時自省之內在，你們的創意、生產力、豐盛、實踐，以及對這個星球的影響力，自始至終都是你們內在世界的至高體現。比方說，要是你們缺乏了對於自己達成理想之能力的信念，那麼就永遠無法達標。要是你覺得自己不配擁有豐盛，你就永遠不會採取實現的必要行動。要是你對於發揮天賦的動機很薄弱，接受訓練的熱情之火很黯淡，打算進行優化的鬥志低落，那麼顯然你永遠無法飛升到絕對高超技能的罕見境地。還有，要展現領域統治權，外在永遠會顯現內在，要體驗你外在生活的帝國，必須得先培養自己內在之領地。」

他開始啜飲某罐綠色飲料，那是剛剛他跳下機動船時其中一位漁民給他的東西。要是你仔細觀察印在瓶身玻璃上的文字，就會看到甘地的話語：「世上的唯一邪魔就是我們自己的心魔，那才是我們要奮戰的地方。」

「當你們不斷增強內在天生的力量時，」雷利先生繼續說道：「其實，你們會開始看到充滿美好機會與豐富可能的另類現實，你們將會在一個大多數人根本感知不到的奇妙宇宙中大玩特玩。因為懷疑、拒絕相信及恐懼，蒙蔽了他們的雙眼。崇高，其實是一場內心……」富豪在沙地畫出另一個學習模式，如下面這張圖：

四大內在領地

「我們以細緻化的方式來解說這個架構，你們兩位就可以得到超級清楚的高度覺知，明白在你們的『勝利時段』必須改善哪些內在生活面向。當我在教導二十／二十／二十法則的時候，會給你們馬上就可以執行的完整早晨流程。現在，只要知道在旭日升起之前，一共有四個內在領地需要訓練、培養，以及不斷改善就夠了：它們是思維模式、感情模式、健康模式，以及靈魂模式。這四大私人領域統合在一起，成了現代每個人內心真正原初力量的基礎。大多數人都否認、懷疑這種強大的力量，因為我們總是在追求自我之外的事物，不過，每個人的內心都擁有這種深刻美好的能力。而優化你四大內在領地的最佳時段就是清晨五點到六點，那是一天當中最特別的時刻。擁有自己的早晨，提升自己的人生。」

企業家問道：「我有個問題，萬一我只想要一週操練五天，週末休息呢？這整套清晨五點方案到底有多麼嚴格？」有隻老狗拖著腳步走過去，此時可以聽到海鮮餐廳裡正在播放義大利音樂傳奇人物祖切羅的歌曲〈眼睛〉，大家可能會覺得這個場景冒出這一段實在不可思議，但真的就是如此。

「這是妳的生活，要找到最適合妳自己、感覺最對味的行事方式。我現在要說的是，魔法演說家之前與我分享的資訊，讓我賺了大錢，而且幫助我找到了某種日常喜悅與恆定寧靜感的完美感受。真的，這一切帶給我個人自由。只要是符合妳的價值觀、期盼及生活方式，要怎麼套用都不成問題。但妳也要知道，打零工式的承諾只會帶來打零工式的成果。」富豪一邊講話，一邊伸手抓蒼蠅。

「你可否深入解釋『四大內在領地』？」企業家問道：「你教導我們的這一部分，讓我在與那些投資人的奮戰過程中變得更強大，甚至讓我挽回了更多的希望、幸福及信心。我從來沒有告訴過你這一點，不過，自從我遇見你之後，我一直努力實踐你這麼大方與我們分享的內容。我想你一定看得出來，一開始的時候，我對於魔法演說家的許多哲理很抗拒，你知道嗎？我其實不想參加他的研討會，但我至少對於他的——還有你的教誨抱持開放態度，非常開放。你知道嗎？我熱愛生命，而且我現在打算要活得長長久久。」

「很好……」藝術家拾起某個心狀貝殼，把它小心翼翼地放入企業家的掌心，然後把她的手貼住自己的胸膛。

「我已經發現某些明顯的改善，」企業家繼續說道：「清晨五點起床，讓我覺得自己變得更專注，壓力減輕，更有安全感，活力更加充沛。對於我生活的各個方面都有了更宏觀的視角，我更加感激自己世界裡所有正面的一切，對於公司所受到的攻擊也沒那麼在意了，對於自己的未來有了更多的興奮期待。好，那些投資人是壞蛋，我還沒準備好要對付他們，但我會出手。而我對整起事件所感受到的恐懼，還有對此的種種絕望陰鬱感，好，全都消失了。」

「帥啊！」富豪講出的是過往年代的嬉皮老派俚語。然後，他直接在海灘上換T恤。休旅車回來了，司機把車子停在海鮮餐廳的正門口。

「妳很有智慧，」富豪繼續說道：「這一切資訊的確都很珍貴。不過——正如同妳所觀察到的——要靠持續不斷的練習與每日應用，才能讓妳成為英雄、鼓舞人心的商界領袖，以及鼓舞諸多世人。我恭喜妳放下了過往，沒有人說妳的行為不負責任，居然不去處理妳在公司面臨的問題。然而，過往是一個值得學習的地方，並不是可以住下來的家。」

他們三人上了正在等候的車子，準備回到這位古怪主人的屋宅。

休旅車順暢前行，富豪開口道：「我們多聊一聊這個學習模式，因為它對你們的成功與幸福至關重要。許多大師都提到了思維模式。套用哈佛心理學家艾倫·蘭格的話，他們教導的就是建立可能性心理學之重要性。他們告訴你們每天都要正向思考，這些導師告訴你們，你們的思維形塑了自我真實面貌，透過改善思維，就能改善生活。當然，調整你的思維模式，是邁向個人修養的關鍵步驟，這樣一來，就可以促成某種傳奇等級之外在真實生活。

「不過，」富豪繼續說道：「你們要了解以下這一點，超級重要，因為大多數的人並不知道：魔法演說家教導我，提升你們的思維模式——也就是四大內在領地之第一領地——只是個人修養方程式的百分之二十五而已。」

「真的嗎？」藝術家問道：「我一直以為我們的思維決定了一切。除此之外，就沒有別的了，全部都是『改變思維就可以改變生活』以及『態度決定高度』之類的。」

「好，」富豪說道：「你最深層的信念是你日常行為的動力，這一點毋庸置疑，你也明白我相信這一點。而你知道，我也認為你感知世界的方式將會決定你在世的表現。不過，高度進化的思維模式，要是沒有一個極其純透的心靈狀態，也不過是一種空洞的成功而已。只關照自己的思維模式，永遠沒有辦法實現完全的最高自我，也無法百分百彰顯自己的天生才能。」

「我想我懂得你的意思了，」藝術家露出了宛若吉力馬札羅山一樣巨大的笑容，「查理·布考斯基曾經說過，『不要再堅持淨化你的思維……反而應該要淨化你的心靈。』」

「他說的沒錯……」富豪放鬆下來，整個人深陷在休旅車的豪華皮椅上。

企業家問道：，「所以，幫我解釋一下到底什麼是『感情模式』好嗎？」她盯著一群小學生興奮地在操場上盡情奔跑，她的思緒也飄向自己的童年時代。

「感情模式是你們的情緒生活。就算是擁有堅定的信念與傑出的頂級思維模式，一旦你的心充滿了憤怒、哀愁、失望、憎惡及恐懼，你還是無法成為贏家。試想一下：要是不良感受壓垮了你們，又該如何推出美好成品，以及實現讓人歎為觀止的成果？現在，似乎大家都在談論建立健康又無敵的思維模式，到處都聽得到，不過，沒有人談論感情模式——或是健康模式與靈魂模式。這全部的四大內在領地，都必須透過早晨練習予以精煉，才能讓你們了解潛藏心中的那一股令人驚歎的力量。還有，只有當你培養並深化自身與這種存在於自我核心的天生影響力，才能夠晉升到與大師和諸神同在的地位。當你們提升自我的四大內在領地時，就會開始在外在世界達到你們從來沒想到自己能夠達到的成功境界，而且，過程之優雅遠超過你們的想像。你們彷彿培養出魔法師的能力，開始靠著自身存在增強了他者的力量，一股不可思議但穩定可靠的奇蹟之流，將灌注在你的日常時光，輝煌成就與服務全世界所帶來的豐富喜悅，將會發生在你們身上，這都是因為你們令人敬佩的行為方式，生命所給予的獎勵。」雷利先生眺望車窗外面，然後又繼續說下去。

「所以，許多人都知道在心理上應該要採行什麼舉動，但卻因為我們的情緒生活依然一團糟而沒有出現任何改觀。我們陷在過往，沒有原諒那些還沒有被原諒的人，我們壓抑所有曾經傷害我們的不良情緒。佛洛伊德曾經寫過這麼一段話，『未表達的情緒永遠不會消失。它們被活埋，日後會以更醜陋的方式出現。』而我們覺得很納悶，為什麼我們努力嘗試積極思考，卻沒有發揮任何作用！我現在與你們分享的內容，說明了這麼多自我成長書籍無法帶來持久之進化的原因，還有，有這麼多的會議，卻沒有辦法產生永續改變的原因。我們的智性意圖是好的，我們真心希望要成為更快樂的實踐者以及更好的人。不過，我們卻只有得到思維層次的資訊，因為破碎之心的碎渣破壞了我們的崇高理想。所以，沒有任何變動；所以，沒有任何改善；所以，沒有任何轉化。如果你想要體驗爆發性成長，以及前所未有的表現，必須要調整到純熟的思維模式，但也必須修補、建立、強化某種致勝感情模式。這樣一來，你們過往痛苦的所有憂鬱與不良情緒都會一掃而空，釋放，清除，得到了淨化。所以，你們曾經因為生活之試煉而變得麻木的心，將會重新開啟，展露壯麗光芒。

「了不起的觀念，」企業家嘆道：「但我究竟要怎麼在清晨五點到六點的『勝利時段』執行這個部分呢？」

「你們不久之後就會學到要如何實行清晨五點方案，」富豪回道：「你們兩位的心胸夠開放，態度也夠堅強、很快就會接納二十／二十／二十法則。而這就像是我們剛認識的時候，我所提到的一樣，只要你們明白之後予以實踐，你們的生活就會變得再也不一樣了。二十／二十／二十法則絕對是一種顛覆性思維。現在，要請兩位明白這一點：偉大的思維模式，加上可悲的感情模式，這樣的組合是好人最終放棄成就偉大的重要原因。」

「哦，」富豪繼續補充道：「我還得講一下這個部分。改善你們的感情模式，不只是為了去除生活中的挫折、失望及負擔所積累的負面情緒，放大健康的情緒也是重點。這就是你們的早晨流程必須要把感恩作為練習之一部分的原因。你們要體會自己的驚奇感，而且要刺激自身的活力儲量。」

「我很喜歡，」藝術家強調道：「老哥，你的分享很有深度，老實說，是革命性的見解。」

「對，當然，所以魔法演說家教導我在每天早上，也就是在我的『勝利時段』，得要對我的感情模式努力下功夫，不過，重點來了：就算是在破曉之前提升自我的感情模式、增強思維模式，但對於實現符合你們最高期盼的外在帝國所需要的個人修養工作，只不過是完成了百分之五十而已。除了思維模式與感情模式之外，你們每個早晨也必須要強化健康模式。

「健康模式，這對我來說是全新的詞彙，」企業家說出自己的心得，「我喜歡。」

「好，這一點與你們的身體面向有關，」休旅車經過了模里西斯的眾多茶園之一，富豪開始解釋道：「成為傳奇的主因之一就是長壽。如果你想成為自身領域的領導者，體驗自我卓越的不斷揚升：千萬不能死。要是你死掉的話，永遠不可能成為自己業界的巨擘、創造歷史的指標人物。」

富豪開始熱烈鼓掌，企業家與藝術家都笑得好開心，宛若松鼠家族在森林裡玩耍一樣開心。

「不過，我是認真的。只要你們全心投入維持健康巔峰，努力躲避老化，美好的事情就會發生。想像一下，要是能夠多活個幾十年，而且還維持超級健康的狀態，你們就還有另一個幾十年可以雕琢自己的技能，繼續壯大，甚至成為更具有影響力的領導者，創造石破天驚的藝術作品，強化自我的豐盛，建立能夠豐富全人類的絢麗遺產。史詩級的實踐者與偉大領導人都很清楚，要是不好好運用並強化自身的活力，你就是無法晉身成為大師。只要每天做一點運動，生活就會變得更加美好。我必須要再強調一遍，想要過著精采生活，這相當重要：只要每天做一點運動，生活就會變得更加美好。幾乎沒有什麼事物比得上身體超級健康的愉悅感，我想要告訴兩位的是，健康狀態就是調整你們的身體面向，以便讓你們的大腦能夠以最高認知的層次進行運作，你們的能量被點燃，壓力消解，放大了喜樂。你們知道嗎？維持相當健康的狀態與強健體格，為我的企業帶來了奇蹟。」

富豪停頓不語，做出跟印度習俗一樣的雙手合十動作，那裡的人會講出「那瑪斯德」，這是梵語，代表的意思是「我向您的內在神性鞠躬」。

「各位，這就讓我開始切入靈魂模式的主題。我以前就明瞭每個人的內心都有未受玷污的靈魂與純潔的靈性。對於靈魂的低語與要求，大多數的世人都沒有興趣。我們身為某個物種，一直忽略自我最睿智、美妙、永存不朽的那一個部分。被社會定型的大多數人，一心只想要獲取能夠提振人氣的商品、從自拍裡得到認可與社交貨幣，以及完成那些可以讓他們得到大眾接納的通俗成就。不過，滋養自我靈魂——天天行禮如儀——才是領導力崇高性的真正活動。」

「雷利先生，請告訴我，你提到的靈魂模式，究竟是什麼意思？」詢問的是企業家，身為魔法演說家所教導的學生，她現在顯然處於穩定進步的狀態。而且，自從她與藝術家相遇之後，她也變得越來越專注、堅強，以及自由自在。

司機一路蜿蜒上行，準備前往富豪的家，藝術家整個人斜靠在座位上，同樣誠心發問道：「對，老哥，我也不是很清楚。」

有更多蝴蝶飛過，雙彩虹依然凝定在天空中，富豪緊盯著它，然後，繼續說下去。

「『勻稱比例要是沒有詭奇特點，就毫無迷人美感。』」他一邊向園丁揮手，一邊對著某隻青蛙吐舌，「這是英國詩人克里斯多福・馬婁的字句。各位，他講出了一些實話。反正，為了幫助你們了解內在第四領地，且讓我把這種學習模式統合簡述一下，因為思維模式與你們的心理息息相關；感情模式與你們的情緒息息相關；健康模式與你們的生理息息相關；靈魂模式與你們的靈性息息相關。就這樣，其實一點也不神秘，也與宗教無關，更不是什麼巫毒或恐怖情節。」

「拜託，再深入一點，」企業家逼他繼續說下去，「你講出的這些觀點，重新排列了我的認知。」

「好，我要稍微提醒一下，這全是魔法演說家的話語，不是我講的。反正，我要鼓勵你們成為虔誠的唯靈論者。為了不要讓那種詞彙害你們嚇得毛骨悚然——害你們排斥這種訓練——我只是要說，在清晨靜謐之中，花一些時間，讓你們的勇氣、信念和同情心能夠返歸。我只是要鼓勵你們，在破曉之前，你們要抽出一點點時間，與自我最高本性之天使共同翱翔，與最可貴才能之天神共舞，向你們內心最睿智真實的自我致敬。只有在那個當下，你們才會開始認識並明瞭存於內心之最高自我的崇高香格里拉與光之涅槃，靈魂模式的重點就是要記得自己的真我。過往的智者、聖人及先知都會在黎明時分起床，與我們心中都擁有的英雄產生更厚實的連結。不安全感、匱乏、自私，以及鬱鬱寡歡，全都是恐懼之子。這些都是後天習得的特質，當然不是你們的自然狀態。自從我們出生之後，就告別了自我靈性的力量，開始墮落，反而成了這個殘毀世界希望我們成為的模樣。我們開始更加重視獲取、囤積及比較，而不是創造、援助及冒險。覺醒之人會在破曉之前的寧靜時分，在孤獨、無聲及靜止的聖殿之內，努力提升自我的靈魂模式。透過對於最美好自我版本的滿懷希望之省思，透過期盼自己在接下來的這一天該如何表現的美好冥想，透過對於生命條忽來去的深思，還有，透過對於該實現哪些天賦讓這個世界比你誕生時變得更加美好的深沉反省，這些都是提升自我靈魂模式遊戲的一些方法。

「嗯……」富豪繼續說下去，在他的溫柔聲音之中，坦率表達的那種脆弱感變得更加強烈，「你們兩位的心底都有一位英勇、充滿關愛又強大至極的英雄。我知道，對大多數人來說，這個念頭聽起來很瘋狂，不過，我所說的千真萬確。在『勝利時段』花一點時間培養你們的靈魂模式，就可以增進對於最崇高自我的認知，以及與它之間的關係。這樣一來，你們就會持續服務社會，而不是滿足小我的自私渴求。」

企業家朗聲複誦稍早課程所學到的三階段成功公式，「還有，以更強烈的每日覺知體驗自我思維模式、感情模式、健康模式及靈魂模式，我們就可以做出更好的選擇，確保我們可以得到更好的每日成果，對嗎？」

「一點都沒錯，」富豪鼓掌叫好，然後又點點頭，補充了一句，「完全就是如此。」

「拜託，對於美好生活中最重要的事物，永遠要真誠以對，」富豪發出懇求，「不要被那種會扼殺人類精神的膚淺事物所誘惑，逼我們脫離最美好的內心之自我。」

他從胸前口袋取出薄皮夾，從某個夾層裡拿出折疊得破破爛爛的紙，唸出了托爾斯泰的文句。要是你與他們一起坐在那台休旅車裡，會聽到他以沙啞而莊嚴的聲音唸出這一段話：

「在鄉下過著與世隔絕的寧靜生活，想辦法服務一下那些習慣做好事、但又不習慣接受他人好意的人；然後從事一些希望可能帶來貢獻的工作；接下來，休息、享受大自然、書籍、音樂、展現對鄰居之愛——這就是我對幸福的概念。」

現在，他們三人站在富豪家的外面。有隻貓頭鷹高踞檸檬樹樹梢，看到富豪的時候，發出了激烈嚎叫，他揮手回禮。

「小老弟，看到你真開心，」富豪說道：「怎麼這麼久才回來？」

歷史締造者的四大重點之四：每日累積

「請記得，你們寶貴的每一天，都代表了你們寶貴一生的縮影，」富豪說道：「你們每一天好好生活，也就形塑了你們的一輩子。我們過度專注於追求自我未來，忽略了每一日的極重要之價值。我們今天的所作所為，就是在創造我們的未來，這就好比那艘船一樣…….」雷利先生仔細解釋，指向遠方的船舶。

「一些航向的改變，狀似無關緊要，微不足道，但要是在一趟漫漫航旅之中持續進行，最後產生的是美麗巴西與精采日本的天差地遠之別。要確保得到巨大成功與意義非凡的生活，你只需要做的就是『掌握今日』。在你們每次得到的二十四小時配額當中，做出百分之一的航路修正與改進，一天天累積成星期，星期又累積成月，一個月接著一個月，最後成了一年又一年。魔法演說家把這日常之個人領域與專業領域的優化稱之為『微勝利』。每一天只要遇到改善的機會絕對不要放過，從自我早晨流程、思考模式、商業技巧，乃至個人關係，只要有百分之一的提升，光是一個月下來就可以有至少百分之三十──對，百分之三十的提升效果。持之以恆下去，那麼在短短一年之內，你們專注追求的目標就可以提升百分之三百六十五。我在這裡要強調的重點就是，專注執著創造美好的每一天，它們將會累積為燦爛人生。」

企業家想起了自己在這次神奇冒險中學到的烙印大腦之重要格言之一，「每日狀似微不足道的改進，要是長期不懈，就會產生驚人成效。」

「沒錯，」富豪語氣歡欣，伸伸懶腰，一邊摸腳趾一邊對自己低聲說道：「生命很美好，我必須幫助這兩個善良的人變得偉大──事不宜遲。」

「這是真正的重點，」富豪滔滔不絕地說：「菁英實踐者及日常英雄都很清楚，你們的每日作為，遠比偶一為之的舉動重要多了。持之以恆是高超才能的關鍵要素。如果你們躍躍欲試地想要創造歷史，固定習慣不可或缺。」

就在那一刻，企業家的手機螢幕發亮。接下來出現的字句令人瞠目結舌，每一個字宛若在滴血一樣，害她全身顫抖不已：

殺手馬上要來了

藝術家問道：「親愛的，怎麼了？」他的話語透露出兩人的關係越來越親密。

「是啊，發生了什麼事？」富豪看到企業家像鬼一樣的慘白臉龐，也想要知道是怎麼一回事。

她結結巴巴，「這……嗯……這個……是這樣的……這……」

她跪倒在地，跌落在司機停放休旅車處附近的某個花壇。不過，她幾乎是立刻站起來。

「死亡威脅又來了。他們告訴我，有人要過來殺我，又是那些投資人，逼我要離開公司。好，你們猜怎麼著？」企業家轉為高度自信與強烈反抗的姿態，「我絕對不走。是我創建了這家公司，我熱愛我的工作，我會為了我的團隊付出一切。我們的產品令人驚歎，而且，壯大了這家企業，帶給我強烈滿足感。我已經準備好與他們戰鬥了。來啊！我會喊話，放馬過來！」

「一切正在處理中，」富豪低聲說道，呼應了他在海灘第一次了解狀況時所說的話，「妳現在只需要全心專注正在學習的課程，以及這個成為清晨五點俱樂部新會員的難得機會。繼續待在模里西斯和我一起玩耍，千萬不要斷了妳和我刺青朋友在這裡展開的愛情小故事。」富豪露出微笑，「還有，要繼續強化妳身為領導人、實踐者，以及人類對於自我天生力量的覺知。看到妳的進步，真的讓我很歡喜。妳看起來似乎已經變得更勇敢，也更開朗，而且心情也更加平靜，恭喜妳。」

「隨著一天天過去，清晨五點起床也變得越來越容易，」企業家現在心情舒坦，語氣鎮定，「您所分享的觀點很寶貴，讓我有了大幅成長。我迫不及待想要以細緻化的方式了解該如何保持這種習慣，學習二十／二十／二十法則，這樣一來，我就可以知道在自己的『勝利時段』到底該做些什麼。我一直在練瑜伽，而且會在破曉前摸黑在海邊散步，但我很希望能夠得到協助、制定更詳盡的流程，我知道您一定有。不過，截至目前為止，這一套理論讓我相當受用。」

「接下來馬上就要進入精準方法論。目前，我只想要讓你們知道，我剛剛分享的那個概念的名稱是『每日累積之基礎』。獲勝之始，絕對是你們一開始的起點。掌握自己的早晨，你們每一天的品質會急劇揚升，因而大幅提高生活層次。你們會變得更有活力與生產力，有更多的自信、更加優秀、幸福，以及平和——即便在最艱困的日子裡，你們必須要校準前端的時候也一樣。好，現在你們兩個就一起去度過開心的一天吧。我喜歡詩人濟慈所寫的這一段，『我差點許下願望讓我們成為彩蝶，只能活三個夏日——與你共處三日之歡愉，遠遠超過五十年的平庸歲月』。相當精采，對不對？」

「真的，」藝術家抓扯三綹嬉皮辮，拍了拍肚子，然後綁好黑色軍靴鞋帶，「我完全同意。」

富豪提問道：「可愛的兩位，我們明天要在什麼時候會面？」他的表情顯露出他早就知道答案。

企業家與藝術家熱情回應，異口同聲道：「清晨五點……」

第11章

在生命浪潮中航行

這世界上最棒、最美好的事物是看不見的，甚至聽不到，反而能用心感受。——**海倫．凱勒**

企業家小時候就學會了如何開船。她熱愛鹹水潑濺在年輕臉龐的強烈感覺，喜歡在廣闊海洋徜徉所帶給靈魂的自由感受。她不知道自己為什麼不繼續航海，就在那一瞬間，她也在思考為何自己放棄了這麼多帶來無比和諧感受的活動。就在這重要的一刻，在無垠印度洋順流前進的小船裡，她很珍惜這一點：她完全敞開心胸，而且活得狂放。

「我們的文化評估成功的方式，是我們擁有多少金錢，完成了多少成就，還有我們影響力的範圍，不過，」企業家心想，「魔法演說家與雷利先生雖然都同意這樣的成功很重要，但他們鼓勵我也要透過其他的一系列指標，來檢視我如何過日子。包括了我與自身天生力量的連結、我與真我的熟悉感、身體散發的活力，還有我的喜悅程度。這似乎是更好的看待成功之道，既能夠得到世俗成就，又可以取得內心的平靜。」

她參與了魔法演說家大會，在這座純樸島嶼度過的美好時光，與那些依然願意花時間道聲早安、對陌生人微笑、流露真誠暖意的人們待在一起，持續鼓舞與刺激她對於收穫滿滿、豐盛圓滿人生的真正性質之理解，並做出了或大或小的改變。

企業家發現自己不再那麼機械化，反而增添了更多的人性，她再也不會強迫症發作，頻頻檢查自己的科技用品。她想不起來像現在這麼充滿創造力、隨時準備迎接生命之美好驚奇，已經是多久以前的事了。對於地球日復一日帶來的祝福，她的覺知感從來不曾這麼清晰。而且，她從來沒有，或者至少不記得自己曾經如此感恩。沒錯，對於她所體驗的一切感激涕零。她體悟自己生命中的艱難讓她變得堅強，更有智慧，成了一個更有趣、更聰明的人。她開始懂了，色彩豐富的精采人生中，一定有諸多傷疤留下的印記。

她向自己許下承諾，她會利用自己所面臨的投資人挑戰，來提升自己的勇氣等級。合夥人企圖接收公司，只會增強她誓言捍衛天生的英雄氣概——她現在已經知道人人心中都有這個特質，就在我們日復一日過生活所產生的恐懼、不安，以及限制的層層累積之下的核心地帶。卑鄙合夥人的那些行為，只會讓她成為一個更英勇、更優秀、更正派的人。通常，一個壞榜樣會比好榜樣更能讓我們學到自己期盼成為什麼樣的人。此外，在這個充滿了許多找不到真我的冷酷之人的世界中，她誓言要在下半輩子表現出卓越、韌性，以及最大之慈悲的典範。

企業家與藝術家開著小木船穿過如水晶般澄透的海水，周邊圍繞著萬一撞刮就會遍體鱗傷的珊瑚，他們距離富豪進行晨課的海灘愈來越遠，就在這個時候，企業家看到了雷利先生建議她和新戀人可以一起野餐的那塊遙遠之地。

她也發現了她對身旁這個大塊頭男子越來越濃烈的愛意。雖然兩人來自不同的宇宙，不過，他們之間產生的化學作用絕對無庸置疑，那就宛若銀河系互撞一樣。

她的母親曾經告訴她，如果妳夠幸運，能在一生中墜入愛河兩、三次，每一次都不要留下任何缺憾。

她的伴侶的藝術才華讓她著迷，他對於自我定義之成功的渴望，讓她覺得魅力十足，他偶爾出現的強硬性格讓她大受挑戰，他的幽默感讓她好開心，他的強烈同情心讓她大受感動，而且，他的黑色眼眸融化了她。

企業家調整風帆，以老練技巧導引船頭繞過清晨漁民放置的某些浮標時，藝術家開口了，「這個計劃真不錯，來到這裡，遠離一切。一直在學習，我需要休息一下。這些資訊我都很喜歡，我從雷利先生身上學到了好多，天吶，他真是難得一見的奇才。但我的腦袋已經塞不下任何東西了。我暫時不想動腦，只想要開心一下，享受人生。跟妳一起來到這裡，感覺好獨特。」

「謝謝……」企業家的回應很簡單，她的髮絲在風中亂飛，閃動的雙眸一直盯著眼前的洋面。

藝術家心想，「這是我在那場大會認識她之後，我所見過她最開心的時刻了。」

他摟住了企業家。他們的亮色小船繼續在海洋中大膽挺進，她完全沒有任何退卻，依然保持放鬆姿態。

過了一會兒之後，他們準備要前往的那座小島映入眼簾的畫面，變得更加清晰。

這座島嶼看起來很荒涼，只有一些吃得飽飽的海鷗，有的還以黃色細長鳥喙叼著活魚，飛翔空中，還有漫步在潮濕海岸線、宛若自己是此地領主的巨龜。

「很好，」藝術家說道：「這是我的強項。」他脫掉襯衫，完全沒有任何的扭捏作態，直接跳入水裡，濺起了大片水花。

他們兩人享用的美味餐點，包括了辣味烤蝦、新鮮芒果沙拉、一大塊在當天早晨空運送來的義大利佩克里諾羊奶起司，餐後甜點是西瓜、鳳梨、奇異果總匯。

他們品嚐美食，在這個與世隔絕的平和聖地放鬆心情，企業家說出了她期盼建立全世界一流公司的渴望。她娓娓道出自己想要建立真正王國的殷切期盼，之後也許優雅引退，搬到西班牙伊比薩島的鄉下。她也坦承說出了痛苦童年的更多細節，從父母的可怕離婚過程、乃至她深愛的父親以極端方式離世所造成的創傷刻痕。她也進一步詳述了一連串失敗戀情的細節，這些過往經驗也造成她把時間幾乎都專心投注於工作，還有，暫時放下業務時的那種寂寞感。

「那些並不是『失敗的戀情』，」藝術家開心地大啖西瓜，若有所思說出了這段話，「是他們造就出現在的妳，對嗎？其實，我真的好喜歡這樣的妳，」藝術家坦露心聲，「我就是愛這樣的妳。」

他彎身，親吻了企業家。

她問道：「你為什麼拖了這麼久才說出口？」

「我不知道，我的信心已經低迷了好長一段時間，」藝術家老實招認，「不過，聽到魔法演說家在研討會的那些話，遇到了妳，感受到我們之間的美妙活力，然後，參與了這一場瘋狂至極卻又不可思議的冒險……我不知道。這讓我又再次開始相信自己。我想，這一切都有助於我再次相信生命。能夠又向某人敞開心扉的感覺真是太棒了，我等一下應該會作畫，特別的靈感即將出現，我就是有預感。」

「對，你應該要畫出來，」企業家鼓勵他，「我也感覺到了，你以後一定會成為一位超級成功的真正傳奇畫家。」

然後，經過一陣漫長的沉默，她又多加了一句，「對了，我也愛你。」

這兩位清晨五點俱樂部新會員共享的浪漫時刻，突然被一陣嘈雜的嘻哈音樂所打斷。他們看到海中有個人形，移動速度很快——一開始是蛇行，然後直線加速前進。沒多久，這個吵鬧的不速之客到底是誰，已經很清楚了：史東．雷利，開著加強馬力的噴射快艇，戴了有繫繩綁住下巴的高頂禮帽，對，真的是高頂禮帽。而且，要是你近距離細看的話，會發現上面有一個骷髏頭與雙骨交叉的圖案——海盜船旗幟上的那一種。

沒多久，他也出現在這片純淨無瑕的海灘，與這對戀人待在一起；沒多久，他也開始吃大蝦與芒果沙拉，把大片新鮮水果點心狼吞虎嚥吃下肚；而且，沒多久，他就與企業家和藝術家手牽著手。

這男人真的是怪胎，也是最富有人情味的英雄。富豪我行我素，企業家與藝術家互看了一眼，他們搖搖頭，鼓掌，發出了輕鬆大笑。

「兩位，」他的噴射快艇在淺水區晃動，他的大吼聲壓過了震耳欲聾的音樂，「我很想念你們兩個，希望你們不要介意我不請自來，與你們一起野餐，」他講話的時候，嘴裡還塞滿了食物。他沒等他們回答，直接調高了音量，跟著一起唱和。

「好聽吧，是不是？」他散發的活力是電廠等級。

藝術家不假思索地回答道：「超好聽，」他趕緊改口，「我的意思是超級。」

他們三人游泳、唱歌、跳舞，以及聊天，度過了難忘的下午。那一個夜晚，富豪在他的海灘舉辦了一場盛大晚宴，光源來自石頭人像火把、奶油色燈籠和蠟燭，你可能已經猜到了，一共有數千支之多。

鋪著最高等亞麻布的長型方桌上，擺放了一盤盤精心準備的美食。魔法演說家也出現在宴會現場，與富豪聊天，而雷利先生的其他朋友在稍晚時抵達，他們玩手鼓，一起享用美饌，啜飲美酒。就連超級專業與嫻熟待客的那些服務生，也被富豪慫恿一起加入這場盛會。一切都好超現實，好獨特。

在那個當下，企業家深思這一夜的珍貴特點，想起了她父親貼在家中冰箱門上面，出自心靈成長作家卡內基之手的某段話，「我們大家的習慣都是拖拖拉拉過生活，這是我所知道最悲慘的人性悲劇之一。我們都夢想著地平線那一頭出現什麼神奇的玫瑰園，卻不會享受今日窗外的綻放玫瑰。」

企業家自顧自微笑，她知道自己再也不會有任何拖拉，她不僅愛上了一個善良的男人，而且也開始感受自己到生命本身的無盡渴求。

第二天清晨五點，直升機的噪音劃破了一日之中那一刻專屬的靜謐。企業家和藝術家遵守之前答應富豪的許諾，在海灘上兩人手牽手，緊緊握在一起，等待他告知即將分享的下一堂課。不過，到處都看不到富豪的蹤影。

有名身穿天空藍俐落襯衫、整燙的番茄色百慕達短褲，以及紅色真皮涼鞋的助理，從富豪家裡跑出來。

「日安，」她以法文問好，語氣相當優雅，「雷利先生吩咐我，要帶領兩位前往他的直升機停機坪，他有一份大禮要送給兩位。但麻煩你們要加快腳步，我們行程排得很緊。」

他們三人匆忙跑過海灘，爬上穿過蓊鬱樹林間精心養護的小徑，經過某個香草花園，裡面插有各界知名領袖的名言木牌，而其中有一牌子寫的是「擅闖者一律充作堆肥」。然後，他們終於到達某處有專人修剪的遼闊草坪。正中央停了一架閃亮直升機，在清晨薄光的映照之下，螺旋槳呼呼旋轉著。

機內有一名飛行員。他戴飛行員眼鏡，黑色平舌棒球帽，一身黑色制服。

等到他的乘客都被帶入機艙之後，他依然不講話，操弄控制面板，對著夾在破損手寫板上的詳細清單寫東西，紙頭有一段以紅字寫下的話，「快起床，這樣一來就可以脫離平庸之悲劇」，在那一行字的下面，可以看到明顯的笑臉符號。

「早安，」企業家向飛行員熱情打招呼，「雷利先生在哪裡？」

飛行員沒有回答。他在調整轉盤，扭動旋鈕，並在白紙上面又打了一個勾。

助理調整座位安全帶，將配有麥克風的耳機緊緊貼住兩名貴賓的頭部，「祝兩位一切好運，旅途平安。」

「我們到底要去哪裡？」藝術家厲聲問道，又回到了火爆男狀態。

沒有回答，門發出碰響關上了，然後，喀擦，鎖門。

引擎的噪音越來越大聲，螺旋槳加速旋轉，冒出了咻咻咻的聲音。這位飛行員似乎進入了某種平和的恍惚狀態，然後以某種毫不友善的姿態按下操縱桿。直升機從草地升起，突然向左方大角度傾斜，然後又以自由落體之姿迅速下墜，隨即猛然拉升。

「徹頭徹尾的災難，」藝術家大吼道：「這個飛行員根本不行，我討厭他。」

「深呼吸就是了，」企業家開口相勸。她看起來一派輕鬆、安穩、全然掌控一切，她所接受的早晨訓練發揮了功效。她把藝術家拉到自己身邊，「我在這裡，我們不會有事，最後一定會安全落地。」

沒多久，直升機飛到高空，穩定移動，以充滿效率又優雅的姿態前行。安靜的機師撫弄轉盤，對著控制面板東摸西摸，似乎忘了自己還載有兩名乘客。

藝術家察覺到飛行員的精瘦手腕有隻巨大手錶，「我以前看過這隻錶……」

「就跟史東在魔法演說家會場戴的那隻手錶一模一樣，這太瘋狂了。」藝術家的聲音在顫抖，他開始冒汗，宛若遇到熱浪的北極熊。

直升機前方冒出歌頌聲響，「擁有自己的早晨，提升自己的人生……」

「嗨，兩位，」然後，他以當地混合語道早安，「今天早晨的清晨五點俱樂部會員體驗開心嗎？」他聲音嘶啞，「哦！

我的天吶！接下來的驚喜一定會讓你們愛得要命。我們要前往另一個國家，上另一堂傳奇領袖、創意天才，以及世間偉大人物之早晨流程的課。」

飛行員猛然轉頭，一口氣大力摘下墨鏡，然後發出超大的打嗝聲。

居然是富豪。

「嘿，兩位，我沒有要嚇唬你們這兩個大好人的意思。你們知道嗎？我真的有直升機飛行員執照⋯⋯」雷利先生語氣誠懇，簡直跟道歉一樣。

「沒關係。」藝術家開口，他依然緊抓企業家不放，就像是賭徒死掐著自己最後的籌碼。

「我在多年前拿到執照，」富豪繼續說道：「直升機很酷。不過，我最近忙著做生意，飛行的時間不像以前那麼多。剛剛起飛亂七八糟，很抱歉，我想我需要多加練習。」

企業家安心躺靠在柔軟真皮座椅上，「所以我們要去哪裡？」

富豪只丟了一句話，「亞格拉。」

「什麼意思？」藝術家問道：「亞格拉是什麼東西？」

「我要帶你們回去機場，」富豪說道，「這趟千載難逢的冒險，我們要繼續進行下去。」

「我們要離開模里西斯？」企業家發問，充滿了失望之情，說出這句話的時候，她的手鐲發出了碰撞的噹啷聲響。

「你還沒有跟我們分享的那些內容呢？又該怎麼辦？」藝術家問道：「我們還沒有學到你說會對我們生活帶來革命的二十／二十／二十法則。你告訴過我們，這幾乎就是清晨五點方案的基礎，我一直在等著要上這堂課。」藝術家伸出拳頭痛敲另一隻手的掌心，「我真的、真的好愛模里西斯，我還沒準備好要離開這裡。」

「我也是，」企業家附和道：「我記得你明明答應過我們，要詳細解釋清晨五點起床之後的詳細攻略。而且，在魔法演說家的大會裡，你承諾會分享讓我可以壯大公司規模的實用技巧，以及可以建立自身財富的關鍵技巧。還有，我跟我男友一起野餐就那麼一次而已，然後就被你的嘈雜音樂和超浮誇的噴射快艇給毀了！」

大家都沉默了好一會兒。然後，直升機裡的每個人都咯咯笑個不停。

「兩位，放輕鬆！」富豪大喊道：「我的家就是你們的家，你們想要回來模里西斯，隨時都不成問題。我會派出相同的司機與噴射機，我保證會讓你們感受到我與厲害團隊的相同之愛。絕對不成問題，我們很樂意幫忙，隨時都可以。」

他又調整了某個轉盤，然後繼續說道：「有一架飛機正在跑道上等待我們，你們小倆口是超棒的學生，絕對是世界流。你們滿心接納魔法演說家的教誨，每天都在日出時分準時起床，你們所有的進步，我都看在眼裡，所以我今天想送兩位一份大禮。」

「禮物？」藝術家問道：「我得要盡快返回我的工作室。上完這些課之後，我得要好好重新調整自我技能，修補自己的生活。」

企業家開口道：「而且我也要盡快趕回我的公司⋯⋯」說出這句話的時候，她的額頭又冒出了憂愁紋，不過，與她加入清晨五點俱樂部之前相比，已經少很多了。

「哦哦，還不行，兩位，還不可以——拜託，」富豪說道：「我們要前往亞格拉。」

企業家老實說道：「我不知道那是哪裡⋯⋯」

「亞格拉位於印度，」富豪開始解釋道：「我要帶你們見識一下世界七大奇蹟之一，開始學習清晨五點方案的下一個段落。截至目前為止，你們所學到的一切都是為了即將到來之一切的事前準備。兩位，要上場了，現在我們準備要進入先進的訊息世界，它會為你們帶來爆炸級生產力、最高等級績效、傳奇之領導力，以及帶領世界揚升的卓越生活。準備收下在世界創建者與歷史創造者的早晨流程之中可以學到的最實用資訊，最好的部分即將到來。」

富豪展現老練技術把直升機停在某架簇新的私人噴射客機旁邊，它的渦輪正在呼呼運轉。跟之前的那一架不一樣，這架飛機機身全黑，不過，它與那架把兩名學員載來模里西斯的飛機也有相同點，機尾有5AC字樣，也是橙橘色調。

富豪元氣滿滿地宣佈：「讓我們前往不可思議的印度！」

企業家與藝術家回道：「好，我們就出發吧！」

在他們與古怪大亨史東・雷利的這一趟神奇冒險之中，最珍貴的某段體驗馬上就要展開。

第12章

清晨五點俱樂部發掘建立習慣之流程

每一分鐘的訓練都讓我好痛恨。不過，我是這麼說的，「不要放棄。現在受苦，餘生都會過著冠軍生活。」

——**拳王阿里**

第二天早晨課程的預定主題，是關於那些全球最具生產力領導人與實踐者，如何培養出讓他們成為超級巨星、過著充滿冒險與意義之精采生活的那些習慣。因應雷利先生的要求，企業家和藝術家都延長了休假。他們知道自己上的這些課程的深遠價值，也很清楚最聰明之舉就是要將其照單全收。

「嗨，兩位，」富豪大叫，跑向他的同伴，此時的印度朝陽，從荒涼又令人悸動不已的地平線害羞出頭，徐緩升起。

現在是清晨五點整。

富豪身穿黑色立領襯衫，工裝短褲，搭配黑色涼鞋。他露出燦爛笑容，模里西斯的陽光讓他看起來依然容光煥發。今天，他戴了頭巾。

「今天早上，我將要帶你們了解的內容，是魔法演說家對於建立有助啟發職場與個人生活頂級成果之流程的各種智慧。正如同我在之前的課程所分享的，讓頂尖人士之所以成為頂尖的原因並不是他們的基因，而是他們的習慣；不是他們的天賦之程度，而是他們的恆毅力強度。今天的課程將會讓各位明瞭，科學與研究報告告訴我們必須採取什麼行動，才能放棄那些弱化我們的行為，並且培養出對我們有利的行為。

企業家專注聆聽富豪所說的每一個字，她開口問道：「什麼恆毅力？」今天，她綁了馬尾，穿的是便鞋。

「這是社會心理學家安琪拉・達克沃斯為了讓大眾明瞭而提出的專有詞彙，她研究了商業、教育、軍事及運動各大領域的菁英，發現這些頂尖成功者之所以如此偉大，並非是因為他們的固有天賦，而是因為他們的堅持、紀律、回復力，以及毅力，她以『恆毅力』一詞描述這些特質。」

「老哥，真棒，」藝術家開口道：「這段話激勵了我，不管是遇到自我懷疑撞牆期，或是因為停滯不前而深感挫折，抑或是因為我創作的是全新原創之作，而非複製與衍生品，擔心同儕嘲笑我的種種狀況，都千萬不要放棄繪畫。」

「很好，」富豪搓揉自己肌肉發達的腹部，「愛因斯坦寫過這麼一段話，『偉大人物總是會遇到心智平庸者的大力反對。心智平庸者完全無法理解那些拒絕盲目屈服於傳統偏見，反而選擇以勇敢誠實的方式表達自我意見的人』」

藝術家開心大讚，「我喜歡這種說法。」對於才能的自我願景，他流露出越來越強烈的自信。

「反正，讓我們切回到正題，繼續研究如何建立永遠保持，而不是努力幾個星期之後就宣告失敗的頂尖級習慣之最佳方式。當然，今天早上的指導課程對你們兩位來說重要至極，因為，雖然現在你們每天都在清晨五點起床，但我們希望這樣的紀律會成為一輩子的習慣。哦，頂尖級習慣之養成所牽涉到的某個重要部分，就是要學習專業人士如何打造驚人的自我控制能力，以及釋放出罕見的意志力。好，我們應該從那裡開始。」

他們三人站在泰姬瑪哈陵前方，這裡沒有別人。他們細細凝望，它的壯麗程度無法以言語形容，這是一種建築與工程巧藝之成果的真實表徵。

「我好愛印度，」富豪歎道：「全世界最偉大的國家之一。還有這地方，好，它成為世界七大奇景之一，一定有其原因。美得令人屏息，你們說是不是？」

「的確……」企業家回答的時候，正在啜飲滾燙的咖啡。

富豪的左手拿著一個巨大水瓶，上面印有一段話，就跟他平常的水瓶一樣。他充滿熱情地在兩名學生面前大聲唸出來：

英雄不會在承平時代變得偉大。只有在遇到逆境、艱困，以及懷疑之風暴的時候，我們這個世界的傑出與高貴人士才會變得堅強與英勇，展現道德性格。當你面對自己最嚴重的弱點時，也就得到了磨練最強大力量的機會。所以，真正的力量不是來自於某種輕鬆生活，而是來自於拚命努力、恪守紀律，以及高標準行動，朝向至高無上之自我確知的正確方向不斷前進。當你渴望停下來時，要繼續前進；當你一心只想要撤退時，要勇往直前。在你覺得自己快要守不住的那一刻，堅持下去，這就等於宣告了你已躋身那一群靠著自身拚搏取得之無敵韌性，帶領人類進入更美好境界的偉大戰士與高貴人物之列。

「哇，」藝術家開口，「是哪個偉大的詩人寫了那一段話？」

「不是，」富豪說道：「這是我自己的話。」

然後，雷利把手伸到空中——大家也都知道接下來會發生什麼事。

在清晨薄霧之中，出現一位衣裝完美無瑕的大美女助理，「先生，您回來印度，我們都好開心，先生，我們一直好想念您，」她繼續說道：「這是您交代的東西。」

富豪微微欠身，對他的助理露出友善的微笑。

她交到富豪手中的是一件華麗的帕什米納羊絨披巾，他迎光將它攤展開來。大家都知道，帕什米納是來自喀什米爾的高等羊毛，這個字詞在喀什米爾語的意思就是「柔軟黃金」，要是大家親眼看到的話，一定會覺得名符其實。

毛料上面有細緻的縫線花樣，當這兩名學生湊前細看，發現披巾上繡有「強大意志戰士的五三一信條」字樣，在這個標題之下，還有一連串的說明，解釋「五三一」的意涵，十分獨特。

以下就是手工縫字的內容：

良好習慣背後之五項科學真相

第一項真相：頂尖意志力並非天生之力，而是透過不斷練習所培養的技巧，在黎明時分起床是完美的自我控制訓練。

第二項真相：個人紀律是某種肌肉。你伸展的次數越多，它就會變得越強大。所以，自律的武士會主動營造艱困條件，建立自身的天然之力。

第三項真相：意志力就和其他的肌肉一樣，疲倦的時候就會變得軟弱。因此，想要展現高超才能、管理決策疲勞，恢復元氣是絕對必要之道。

第四項真相：成功建立偉大習慣，必須要遵守某個獨特的四大步驟模式，才能將流程轉為自動化；要確實遵守，才能產生持續不輟之效。

第五項真相：提升生活某個領域的自我控制能力，就能夠提升生活所有領域之自我控制能力。這就是為什麼加入清晨五點俱樂部之後、它將會成為提升你們所做之其他一切的顛覆性習慣。

培養英雄式習慣之三項好處

第一項價值：勝利需要持之以恆及努力不懈。

第二項價值：對於初衷一以貫之，決定了你日後生成之自尊的高度。

第三項價值：你們在私人領域的修練方式，就會是你們將來在公眾領域的表現方式

自律斯巴達人之單一通論

在感覺最痛苦的時刻，規律從事艱困但重要之一切，這就是戰士誕生的方式。

富豪閉上雙眼，背誦出這一段話，「我不希望過平順生活，因為我的力量就不會成長。給我充滿挑戰性的生活，這能夠激發我最好之內在的生活，因為它會成就鋼鐵意志及無敵性格。」

「這條披巾是我送給你們兩位的禮物，」富豪繼續說道，「請務必仔細研讀構成『強大意志戰士的五三一信條』的五項科學真相、三項好處，以及單一通論，當你們培養長久習慣時，它會讓你們受用無窮。」

沒多久，一輛電動三輪車從空盪盪的遠方停車處加速而來。從車上下來的是一位笑容可掬的年輕人，他身著深灰色外套、熨燙得一絲不苟的長褲，還有擦得透亮的棕色皮鞋。

「那瑪斯德，阿爾欽……」富豪雙手合十，開口問好，這

位助理熱情回應道：「嗨，老闆好。」雖然他的措辭很隨性，但是從他講出口的那種方式，顯見他對自己雇主十分敬重。

富豪開口問道：「你們兩個知道泰姬瑪哈陵背後的故事嗎？」此時助理站到一旁，看來只要雷利先生一聲令下，他就會立刻上陣。

企業家開口請求，「麻煩告訴我們吧⋯⋯」她隨身攜帶了筆記本與黑色滾珠筆。富豪先前提到濫用科技導致創造力被破壞、生產力急遽下降的一番言論，對她產生了深遠影響。今天，她配戴的手鐲刻有「夢想不會在睡夢中實現」這句話。

「沒問題——這個故事很精采，」富豪話興致來了，又冒出了他的加州衝浪者俚語，「當初策劃這棟神奇建築的蒙兀兒皇帝沙迦罕，就跟你們兩個小可愛一樣，也是用情至深之人。他的妻子慕塔芝在一六三一年過世，他為了要表達自己對她的承諾與愛，決意全新打造一座世間前所未有的紀念建築。如此精緻又令人悸動，而且結構獨特，讓所有親身體驗過它的燦美的觀者，都會明瞭此人的深厚情感。」

「當我凝視它的時候，它撼動了我的心⋯⋯」藝術家喃喃說道，目光駐留在眼前閃閃發亮的大理石立面。清晨的陽光直射他的雙眸，讓他瞇著眼睛。企業家觀察他，發覺他健康、冷靜、自信，泰然自若的程度遠勝過往。

「我也是，」富豪附和，語氣中流露一絲憂傷，「參觀泰姬瑪哈陵，不只是一次智識之旅，也是一種精神之再生。就算是最麻木不仁之人也會因此被喚醒，領悟到我們身而為人能夠創造出什麼樣的成就。而接下來，當這位大君定下了大膽目標之後，他的手下就開始進入把崇高願景轉化為精準之現實的流程。因為，無法實現的雄心壯志只是可笑之幻想，你們現在已經明白了這個道理。現在，你們兩位對於這種智慧的瞭解已經更為透徹；任何傳奇都需要大量的努力、才藝及堅持。高超才能並非一蹴可幾，它的確是一種漫漫無盡的過程，可能需要多年的仔細雕琢、練習、犧牲及痛苦，最後才能夠把完成計畫的強度拉升到感動世界的層次。

「這是另一個『巨大競爭優勢』的例子，」雷利先生繼續說道：「當你提出美夢之後，只在前幾個星期忠於崇高理想是不夠的，而是要撐漫長的好幾個月，有時候甚至必須拉長到數年之久，一如待在創意實踐的焦土沙漠，同時必須承受拒絕、疲倦、嫉妒你的同儕丟過來的石頭、你深愛之人的懷疑態度；其他心動機會到來害你三心二意；在自我懷疑之孤獨冬日苦尋找出路。這就是失敗者與指標人物的分水嶺，任何人都可以偉大一分鐘，而指標人物的風範卻是可以維持天才等級的表現長達一輩子之久。在這個膚淺的時代，這需要非凡的恆毅力與耐心，卻是當今社會絕大多數人未能培養的那一種態度。懂我的意思嗎？」

富豪元氣飽滿、活力十足，處於完全亢奮狀態。他伸出手臂高舉空中，以兩根指頭比劃出眾所周知的那種勝利手勢。他這麼做似乎只是為了要保護自己的靈感，隔絕在心中已經燃起的熊熊烈火。

「數十年前，亞伯特·E·N·格雷對保險業業務發表演說，他把主題定為『成功之共同點』，這是他參與三十多年研究的精華，是事業、家庭、健康、財務及精神等生活面向的最重要關鍵。」

「是什麼？」企業家在啜飲已經轉為微溫的咖啡，她充滿了興趣。

「好，」富豪說道：「當初那場演講曾經製作了小冊子，後來在超級業務人士的圈子內廣為流傳，根據我對其內容的回憶，他是這麼說的，『我自小在大家認為成功之秘密就是努力工作的環境中長大，但是我見過許多努力工作卻不成功的人，我開始認為真正的秘密並不是努力工作。』」

「所以到底是什麼？」藝術家不耐地想知道答案。

「老弟，我正在解釋啊！」富豪在逗他，「所以，亞伯特·格雷講出了這段話，『這個成功之共同點』很強大，威力驚人……」

「是什麼？」企業家打斷了他，她也迫不及待想要知道答案。

「格雷解釋，『成功之共同點』——所有成功人士的成功秘密——就是他們養成了從事失敗者不愛之事的習慣。」

「簡單，而且深刻……」藝術家梳理自己的一綹嬉皮辮，也開始啜飲現在已經冷掉的咖啡。

「頂級實踐者養成了習慣，會從事一般人不想做的高價值活動，即便連他們自己也興趣缺缺的時候，依然照做不誤，」

富豪繼續說道：「透過一次次練習那些期盼養成之行為習慣，他們的自我才能及個人自律也會隨之滋長，新的流程習慣就會變得自動自發。」

藝術家點點頭，然後搓揉自己的山羊鬍，他在思索自己的藝術創作。

「因為自己的不安全感，果然造成了自我設限，」他又陷入了思忖，「我好擔心別人會怎麼評價我的作品，所以我的創作量不夠。雷利先生是對的。我沒有耐心，並沒有建立從事困難但有價值之事物所需要的自我控制。我有點算是隨心所欲，有時候開車晃蕩，有時候睡一整天，也有的時候我工作超認真。我覺得自己像是在水裡載浮載沉的軟木塞，沒有穩定的方向，沒有真正的架構，沒有真正的紀律。我很常打電玩，有時候一次長達好幾個小時。而且我還有這樣的習慣，需要錢的時候就草草畫出一些容易賣的作品，而不是放慢腳步，使出絕活，全心單攻能夠定義我專業程度的作品，靠著我的才能顛覆整個業界。」

「好，」富豪又回到了泰姬瑪哈陵興建的故事，繼續解釋道：「整整二十二年——不是二十二天，也不是二十二個月——而是二十二年，超過兩萬名工人在印度的烈陽下辛苦工作，上千頭的大象從遠方運來了一塊又一塊的大理石，大批的工藝師穩定地打造了你們現在所看到的建築。他們在整個過程當中面臨了建築難關、極端氣候、意想不到的悲劇。不過，他們依然保持專注，無畏無懼，打死不退，不計一切代價就是要實現君王的美夢。

藝術家仔細檢視這座地標建築，「你知道嗎？這真是太不可思議了……」這時有隻蝴蝶翩然飛過，一些雨滴灑落在他的臉上。說來很難令人相信，有更多的鴿子在富豪頭頂上方飛翔。

企業家追問道：「你身邊彷彿經常有鴿子、彩虹、蝴蝶圍繞著你，這是怎麼一回事？」她忙著調整自己的T恤，上面印有王爾德的某段名言，似乎很符合這位女強人最近建立的全新覺知，「做你自己吧，其他角色都已經有人了。」

富豪的回答簡短又神秘，「大家都有魔法，只是大多數的人不知道怎麼運用……」

「好，我們回到泰姬瑪哈陵，經過了二十年之後，這座陵寢大功告成，」他壓低聲音說道：「人類得到了有史以來最了不起的詩意大膽行為的傑作。」

「我得到了莫大的啟發，」企業家坦露心聲，「真感謝你帶我們來到亞格拉，我真的十分感恩。」

藝術家若有所思地嘆道：「這位君王想必非常在乎他的妻子……」他一語道破了再明顯不過的事實。然後，他專注地凝望企業家，她散發的光芒遠遠超過了明星、模特兒、豔麗女子的那種一般美貌。她是更沉靜、更深奧的美女，讓日出變得特別、讓月光變得魅誘的那種美。他心想，這女子的魅力不只來自於美麗的臉龐。而是因為奮鬥而產生的魅力，因為受過傷而散發的電流，因為了不起的智慧而散發的能量，還有因為她下定決心要成為具有真正力量、智慧和愛的人而形成的美感。

「泰姬瑪哈陵是一種直接了當的譬喻，可以讓你們兩位好好思索『無論遇到什麼困難都要堅持保持新習慣』的課題。還有，不僅要在安逸時期忠於自己的理想，遇到超級艱困狀況的時候，更得要鍥而不捨，這就是今天早晨課程格外重要的原因。兩位等一下要學習的內容，將會幫助你們實踐我目前分享的諸多哲理。我即將披露的是魔法演說家與我這種創業者、高成就人士，以及改革者共事多年而精心發展的模型。今天的課程重點，並不是你為何應該接納在旭日東升之前起床的早晨流程，而是要如何完成這樣的流程，把它當成一輩子的模式。」

「太棒了，」藝術家說道：「我就是需要這個，確保我在這次冒險結束之後依然可以保持清晨五點起床的實用方法。」

「很好，」富豪回他道：「那我們就開始吧！」

接下來，兩名魁梧警衛帶領富豪、企業家，以及藝術家穿過某個秘密入口進入內區，這通常是保留給國家領袖、皇室成員，以及其他全球領導人的專用通道。一踏入幽暗寧靜的陵寢，富豪就開始發表演說。

「在這個世界的生命軸線之中，現在是一段美妙、緊張刺激、令人困惑又深感興奮的時期。對於那些每天早上都以受害者姿態醒來的人而言，未來一定非常辛苦、危險又可怕，因為他們不知道自己會遇到什麼樣的打擊。而且，面對即將到來的環境、經濟，以及社會之動盪，他們也完全沒有任何防護。不過，對於那些已經培養出捍護自我天賦的堅定早晨流程、英雄式的個人自制，以及透過嚴格訓練自律肌肉的方式，成就之無敵性格的專注少數族群來說，未來的時代將會極其豐盛、和諧，充滿了驚人生產力。那些靠著建立頂尖細緻化早晨流程保護自我、對抗迎面而來之騷亂的人，所身處的是能夠運用這一切混亂，將之轉化為巨大良機的位置，而且，還可以把所有困惑變換成某種讓他們得以取勝之絕佳理解力、天賦，以及冷靜態度。

富豪搓揉他的頭巾，開始低聲說話，他的兩名學生不明究理。

「我今天要在這裡告訴兩位的第一個觀念，就是你們的大腦結構是為了擴張而生。我想那些困陷在職場與個人生活裡的人，還有一直處於辦不到之思維模式，而非抱持可能性無所不在之心態的那些人，一定會堅持他們無法透過建立良好習慣——比方說，成為清晨五點俱樂部的會員——達到改善自我的必要條件。他們會為了自己不可能提升自我創造力、生產力、豐盛、表現，以及影響力之原因「真相」拚命辯護，想盡辦法叫你們相信他們無法實現精采職涯、展露美好個人生活的合理藉口。他們放棄了引發改變的自我力量，已經有好長一段日子，所以誤以為他們的無力感就等於是真相。忽視自我力量過了一段夠長的時間，最後你就會真的相信自己完全沒有那股力量。不過，他們的真實景況卻是另一個截然不同的故事。其實，這樣的人——善良、有良好目標、充滿才華——經常任由崇高自我之力變得墮落，最後就會敗陣，陷入某種極度被動的狀態。對，絕大多數的人對於打造內心之雄心壯志都是被動、而不是主動。然後，他們對於自己為什麼不能成為工作領域裡的領導人，以及自我生活中的強大創造者，就在渾然不覺的狀態下編出一堆藉口，因為他們太過恐懼，不敢離開自己死黏不放的安全地帶，不敢做出那些可以帶領他們走向榮光的改善方式。」

富豪停下來，深吸一大口氣，一道金光溜入泰姬瑪哈陵，然後，他繼續說下去。

「現在科學證實了人類大腦能夠在一生之中持續成長，這種美好奇蹟被稱為神經可塑性。它告訴了我們以下的真相：人腦，跟個人意志一樣，它與肌肉相像的程度，遠遠超過了我們之前的認知。就某種程度來說，它就是塑膠，把它拉撐，它會擴張；讓它進行伸縮，它就會延展——對於你們盡情展露自我天賦而言，將會發揮更大的作用。好，你們希望確保自己積極鍛鍊大腦、讓早起之類的全新習慣成為你們的全新之日常，你們知道嗎？一起啟動的神經元，就會緊緊連結在一起。你們期盼培養的生活新習慣，只要不斷重複它，就會變得更容易，也產生更強烈的熟悉感。這是值得好好深思，然後付諸行動的真正重點。」

「我從來不知道我們其實具備可以鍛鍊大腦的能力，」企業家興奮地說道：「我猜，你剛剛說的就是，我們多加練習新習慣，我們的大腦就更能夠與我們一起合作進化，讓新習慣成為我們自我的一部分。對嗎？」

富豪回道：「沒錯……」他樂見自己指導的這兩人透過他的分享而不斷進步，真正的領導者為他人的天賦照光引路的時候，一定會感受到無比喜悅。

「這是相當重要的概念……」現在，他繼續說下去，手指碰觸這世界奇蹟建築的牆面，「你們想要擁有什麼樣的大腦，光靠想望是沒辦法實現的，而是要靠自己的努力。或者，換另外一種說法好了，你期盼的那種大腦，不是想要就有，而是一分耕耘一分收穫——端看你的運作方式而定。如果你們花大量時間沉迷於電子設備、緊黏在電視前面、專注的是無腦目標，那麼你們的大腦就會因為你們的虐待而變得虛軟鬆散。它就像是其他的肌肉一樣，也會萎縮。這樣一來，就會造成認知能力下降、學習變得緩慢，處理的能力也會變得低落。你們會被競爭對手摧毀，也找不到目標所在的方向。反之，當你們以開展大腦極限的方式，如巨擘人物一樣運作，聰明運用大腦，它就會擴張，增強連結性，進而讓你的生產力、表現及影響力得到重要進展。有人對倫敦計程車司機的大腦進行過研究，他們負責理解空間的區域，也就是海馬迴，比一般人大多了。你們知道為什麼嗎？」

藝術家回答的態度充滿自信，「因為倫敦街道的複雜度啊！」

「答對了，」富豪鼓掌，滔滔不絕地說道：「所以，就像是你在健身房舉啞鈴或是做伏地挺身、鍛鍊二頭肌一樣，倫敦的計程車司機每天開車時都會讓海馬體做伸縮運動，而且，正如我先前所提過的，大腦與肌肉的相像程度，其實超過了神經解剖學家之前的理解，越鍛鍊越強壯。你們看看我們人類有多麼強大？這是大家都擁有之神經可塑性的一個極佳範例。只要我們願意——就可以強化、雕塑，以及優化大腦。等到你們回國之後，好好研究一下這種奇觀以及神經新生的精采過程，它記述了大腦真正孕育全新神經元的自然能力。新興神經科學提出解釋，當今在世的每個人，無論他們住在哪裡、年齡多大、是什麼職業，抑或是過往有多麼艱苦，都可以掌握高超才能，這一點真是令人興奮不已。」

「反正，」他繼續補充道：「在目前這個階段，你們只需要知道大腦具有延展性與肌肉的特質。偉大的人之所以變得偉大，是他們確實明瞭每日之不安是持續成功所必須付出的代價，而強力驅策自我，就可以打造產生軍事等級紀律的那一種大腦。超級生產者可以過著輕鬆生活，根本是天方夜譚！」

富豪把手伸入口袋，拿出一個開口塗膠的信封，交給了企業家。

富豪態度客氣，下達指令，「麻煩請妳打開，唸給我們聽——盡量展現妳的信念與熱情。」

裡面有一張整齊摺疊的精美信紙，這位女強人看到了著名哲學家尼采的話語：

> 千萬不要說什麼天賦，天生才能！各式各樣欠缺天賦的偉大人物，俯拾皆是。他們得到了偉大成就，成

為了「天才」(就像是我們的說法一樣),他們憑藉的那些特質與天賦沾不上邊、而且只要是知情的人絕對不會拿出來誇耀:他們都具備了高效率工人在大膽打造偉大成品之前,必須要先學會正確製造零件的那種嚴謹態度;他們會保留充裕的勞動時間,因為會讓他們得到更多愉悅的,是把微小次要的部分做好,而不是炫目的整體效果。

富豪提出要求,「麻煩妳翻到背面。」陽光透入泰姬瑪哈陵,他的雙眼眨個不停。

企業家唸出了第二段引言,筆觸謹慎,她猜應該是以深藍色墨水鋼筆所寫下的字句。這一段文字的作者是英國詩人威廉・歐內斯特・亨利。想像一下,讓這些字句注入最深刻、最純潔無瑕之靈魂地帶的感覺:

不論大門有多麼窄小,
一路行來會承受多少責罰,都不重要,
我是自我命運的主宰,
我是自我靈魂的統帥。

「人類文明的大師、天才及英雄,都過著嚴格的生活,」富豪進一步解釋道:「他們接受辛苦訓練。借用許多當代超級明星運動員使用的術語,他們『抱著痛苦完賽』。他們卯足全力發揮潛能，準備要將其推升至極致的時候，他們充滿雄心壯志，持續不懈，力道凶猛。『熱情』的拉丁文字根的意思是『受苦』。這些人為了自我的願景、理想及渴望而受苦，當他們精進技藝、放棄誘惑的時候，承受了巨大的苦楚。我必須要告訴你們，這些傑出實踐者也因為世界之現狀而飽受煎熬。你們知道嗎？對於自我承諾的格局太小，就會降低我們世界的品級，因為這個星球要是少了大家的偉大，將會成為越來越貧瘠的地方。」

突然之間，富豪跪倒在地。他整個人平躺，閉眼，雙臂放在胸口。然後他開始打呼，非常大聲。

藝術家覺得困惑又有趣，「老哥，你這是在幹什麼？」

對方回答得很快，「自願承受不適。」

更多的打呼聲。

「我要我的泰迪熊！」他大叫道：「還有果醬餅乾！」

史東．雷利開始吸吮大姆指。

「他真是不可思議……」企業家哈哈大笑，顯然這位不按牌理出牌的富豪使出了另一招，把她逗得很開心。

要是有人看得見現在的富豪，就會發現他正在微笑，而且一定會對他的搞笑功力、提示教學重點的不凡技能，大感驚豔。

他依然躺在地上，開口說道：「建立意志力的最佳方式，就是自願身處在不適的環境之中。魔法演說家把它們稱為『強化場景』。在我相當年輕的時候，我逼迫自己要從事沒什麼意願卻不得不做之舉動的自制力相當薄弱，動不動就因為懶散而屈服。我的自我紀律肌肉相當鬆軟，因為欠缺磨練。魔法演說家知道我需要變得更強大、才能建立清晨五點流程——就某種程度來說，它也算是我在職涯一直保持的習慣。所以，他叫我要強逼自己進入艱困狀況，這一招果然像是魔法一樣奏效了。」

藝術家問道：「是什麼樣的狀況？」

「我一個星期會有一天睡地板。」

「你是不是在開玩笑？」企業家問道：「真的嗎？」

「千真萬確，」富豪給了肯定的答案，「而且我開始天天早上洗冷水澡。還有，我每個星期禁食兩次，如同世上許多成就頂尖人士為了發揮與彰顯自我的原初力量而採行的措施。在不吃東西的禁食時段，能夠省下的時間相當可觀，而且思緒之清明以及活力之充沛也非常驚人。哦，當我住在蘇黎世閣樓住所的時候，為了要提升我的耐力與韌性，會只穿T恤與短褲在飄雪的日子慢跑，進行艱困的冬季訓練。」

富豪站了起來，「這就是我們來到泰姬瑪哈陵之後、我一直提到的重點：你們都擁有世界頂尖的自我控制能力，科學證實了這一點。而真正的關鍵就是要逼使大腦開發全新的神經通路、強迫自我意志力肌肉進行伸縮與擴張，刻意將這些天生資源提升至極致。所以，無論是任何人都可以變得如此強大、勇敢又無敵，不管遇到了什麼樣的障礙、歷經了什麼樣的困難，依然持續追求自我的光榮目標。你們認為海軍海豹部隊以及特種空勤隊（真正的意志力戰士）為什麼要主動讓自己身陷在很可能令人精神崩潰的場景之中？在雨中長跑，而且還揹了沉重的後背包；半夜爬過厚厚泥漿；吃噁心的食物；生活在斯巴達式環境之中。以各種測試來面對恐懼，比方說蒙住雙眼、從懸崖向後跳入海中；或是忍受與心理退化有關的練習，藉以訓練自我超越極限。好，兩位，英勇行為，以及實踐崇高自我所必須具備處理困難之能力，並不是什麼神的恩賜。不是，完全不是，這是一種自願承受的練習。堅韌——鋼鐵意志——需要的是奉獻。所以，我強烈建議你們要開始進行更吃力的任務，以這個方式扼殺惡魔、屠龍。努力堅持不懈，這是通往大師級成就，最終獲得到無比驕傲之個人生活的最可靠途徑之一。」

「你們知道嗎？這讓我想起了愛爾蘭劇作家蕭伯納。天，這傢伙留了超酷的鬍子⋯⋯」富豪語氣尷尬。

他繼續追問道：「有沒有看過？」

藝術家回道：「沒有。」

「你應該要看一下，超厲害。」

然後，他捻手指捻了八次。之後，陵墓某處冒出了不知名人士的吼聲，「理性之人配合世界，不理性之人堅持要讓世界配合自己。所以，一切的進步都必須仰賴不理性之人。」

然後，那個人變得安靜無語。

「蕭伯納於一九〇三年所創作的四幕劇《凡人與超人》之中，寫出了這一段話。我想要表達的只是這個重點：在實踐可以改變世界之自我天賦、才能、令人欽佩之目標，以及天性的時候，要找到讓你們覺得最合拍的方式，絕對不可以、永遠不可以要當什麼理性之人。」

富豪停頓了一會兒，然後做出了他的兩名學生以前都不曾看過的舉動，他親吻左手虎口的肉，「對了，要先愛自己，才能夠舉起這個世界。」他笑笑低聲說道，然後繼續講課。

「蕭伯納所說的這一段話，」藝術家很認同，「很激勵人心。」

「研究證實，自我訓練以讓你的意志力發揮到最大化，是史詩人生的頂級成就之一，」富豪繼續說道：「根據威爾斯探險家亨利．莫頓．史丹利的觀察，跟火藥相比，自制力是更不可或缺的必需品。」

企業家發出回應，「的確相當激勵人心……」

「好，」富豪說道：「有一個迷思是，明星運動員、傳奇藝術家、受人敬重的政治人物，比其他人擁有更多的自然意志力，這根本就是天大的謊言。其實，」富豪表示，「這些獨特人士一開始都是普通人。然而，他們透過不斷練習與持續訓練，培養出卓越的日常習慣，對抗慾念與誘惑、管理自我的能力越來越強大，最後被人類文化當成了超人。」

「只要維持勤勉不懈，任何微小、日常，貌似微不足道的進步，都會帶來驚人成果……」藝術家開心複誦他在這趟美妙旅程當中，已然接納於心且珍貴的烙印大腦之重要格言。

他伸出手，緊緊抓住企業家的手。

「沒錯，」富豪同意，「人眼看不見且微小的意志力優化行動——只要天天實踐——經過了一段長時間訓練之後，可能會讓你成為米開朗基羅、達文西、迪士尼、蕭邦、可可·香奈兒、羅傑·班尼斯特、比利、馬可斯·奧理略，或是哥白尼。真正的天才一開始都是普通人，不過，他們在建立自身力量時如此投入又頻繁，所以當他們躍升世界頂尖之位的時候，一切都變成了自動自發。這是魔法演說家告訴我的另一個烙印大腦之重要格言：傳奇級實踐者早已精采練兵多時，所以他們根本忘了要怎麼以平淡無奇的方式進行呈現。」

「好，實際來說，我們要從哪裡開始？」企業家問道：「我知道我們都想要更多的自律性，保持好習慣一輩子，尤其是清晨五點起床。」

富豪下達指令，「跟我來。」

雷利先生帶領他們穿越陵墓的某道走廊，經過一長排陰暗房間，最後進入了某個小房間，它的角落放了黑板。富豪拿起粉筆，畫出了以下這張圖表：

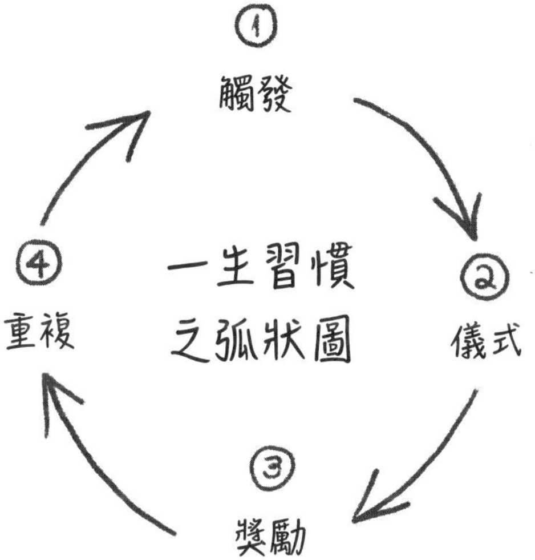

「這個簡單的模型，是根據培養習慣之最新研究所繪製而成的，」他開口說道：「你們的起點是創造某種觸發器。要把早起流程鑲嵌在你們的每一個早晨之中，這很簡單，弄一個老派鬧鐘、設定清晨五點，放在自己的床邊就可以了。等我們到了羅馬之後，我會向你們解釋，為什麼不應該在臥室裡放置任何科技產品。」

企業家與藝術家同時驚呼，「羅馬？」

富豪沒有理會他們。

「等你們把鬧鐘觸發器就定位之後，下一個階段——在我這個圖表之中，你們也可以看得出來——就是要開始執行你們想要建立的流程。」

企業家問道：「所以，我們就是直接下床嗎？」

「沒錯，」富豪說道：「這聽起來平淡無奇，不過，這是要在你的理性思維——也就是前額葉皮質——丟給你一堆為什麼要睡回籠覺的理由之前，立刻就跳下床。就在你離開床的那一瞬間，你透過神經可塑性的力量在自己的腦中建立了早起的神經通路。還有，要記得這一點：久而久之，一起啟動的大腦路徑全部連結在一起，就會形成強大的神經高速公路。在你面對該繼續躺在床上，還是要起身以美好方式拉開早晨序幕的那一刻，給了你增強意志力的大好機會。一開始的時候會很難受，我懂。」

藝術家打斷他，補充魔法演說家提過的另一段烙印大腦之重要格言，「所有的改變在一開始時都很艱難，並在中間陷入混亂，到最後一片燦爛。」

「對，」富豪大表贊同，「建立新流程四階段模式的下一步驟，就是要確認自己預先準備了獎勵，這種獎勵會觸動並滋長你培養新習慣的動力。永遠要運用獎勵的力量來增進你一次又一次的勝利。好，我們先假設你知道應該要做出的正確之舉，而不是貪懶行事，迅速跳下床——而且是鬧鐘一響就立刻展開動作。我等一下帶你們了解二十／二十／二十法則的時候，會詳細解釋在清晨五點到六點的『勝利時段』該做些什麼。」

「喂——到底要不要教我們啦？」藝術家又打斷了富豪。他不是粗魯，要是你待在那個小房間跟他們三個人在一起，你就會感受到他會以那種方式說話，純粹就是因為他對清晨五點方案充滿濃厚興趣，如此而已。

「二十／二十／二十法則是明天早上授課的主題，」富豪展現了極佳風度，「現在，我們的注意力就放在第三步驟，你們得要設定某種獎勵。優秀的意志力研究人員告訴我們，這對於營造持久之習慣來說相當重要。在破曉時分起床的獎勵可能是以一塊上好的黑巧克力當成午餐甜點，或許是稍晚打個盹，這是全球頂尖創意人士鍾愛的另一種儀式。此外，還可以買一本早就打算要添購的書籍，作為自己的犒賞，你們可以想一想什麼樣的感覺最適合自己。」

企業家說道：「我懂了……」現在的她十分篤定，這一切訊息將會大幅提升她的商場戰力，同時也讓她的思維模式、感情模式、健康模式，以及靈魂模式大躍進——帶領她進入真正的卓越生活。

「很好，那麼我們就來到這個模式的終點，」富豪拿著粉筆，在泰姬瑪哈陵的這個房間裡，指向黑板上的那個「重複」一詞。

「想要消滅低劣自我之最懦弱的衝動，掙脫阻礙你追求最好自我之慾念與誘惑，就是要透過不斷重複你努力建立的全新習慣。我想到的字詞是堅定，對於成為清晨五點俱樂部終生會員的付出，必須要保持堅定。你們要百分百投入、徹底實踐這種改變一生的自我許諾，不能找任何藉口推託。每一次堅持到底，都會加深你與崇高自我之間的連結；每一次的黎明晨起，都會淨化人格、增強你的意志力，讓你的靈魂之火燃燒得更為熾烈。我想，我努力幫助你們這兩位優秀人士，是希望你們要領會自我偉大成就的真正量尺，並不是站在觀眾面前的外在時刻，而是在孤獨修習的柔和晨光之中。在無人凝視之下的自我作為，才能讓你們成為這世界的無敵者。」

「我看過許多有關運動冠軍隊伍的故事，」企業家說道：「的確助我一臂之力，讓我在自己的公司裡建立了超級優秀的團隊。如果說我學到了什麼心得，那就是優勝團隊的勝出重點不是他們在競爭激烈的決賽中最後幾秒鐘的表現，反而是他們在訓練中的紀律水準。」

「的確，」富豪也同意她的看法，「冠軍賽最後幾秒的精采動作，完全是自然而然的結果——靠的是在受訓過程中孜孜不倦重複這些精采動作的漫長練習。」

藝術家心想，「這講得真好……」

「今天早上我還有一個學習模型得解釋一下，然後我就會放你們兩位自由活動，這個模型會詳盡解釋要如何依靠遵守某個六十六天流程來建立習慣。好，在進行之前，我想要分享一些更可靠的自我紀律的實踐要點。」

「太好了，」藝術家回道：「今天的課程對我意義重大，我知道它一定會幫助我戰勝拖延症，而且我相信它會提高我藝術作品的品質，還有，我調整身體健康狀態已經出現進展。」

企業家眨眨眼，深表同意，「他真的辦到了。」

「好，要記住這一點，當意志力變得疲勞，就會變得軟弱，科學家把這種狀況稱為『自我損耗』。你們每天早上起床時，自我控制的電量是百分百，這就是我為什麼盼望你們在自我能力最強大的時候——清晨五點——要進行對提升內心領地最重要的各種活動。重點來了；當你們度過一整天，頻頻開會、檢查訊息、執行工作，你們的自我約束力也會節節下降，處理誘惑與管理弱點衝動的能力也會下降。人類的紀律肌肉會因為決策疲勞而感到倦累，難怪有超級成功人士最後犯出了摧毀職涯的蠢行。他們對那種會引發事業崩壞的衝動毫無招架力，因為他們一整天都在做重要決策。到了晚上的時候，他們已經沒有任何意志力電量能控制這種慾念了。」

「好有趣，」企業家說道：「許多狀況也就豁然開朗了。」

「所以，關鍵是自我控制肌肉的休養與復原，」富豪解釋道：「永遠不要讓它們過度勞累。當你們最疲憊的時候，意志力確實很弱到。我們要在這裡建立關鍵意識。當我們累得半死，就會做出最糟糕的決定和最隨便的選擇。所以，千萬不要讓自己變得疲憊不堪，就這樣。」

雷利先生開始咳嗽，令人擔憂的深咳，不是那種無關緊要的咳聲。

「哦，」他恢復鎮定，繼續說道：「還有一點需要提醒，研究也證實外在秩序可以增進紀律。這就是為什麼史蒂夫・賈伯斯要確定NeXT公司的辦公空間是極簡主義風格，而且他在任的時候把空間全部漆成白色。混亂會降低你的自控力，偷走你的認知頻寬。」

「也許這就是有這麼多所謂的天才日日身著同一種衣服的原因吧！」藝術家說道：「他們想要在自己的生活當中維持秩序及結構，而且他們也很清楚，我們每天早上起床的意志力有限，就跟我們的心理專注力一樣。所以，他們不會讓一堆無關緊要的抉擇浪費了這些珍貴才能，比方說穿什麼及吃什麼，盡量讓基本事務自動化。這樣一來，他們就可以把自我最高力量集中在少數幾個重要事項。現在，我越來越懂得天才如何會成為天才，要是我每天從事創作，而且只處理其他幾項事物，我就不會深陷『決策疲勞』之苦。而且這就不會讓我在晚上浪費太多時間，到了一天快要結束時，做出過多的不當決定，比方說觀看愚蠢的電視節目、吃太多的垃圾食物、喝下太多的龍舌蘭。」

「好，」富豪朗聲說道：「顯然你們現在都非常清楚『所有的改變在一開始時都很艱難，並在中間陷入混亂，到最後一片燦爛』。這樣的觀點應該已經快要成為你們思考模式的預設理念。現在，讓我們將魔法演說家的烙印大腦之重要格言，轉化為能夠解釋習慣養成之三大階段的有效模型，這樣一來，你們就會得到更多的火力，去牢牢保持黎明早起流程。對於接下來會學到的東西，你們一定會愛得不得了。答應我，等一下我們上這一段的時候要豎耳傾聽好嗎？ 然後我們今天早上就可以休息了。」

企業家與藝術家異口同聲道：「一定。」

「勾個小指頭吧？」富豪伸出了自己的小指。

「好啊。」企業家與自己導師一起以小指打勾勾。

「沒問題。」藝術家也做出相同的動作。

「太好了……」

當初引領他們三人進入建物的某名警衛，在此時走了進來，從後背包取出了一張圖表。他打開了自己的手電筒，照亮圖表，讓大家可以看清楚上面到底印了什麼東西，映入他們眼簾的教學架構圖如下：

建立習慣之流程

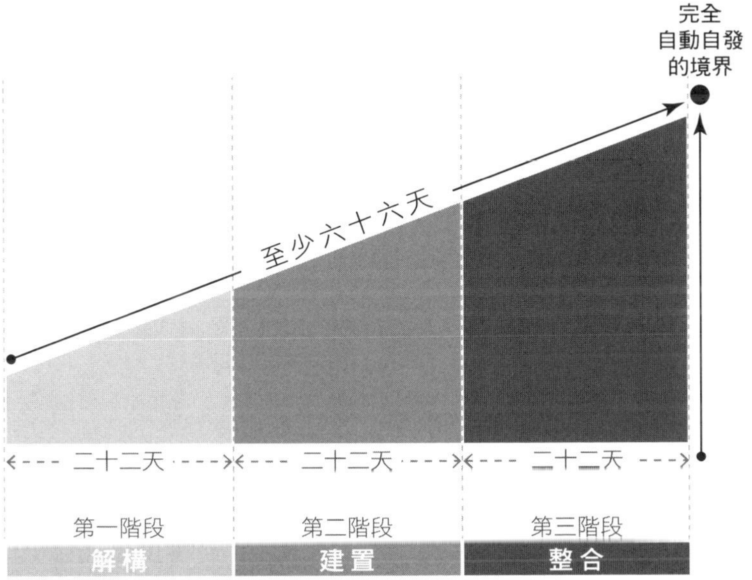

「建立全新習慣的過程當中，一開始必須歷經解構時期，」雷利先生指向圖表的第一個階段，「堅持下去，絕對會定會前進到流程的第二階段，形成新的神經通路，真正的建立流程於焉展開。這是混亂的中段。最後，當你練習不輟，努力把全新流程轉化為生活之日常，就會到達最後一個——美妙——的階段：整合。根據倫敦大學學院的研究數據，整套操作的時間約需六十六天，魔法演說家在他的教學內容中，將此一重要論據稱之為『至少六十六天』。六十六天的訓練時間，就可以為你自己培養出全新的習慣。所以，不要在幾天、或是幾個星期，甚或是兩個月之後放棄。由於這與成為清晨五點俱樂部成員息息相關，所以無論如何都要堅持自我承諾至少六十六天。完成這一個任務，你的下半輩子會變得更好，改善程度驚人，這是我的衷心保證。」

「好，所有的挑戰在一開始都很艱難，這就是魔法演說家把第一階段命名為『解構』的原因。如果一開始時沒有遇到困難，那就不可能會是真正的改變。這本來就很困難，因為你正在重寫自我思維的過往模式，摧毀老舊的運作方式，也重寫了內心與感情的過往程式。你們知道為什麼太空梭升空後六十秒內所花費的燃料，比它繞行地球整個軌道所使用的還要多嗎？」

藝術家態度自信地回道：「它得要克服起飛之後的巨大重力。」

「一點都沒錯，」富豪予以肯定，「它需要大量燃料擺脫一開始的重力，到達逃逸速度。不過，一旦大功告成之後，動能發揮作用，太空船就開始一路順飛。培養新習慣的第一階段——解構階段——完全就是如此。你們需要克服根深蒂固的習慣、主要習性，以及老舊行事心態。你需要超越自己的重力——到達逃逸速度。一開始的時候，非常具有挑戰性。我不會向兩位撒謊——過去這幾天，你們兩位和我在一起，有關清晨五點起床這一點的表現非常優異，不過，在第一階段的頭二十二天當中，你會遇到撞牆期。不要緊，這只是追求頂尖生產力及更豐富生活的人，勢必得經歷之建立習慣流程的其中一部分而已。對於絕大多數的人來說，每天在黎明前起床的第一步驟困難重重。他們很想放棄，會抱怨早起不適合他們，還有他們天生就不適合這種流程，反正這樣的痛苦就是不值得。我的忠告很簡單：不計一切代價地持之以恆，堅持就是高超才能的入門之道。讓我們覺得最艱難的事務，也具有最寶貴的價值。請牢記這一點，在我們的文化之中，最高成就者及最偉大的英雄，就是透過完成艱鉅重要任務而接納了自我力量。還有，也請你們要記得這一條規則：面臨抉擇之際，永遠要選擇最能逼迫自己、增進成長、提升潛藏天賦才能及個人勇氣的那一條路。所以，當你覺得快要放棄的時候，堅持下去，下一個階段馬上就會到來。此外，你們必須要明瞭，負面念頭、暴躁情緒，以及想要打退堂鼓的強烈渴望，都是建立新習慣之流程的正常部分，一開始的那二十二天，感覺就像是某種溫和的折磨形式。

企業家問道：「因為第一階段的重點就是摧毀以前的方式，這樣一來才能夠建立全新方法。對嗎？」

「一點都沒錯，」富豪繼續說道：「只是因為以前辦不到，並不表示現在辦不到，」他點點頭表示鼓勵，「我需要重複我講過的話，這樣你們就可以牢牢記住：要是一開始時沒有遇到困難，那就不可能會是真正的、富有價值的改變。社會灌輸給我們的思維就是：如果一開始很困難，那麼接下來一定不會遇到什麼好事，我們應該要立刻停手，回到先前規範的安全地帶。以那樣的運作方式要邁向傳奇，完全不會有成長與演化，就是零。」

「千真萬確，」企業家很同意，「好，也許不是每個人，但大多數的人都是如此沒錯，同樣的思維、同樣的模式，還有同樣的舉動。」

「其實，他們並非不能改變，」雷利先生說道：「純粹就是只是他們不願投注心力去改善，堅持的時間不夠長久，無法讓自我的神經生物層面、心理、生理、情感，以及靈性發揮天生的奇蹟。你們知道嗎？你現在覺得容易的一切，以前都曾覺得很困難。」

然後，富豪找警衛要了手電筒，把它對準了建立習慣之流程學習模型的第二階段，他補了一句，「謝謝你，克里什納。」

「好，在這裡——所有的改變到了中間階段陷入混亂。第二階段稱為『建置』，因為這像是正在經歷一次徹頭徹尾的室內裝潢，以前的地基需要拆除，才能夠建置更好的地基。這個階段會讓你感到困惑、充滿壓力，以及心情沮喪。

「你會更想要放棄，對於自己當初加入清晨五點俱樂部的決定嗤之以鼻，你一心想要回到溫暖的被窩，數更多的羊。你只需要知道並相信一切都很好，其實，非常之好。還有，雖然你們看不到，不過在為了下半輩子培養早起流程的過程中，你往前跨了一大步，接下來會更加容易，真的。經歷這套流程的第二階段，會讓你覺得一片混亂。但它只是表面如此，其實，你的進展已經相當驚人，接近實踐的全新層次。誠如著名心理學家榮格所言，『在所有的失序狀態之中，自有一種秘密秩序。』

「好，當你們建立了這個寶貴的全新早晨流程時，生出了新的神經通路，大腦結構的確發生劇變，你們的整個系統其實正在重組。說真的，你們正處於一個極為陌生的領域。冒出嫩芽，奔向藍海，征服自我潛能之新領域，而且接近人性優化之更高層次宇宙。皮質醇，也就是恐懼賀爾蒙，在這個時候會升高，所以你們會在許多時候感到害怕，你們腦中所發生的一切會造成活力儲量的巨大損耗，所以，到了培養習慣的第二階，通常你會感到疲累不已。古代的聖人、先知、哲學家把這種深藏的個人轉化稱為『靈魂之黑夜』。

「本來的毛毛蟲以亂七八糟但近乎神奇的方式，成了蝴蝶。在神秘主義者筆下，深刻的真實改變，是與一連串小型死亡息息相關的旅程，舊有自我必須死去，更好之自我才能夠得到新生。魔法演說家說過，『要提升自我到崇高層次，必須要滅絕自我的所有缺點。』老實說，我知道這是很戲劇化的說法。不過，大師們所言甚是，在第二階段，有時候你會覺得一切都要崩塌，但其實一切正在整合之中，甚至會變得更好。你們已經知道，你們的人類感知力通常不是真相，只是透過某種濾鏡所看到的世界。其實，安全感的那種幻象，會比你朝個人高超才能邁進的過程更來得可怕。在流程第二階段的停留時間大約是二十二天，但你們要知道，接下來就會出現無法計數的回報。」

「你剛剛說的這一切，」藝術家打斷他，並對自己做出了許諾，「我會為了自己的下半輩子而建立早起流程，就算是要我的命，我也在所不惜。」

富豪變得沉默。

「我歷經這種蛻變與轉化的過程，已經有非常多次了。每當我追求某種新習慣、更高技能，甚至是更崇高的關鍵信念的時候，都會進入這種死亡與重生的循環。我需要告訴兩位，那真的像是走到了終點。有時你會很恐懼，有時會疲憊，對於自我的暗黑之聲所說的話感到困惑，還有的時候，你甚至覺得自己快瘋了。鮮少有人能夠完成這種任務，所以能夠達到史詩級實踐的罕見境地，並對文化造成全球衝擊的人才會少之又少。只有百分百的戰士能夠打這種仗，它需要莫大的勇氣、強烈的信念，以及不凡的性格強度。你們心中都擁有這一切，只是要下定決心實行而已。正如我之前說過的一樣，透過練習和耐心，一切都會變得更加容易，終將會成為自動自發的行為。」

「好，兩位，」富豪拍拍手，那動作宛若在鼓舞隊員的足球隊教練，「我知道你們都已經充分瞭解，所以，讓我們繼續下去。透過第一階段的打破陳規、繼續堅持建立新習慣的流程，然後，在第二階段透過神經可塑性，以及在情緒核心部位製造更佳通路，完成大腦全新路徑的建構。到了這個時候，幾乎就快要到達第三階段，也就是提升自我的最後一個部分：『整合』。一定要記得：所有的改變在一開始時都很艱難，並在中間陷入混亂，到最後一片燦爛。」

富豪停頓了一會兒，露出和善微笑，然後摸了一下腳指頭，再次親吻虎口的肉，又繼續說下去。

「最後階段，就是一切完成整合的時候，」他開始解釋道：「你們就會體認到認真實踐成為清晨五點俱樂部終生會員的好處。人腦——以及肉身——建立新習慣所需的約莫六十六天流程，幾乎就要進入收尾。所以，現在是成功時段，你們已經走過了一開始的干擾，度過了中間階段的危險與混亂，跨越到下一階段，變得更強大、才能更高超、更加熟悉你最崇高的——以及無敵的——本性。

「你現在成了最偉大自我的進階版，可以玩更大的格局，透過自我典範的燦爛力量去影響更多人，還有，因為你擁有了更多的原初英雄氣概，對世界產生更大的貢獻。你們所有的努力、犧牲、煎熬、完全的貫徹，以及令人激賞的英勇行為，在這個階段完成統整，因為你建立新習慣的努力已經在心理、情緒、生理、靈性層面融合為一，就此成為你的新常態。」

「常態？」藝術家很好奇，「生活就變得輕輕鬆鬆了？」

富豪突然撲倒在泰姬瑪哈陵的大理石地板上，做了更多次的伏地挺身，那姿態有點像是為了重要比賽而進行訓練的拳擊手。

「你現在到底在幹什麼啊？」企業家被他逗樂了。她心想，「我真沒想到他居然這麼瘋狂，我真的好愛他。」

「生命的主要目的就是成長：持續逼迫自己發揮更多潛能。我每天做伏地挺身，不僅讓我保持在朝世界頂尖邁進的連續優化狀態，同時也是讓自己保持青春感、快樂，以及活力的妙招。無聊，是人類精神的殺手。」

富豪站了起來，「對於頂級人士來說，某座山的巔峰就是下一座山的底部。建立了偉大的全新習慣，就會帶來建立下一個習慣的大好機會。你們知道嗎？我每天做一千次伏地挺身，這是超棒的運動，最好的健身方法之一，非常簡單。讓我身材精瘦又練出了冰塊腹肌，對我的核心肌肉群有幫助。而且，這種運動還鍛鍊了我的臀肌。」說到這裡時，富豪露出尷尬神情。

「不過，每天做一千個伏地挺身，也是提醒我要保持進步的某種儀式。繼續壯大，繼續提升自我的思維模式、感情模式、健康模式，以及靈魂模式，讓我不斷飛揚到自我的最高境界。老實說，我不怕墜落，這只是學習飛行的過程之一，我只害怕無法成長而已。」

「我懂了……」企業家在振筆疾書。

然後，富豪伸出食指，掃過那一整張教學模型，最後定在寫有「完全自動自發的境界」的區域。

「令人興奮的來了，只要你們到達『完全自動自發的境界』，再也不需要靠意志力在清晨五點起床。新流程已經在你們的腦部運作系統完成了建置，在黎明前起床成了第二天性，做起來輕鬆自然。以下是你們在六十六天左右流程之傑出表現與奉獻的真正禮物：原本用以堅持早起習慣的意志力，現在已經完全釋放出來，正好可以拿來培養另一項頂尖級的行為態度，這樣一來，你們就有機會成為更具有生產力、更豐盛、更愉悅成功的人。比方說吧，這是所有職業運動員從來不說的秘密，他們的自律性並沒有高過一般人，只不過他們在六十六天之內充分發揮了自我衝動控制的能力，最後建立了致勝之習慣流程。自此之後，他們把意志力重新導向到可以增進專業的其他部分，而另一種可以幫助他們成為自身領域翹楚、贏得勝利的習慣，一個接著一個逐步建立，這就是專業人士的玩法。久而久之，他們的致勝行為模式就會變成自動化、系統化，以及制度化。只要建置在腦內，你就可以完全不費吹灰之力進行運作。而這些超級巨星所維持的確保勝利習慣的頻率之高，反而到了忘記該怎麼不發揮的境界了。」

企業家說道：「對他們而言，執行比較容易，不執行卻比較困難。對嗎？」

富豪回她，「正是如此。」

藝術家很興奮，「對我自己，還有我的畫家生涯來說，這真的是太受用了。好，所以我完全了解了這一套流程，一共三個階段——『解構』、『建置』、『整合』——每一個大約是二十二天，對嗎？」

「是的，過了六十六天左右的時間，它就會固定保持為某種自動流程，也就是『完全自動自發的境界』，因為培養習慣大概需要九個星期的時間。不要過了一個星期之後就放棄在清晨五點起床，進入到中間混亂階段的時候也不要投降，反正就是要效法沙迦罕和他的工人打造泰姬瑪哈陵成為世界奇蹟的那種精神，一直奮戰不懈，突破所有的試煉與挑戰。精采表現需要耐心，成就天才需要時間。當朝陽升起、絕大多數人都還在睡覺的時候，堅守自我承諾，挪出一個小時的時間培養『四大內在領地』，由它帶領你認識自我熱血盼望去實踐的外在領地。對於完全展露自我長才、增強驚人能力、提升幸福、發掘一個外在事物完全無法減損的內心平和天堂之召喚，千萬不要予以輕忽。我親愛的朋友，成為自身領域堅不可摧之無敵真正大師，還有以你自己的獨特風格成為世界奇蹟，就是要靠這樣的方式。」

「我好喜歡，」企業家滿臉笑容，「太棒了，真的非常實用。這也說明了為什麼擁有達到高超才能所必需之習慣的人會這麼少。就是因為堅持最初承諾的時間不夠久，所以無法發揮作用。他們明明可以，但就是沒有落實。」

「對，」富豪也同意，「這就是資訊、教育、學習及成長為什麼重要至極的原因。絕大多數的人只是不知道我剛剛向兩位揭櫫的改變一生之模型以及實用的觀點，因為他們不知道，所以也無法實踐。而且，知識未能付諸行動，就無法發揮充分潛能。無論我們選擇要以哪一種方式定義，我們本來就是為了勝利而生。很遺憾，大多數人都不曾學到魔法演說家傳授給我的哲理及方法論，也就是我現在轉授給你們的同一套教學內容。你們一定要盡量向他人多多推廣魔法演說家的講課內容，拜託了。透過這種方式，我們能夠幫助人們離開冷漠、平庸及匱乏的無知世界，找出他們內在的力量，讓他們在自己的下半輩子做出驚人壯舉。我們得要讓這個世界變得更好、更健康、更安全，以及充滿了更多的愛。」

企業家與藝術家齊聲允諾，「沒問題……」

然後，企業家停下一切，欣賞令人永生難忘的周邊情景。她身旁站的這個男人，是她在一場詭奇、美麗又神妙的冒險中意外愛上的對象；她站在位於印度的世界七大奇蹟之一；這本來就是她一直渴望造訪的國家，因為它擁有絕世美景、異國美食，以及獨特的人民。

她靜心回頭思索自己的日常世界所揭示的一切。操弄、竊奪、不忠，以及背叛。在那一瞬間，她哈哈大笑。不是那種許多人在商務會議中會聽到的牽強假笑，安靜恐懼的好人帶著社交面具、努力想要融入、佯裝堅強裝酷的那一種。不，這是驀然發覺睿智生活之中某些珍貴寶藏的明顯喜悅。

就在那一瞬間，企業家才驚覺自己何其幸運。

他人企圖接管她的事業，這個問題終究會自然而然解決，因為生命總會想辦法找到最好的出路。當然，她現在已經學會了偶爾思及自我處境時出現的怒火、失望，甚至悲傷等等合情合理的感受，千萬不要壓抑。那只是她的天性、真我，甚至是勇敢而不是懦弱。不過，她現在也明白有些事物比財富、讚美及名聲更重要。有許多經濟富裕的人，其實相當貧困。

這位女強人心想，「沒有任何東西比我的幸福更寶貴，沒有任何東西比我的心靈平靜更珍貴。」

她找到了愛情，而且依然處於絕佳的健康狀況，她有好多令她感恩的事：可以探索一切的雙腿；有數十億人口在挨餓的時候，她的餐桌每天晚上都有食物；而且，她有可以擋風遮雨的寬廣住所；自己的書房裡有諸多值得一覽的智慧之作，還有可以讓她滿足創造力的工作，正如富豪經常強調的，這是一種可以發揮高超技能造福自己，也可以服務社會的大好機會。

所以，在這座讓全球諸多遊客大受鼓舞的偉大陵墓之中，在朝陽於印度寬廣天空中冉冉升起的這一刻，企業家發覺她真心誠意想要做一件事，那是人人都應努力實踐的多多益善之舉。

她寬恕了別人。

她放下了對那些投資者的敵意，每一個失望帶來的重擔；人生苦短，不要太在意一切。當她走到人生盡頭的時候，最重要的並不是那些創投資本家是否搶取了她的公司，而是她成了什麼樣的人，以及自身才能所創造的品質，還有她如何幫助別人，有多少開心大笑的時光，還有生活得有多麼精采。

富豪說的沒錯：每個人都根據自己目前感知的程度，還有他們能夠掌握之真正力量的範圍，盡力做到最好。要是她的投資者更清楚狀況，他們也能夠做得更好。這些人帶給她痛苦與折磨，因為就深度潛意識的層次來說，他們處於痛苦之中，因為他們自己在受苦。那些傷害別人的人，其實也默默憎惡自我。這種拉高層次看待事物的方式，在我們的文化中並不是很常見。不過，也許這就是為什麼我們的世界充滿這麼多戰爭、危險及仇恨的原因。她心想，也許這些公司搶匪正是她的導師。更美好的生命本質將她推向邊緣，這樣一來，她就進入了沮喪和絕望至極而必須改變、學會飛翔的境地。也許正如富豪所教導的，她歷經的這一切是某種特殊的安排，讓她繼續得以實現最燦爛天賦的潛能，還有以造福人類的方式實踐她最崇高天命的許諾。或許，當我們面臨失去一切的時候，才會了解最崇高的自我。

站在她面前的這位詭異、古怪，而且又無比真誠的導師，史東・雷利先生，傾注全心全力地解釋加入清晨五點俱樂部這個簡單、但起頭困難的日常紀律，將會如何轉化實踐者的生產力、豐盛及健康。當初在魔法演說家令人如癡如醉的會場上的第一次奇遇，他講出了許多高調承諾，如今都一一做到了。他證明了自己是巨擘，不僅是業界之巨擘，也是誠正與寬容之巨擘。

「我們需要更多類似他這樣的人，」她心想，「純粹的領導者，這些人發揮影響力不是透過重要頭銜的力量或是高位之威脅，而是以他們性格的力量、專業的高度、發自內心的悲憫，以及非凡之奉獻，讓他們遇到的每個人都能夠在相遇之後變得更好。主宰領導人行為的，不是自私成癮，而是更偉大智慧的無私原則。」

企業家想起了詩人馬雅・安傑洛的字句：「我盼望你要持續下去，持續做你自己，以你的善行讓這個卑鄙世界大吃一驚。」

就在那一瞬間，企業家的心中也浮現了德蕾莎修女的教誨，「只要每個人願意打掃自己家門口，這整個世界就會變得乾淨了。」

因此，就在那個相當特殊的清晨，在全世界最偉大的陵寢之內，她不僅寬恕他人，還與自己締約。企業家得到了前所未有的領悟：優化自我是改善世界狀態的最佳之道，而培養內在天賦是提升她與外部一切關係的最快方式。她擬好了協議內容，向自己許下諾言，絕對不會再去想自戕的事，而且也發誓在下輩子的每一天當中，都會在清晨五點起床，給予自己「勝利時段」的贈禮，遠離所有瑣碎的令人分心事物、不重要的刺激，以及不必要的混亂。這樣一來，她就可以持續不懈，繼續調整自己的思維模式、淨化自己的感情模式、強化自己的健康模式，以及提升自己的靈魂模式。

無論她性格中比較軟弱又害怕的那個部分，會提出什麼樣的託辭與理由，她都會這樣要求自己。因為她理應要體驗自我的崇高，因為她期盼自己成為大家都在等待的那種英雄。

「反正，」富豪發出無釐頭大吼，「最後這三個超級實用的攻略，可以幫助你們牢牢保住新習慣。我花了許多時間研究這個主題，因為它是通往成功的絕對關鍵。我帶你們迅速了解一下經過研究證實，可以幫助你們保持清晨五點俱樂部早晨流程的三大攻略。之後，我們就離開這裡。」

他掏出手電筒，將光束對準小房間的天花板，慢慢浮現了以下的烙印大腦之重要格言：

第一點、要讓習慣成自然，永遠不要單打獨鬥。

第二點、老師學到的最多。

第三點、最想要棄守的那一刻，就是應該要持續前進的時候。

富豪再次微笑，「超級簡單的指南，是不是？難得一見的簡單，因為它們蘊含了難得一見的哲理。第一點要提醒各位的是，以團體方式實踐的流程，效果最為明顯，這正是成為清晨五點俱樂部會員如此重要的原因。努力建立這一套早晨流程的人不是只有你而已，我們都在同一條船上。而我真心盼望，等到你們回國之後，可以盡量教導那些準備要早起創造頂尖成就及精采生活的人，進入這個俱樂部。支援團體一直是有助於持續性的可靠方法。所以，請兩位要多加利用這個概念。」

富豪咳嗽，然後開始搓揉胸膛，似乎很痛苦。他佯裝大家沒有注意到他的狀況，繼續說下去。

「第二點要提醒兩位，要把你們從我這裡學到的哲理與方法論確實傳授給他人。當你們在進行教學時，對於內容會產生更加深刻甚至更卓越的理解。就許多方面來說，把我分享給兩位的這些東西教導給別人，將會是你們送給自己的一份禮物。」

企業家說道：「我從來沒想過可以用這種角度來看待教學⋯⋯」

「真的是如此，」富豪說道：「你們在天花板看到的最後一行，是最重要的部分。要記得，『堅持』是所有高超才能形式的必要條件，當你覺得自己再也撐不下去的時候，就是打造全新層次的意志力的大好機會。當你們感到無以為繼的那一刻，再多堅持一下，你們的自我紀律肌肉會出現驚人幅度的擴展，自尊心的程度也會大增。想要達到生產力狂飆、成為自身領域的翹楚、創造自我熱愛的生活，增強自我欣賞力幾乎算是最重要的因素了。」

富豪突然倒立以頭頂支撐身體，嚇了大家一大跳。他閉上雙眼，開始唸出作家也同時是哲學家的傑拉德．賽克斯的名言，「任何精采成就，都必須經過多年卑微的學徒期，並與大多數群眾保持疏遠。」

「你們是兩個很棒的人，理應要顯化最美好的自我，實現史詩級成就，」富豪又回到了正常姿勢，「千萬不要因為在令人昏迷的柔軟床舖貪眠，背叛了沉睡在你們心中的力量。世間偉大的人物之所以偉大，並不是因為他們躲在被窩裡開心廝混，而是設定了崇高目標並勇往直前，即便絕大多數的人稱他們是瘋子也不改其志。追求世界頂峰需要時間、承諾、犧牲，以及耐心——就像是泰姬瑪哈陵展現給我們的一樣。而且，英雄行為絕對不會在短短幾個月內出現，培養清晨五點起床的習慣，持續堅持不間斷，當你最想要放棄的時候，拚命撐下去。這種方式會造就你成為傳奇人物，而且會讓你注定成為值得具有世界影響力的人。」

然後，史東．雷利起身，擁抱他的兩名學生，走入某個大理石廊道，整個人消失無蹤。

第13章

清晨五點俱樂部學習二十／二十／二十法則

清晨，當你懶洋洋地抗拒起床的時候，請想一下這句話：「我起床是為了要完成人類的任務。」

——馬可斯．奧理略，羅馬皇帝

「羅馬在我的血脈之中，它的能量灌流我的血液，而它的獨特魔法讓我的靈性得到重生。」當富豪的噴射機在這座城市私人機場的跑道滑行時，他心中想到了這段話。飛機喇叭傳出義大利音樂團體「黑女孩」歌曲〈木蘭花〉的強烈節奏，他緊繃的雙肩也跟著拍子在搖擺。

「羅馬人的強烈自豪、瘋狂熱情，還有燦爛心靈，帶給我莫人的鼓舞，」富豪自我確認，「陽光灑落在西班牙階梯頂端聖三一教堂的那種情景，總是會讓我精神大振，而且經常會讓我熱淚盈眶。精美的食物，包括了莫札瑞拉水牛起司、乳酪胡椒麵、番茄培根麵、培根蛋麵，還有火烤羊肉，滿足了我盡情享受人生的渴望。還有，在這座宛若露天博物館的城市中精心雕琢的建築，我熱愛在這裡的雨中散步，與我心中的戰士和詩人對話。」

富豪精采、但稱不上完美的那段生活之精華歲月，主要都待在羅馬，住在歷史中心維多莉亞大街的某間公寓。蘇黎世與其他住所，幾乎都是他處理工作與管理全球商務的據點，不過，羅馬呢，啊，羅馬卻是讓他重燃敬畏感的地方，也滿足了他對於喜悅的渴望。

在春天嗅聞梔子花的芳香，經過名為波格賽別墅的公園湖畔神廟的長途健行，是他人生的兩大樂事。在清晨五點起床，趁羅馬的繁忙交通還沒有掩蓋它的壯麗景色之前，他會跨上自己的登山車，騎過特雷維噴泉、上行蒙提區，經過羅馬競技場，最後到達納沃納廣場，光是坐在那裡，懷抱那座偉大廣場教堂的驚喜感，就會讓他想起只有清晨才能帶來的美妙。這些體驗比他的財富更具有價值，讓他覺得豐盛，而且生氣勃勃。

各位應該要知道，他一生的摯愛來自羅馬。富豪當初在孔多蒂大街——也就是義大利各大指標時尚品牌旗艦店落腳的美麗街道——附近的英文書書店認識了她。雖然富豪當時已經將近四十歲，但他們初遇時他依然還是單身漢，還有些花花公子的氣質，而且大家都知道他有追求世間精緻逸樂的好品味。他還記得自己當時請她幫忙找的那本書，李察・巴哈的《天地一沙鷗》，主角是知道自己天生要比其他鳥兒飛得更高，展開一場實現內心認知的難忘之旅的海鷗，一本鼓舞轉化的精采小說。

凡妮莎立刻抓了一本，態度超級客氣，卻疏離得令人沮喪，然後她又繼續去幫助另一名客人了。

富豪為了這名女子，花了一年多的時間頻頻造訪這間成排老舊書架貼住滄桑牆面的狹小書店，終於得到她答應與他共進晚餐。富豪熱烈追求，是因為她擁有低調的美、熱情的智慧、波希米亞式個人風采、古怪的朗朗笑聲，讓他覺得自己像是大蜂蜜罐裡的蜜蜂家族一樣開心。

他們成婚的地點是位於義大利南部普利亞大區迷人的濱海小鎮莫諾波利，「那天真的好特別，」富豪若有所思，「音樂響遍主廣場，我們在滿月柔光之下瘋狂跳舞。主廚奶奶做的新鮮農場布拉塔起司，還有貓耳朵義大利麵。城鎮居民加入了熱鬧派對，帶來了自製的黑阿瑪洛及皮米迪沃紅酒作為結婚贈禮，展現了義大利的好客。」整個過程依然讓他深深感動不已。

富豪與凡妮莎之間的關係，就像是許多史詩級的愛情故事一樣，激昂又反復無常。有時候──其實，經常是如此──強烈的浪漫連結會引發深刻之痛。有了那個獨特的人，我們終於覺得可以安心卸下社交盔甲，顯露真我，所以，他們會看到我們完整的驚奇、熱情及光亮，然而，這也讓我們逼視每個人都有的陰暗面，從我們的過往生活所受的傷而滋生的那一面。

紀伯倫在《先知》一書當中寫道，「當愛在召喚你的時候，就跟著它去吧。雖然它的道路艱困陡峭，雖然隱藏在它翅翼之下的利劍會傷害你，雖然它的聲音會害你的夢想碎爛一地，就像北風蹂躪了整個花園。這都是愛會對你做出的一切，讓你或能明白自己心中的秘密。」雖然他們婚姻波濤洶湧，但是富豪與他的優雅妻子還是走過來了，長達數十年之久。

雖然她已經在多年前驟然離世，他卻一直沒有再婚。他不讓自己再談戀愛，寧可全神貫注於壯大自己的企業王國，擴展自己的慈善事業，一個人獨享自己掙來的真正美好生活。

富豪掏出他的皮夾，緩緩取出一張凡妮莎的皺巴巴照片，緊盯不放，然後，他又開始劇烈咳嗽。

其中一名飛行員問道：「老闆，你還好嗎？」

富豪依然沉默，緊盯著那張照片。

企業家與藝術家已經在幾天前先飛到了羅馬，永恆之城的景色、壯麗及珍奇讓他們目眩神迷。他們手牽著手，吸納羅馬的活力和美麗，踏過偉大建築師與貴族皇帝曾經走過的圓石鋪面街道。

他們期盼的日子終於到來。就在今天早晨，他們將會學習到清晨五點方案核心之二十／二十／二十法則。這兩名學生將會得到精細提點，到底在「勝利時段」，也就是清晨五點到六點的大好機會，應該要做些什麼，這樣一來，他們就可以持續享受精采生活。

今天他們將會以鉅細彌遺的方式，了解要如何好好運用早晨，創造頂尖人生。

兩人依照富豪的要求，站在西班牙階梯的最頂端，時間是清晨五點整。

要是你站在那裡的方尖碑下方平台，俯視下方階梯，就會看到這位導師與兩名學生在這個早晨會面的確切位置。

這對戀人遠望這座充滿文化氣息的城市，羅馬的第一道曙光親吻了聖三一教堂。古代羅馬人夢想之宏偉、建築的大氣規模，還有跳脫工程現實來打造不朽建物的超凡能力，都令人讚歎不已。他們兩人可以看到聖伯多祿大教堂以及奧古斯都皇帝陵墓，以及一開始只是台伯河畔小村落，後來成為護衛橫跨歐亞非四十多國之大帝國重要樞紐的「七丘」。空氣中聞得到花香與煙氣的混合氣味，彷彿遠方有火堆在焚燒。

「早安！」在一片靜謐之中，有人以義大利語大聲叫喊，「擁有自己的早晨，提升自己的人生！」這位富豪的吼聲，具有羅馬士兵取得重要勝利時的那種激昂熱情。

雷利先生走入了第一道天光的餘燼之中，流露出享受生活魔法之人的那種微笑。

他為了這堂超級重要的課程，挑選了時髦的義大利太陽眼鏡，還穿上了義大利品牌的防風衣，內搭有SPQR刺繡字樣的黑色T恤，黑色運動褲與橘色慢跑鞋。

他以義大利語開心問道：「一切都好嗎？」

企業家略懂幾句義大利文，她開心回道：「我們都好。」

藝術家補充道：「非常好……」

富豪朗聲宣布道：「兩位，今天是大日子，要由我——狂嗑起司義大利麵的這位導師——教導你們有關二十／二十／二十法則的重點。我們總算來到了這裡，終於要調整你們的早晨流程，這樣一來，兩位都可以實現對於天賦的自我承諾，過著無限喜悅的人生。對於等一下會聽到的內容，你們一定會愛得不得了，自此之後，你們的下半輩子就變得不一樣了。」

朝陽緩緩升起，他們第一次看到了富豪的左手手背出現了刺青，上面有一些數字，很簡單的「二十／二十／二十」。

光線集聚在他的頭頂，宛若天使光環一樣，整個場景靈動飄渺，要是你在現場目睹的話，一定會大感驚奇。

「這是新的嗎？」藝術家顯然很好奇，「我以前都沒注意到這個。」

「是啊，」富豪回道：「我昨天晚上在外台伯河區找人弄了這東西，酷吧？是不是？」富豪的表情天真無邪，宛若小嬰兒一樣。

「嗯，」藝術家打了一個大哈欠，啜飲外帶咖啡，又補了一句，「義大利這裡的咖啡真讚。」

「好啦！這刺青只是暫時的，」富豪老實招認，「我弄了這個，因為今天是二十／二十／二十法則日。這的確是我們受訓課程中最重要的日子之一。能夠與兩位待在這裡，我覺得自己很幸運，現在我開始覺得我們是一家人了，而且，回到羅馬的感覺真特別。自從我太太凡妮莎過世之後，我就再也沒有回來過了。待在這裡卻少了她，讓我感傷不已。」說完之後，他別開目光。

然後，史東．雷利從運動褲口袋裡掏出一個東西，原來是一塊叉形許願骨。他小心翼翼把它放在某個有一連串神秘圖案的階面上，以下這個繪圖可以讓各位了解狀況：

富豪請他的兩位客人許願，然後為了祈求好運，請他們折斷它。

「我今天早上把這東西帶過來，不只是為了要替你們兩個營造氣氛，」富豪開始解釋道：「我也希望你們要記得這一點，沒有脊骨的許願骨，其實沒辦法讓人走得長遠。」

藝術家問道：「這是否算是我們之前所學到的『打零工式的承諾只會帶來打零工式的成果』？」

在光照越來越強的朝陽之下，企業家正在做瑜伽伸展動作，她也追問了一句，「還有，這也與那個『沒有實踐的創意，永遠不會實現』的觀念有關？是嗎？」

「多少算是吧，」富豪說道：「我知道你們兩人都很渴望過著充滿生產力、卓越、幸福及意義的人生。成為清晨五點俱樂部的會員——是在所有可能的習慣之中——唯一能夠保證偉大志向成真的習慣，就我目前的經驗而論，它是能夠將璀璨生活之目標轉化為日常事實的唯一最佳方式。對，夢想與渴望只是許願骨；而破曉之前起床，則是你完成目標的脊骨。」

「早起的力量，就來自於每日實踐二十／二十／二十法則，」富豪繼續說道：「再過幾秒鐘，你們就能夠接觸到這種效果驚人的早晨流程。」

「的確，時候到了！」藝術家戴上綠色鏡片太陽眼鏡遮擋陽光，它現在已經流洩到西班牙階梯附近的空曠地帶，進入貝尼尼著名的破船噴泉所在的圓石鋪面廣場。

「兩位，在我們開始之前，先給我一個擁抱吧！」富豪熱情大吼，擁抱藝術家與企業家，「歡迎來到我熱愛的羅馬！」附近有間公寓窗戶敞開，傳出了「Modà」樂團〈宛若畫家〉的歌聲，窗簾飄飛出窗外，與微風大玩調情遊戲。

「好，我們就開始吧！請記住這一點，你們的創造力、生產力、豐盛、表現、對這個世界的貢獻，以及你們私人生活，沒有辦法光靠清晨五點起床就可以得到轉化，這樣的流程如此強大，並非只是因為早起，而是起床後六十分鐘的作為，讓清晨五點俱樂部扭轉人生的力道變得如此強勁。切記：你們的『勝利時段』給了你們人生中最美好的機會之一。現在，你們已經知道了，開啟全新一日的方式，對於接下來的這一天會如何展現，具有莫大影響力。有些人是早起沒錯，但是卻忙著看新聞、上網、閒逛社群貼文、查看訊息，破壞了自我早晨流程的價值。我很確定兩位都已經明瞭，這種行為來自於對多巴胺之迅速快感的需求，卻也是對於真正重要事物的某種逃避方式。而這樣的行事風格會導致多數人錯失了利用這種特殊時光的寧靜感，來幫助他們強化優點並持續過精采生活的大好機會。」

「當我們每天都在創造，也就是在打造我們的生活，對嗎？」藝術家想要確認這就是當初在富豪海濱宅邸沙灘所學到的某項重要資訊，「那就是『每日累積』之基礎，是你向我們解釋的『歷史締造者的四大重點』其中之一，我還記得那個模型。」

「完全正確，」富豪大讚，「我還必須要講一件事，以睿智、健康、平和的方式作為一天的起點，不僅能夠優化你們在公領域與私領域的成功，同時也是一種保護它的方式。」

突然之間，有個一身角鬥士打扮、駕著馬車的男子，衝過了著名的西班牙廣場，他以義大利文叫喊道：「早安，雷利先生！」隨後又繼續上路。

「待會兒見！」富豪也以義大利文回話，他放大音量，確認對方一定聽得到。然後，他對自己的學生們說道：「很漂亮的道具服？是吧？」

富豪搓揉他的假刺青，凝望競技場。

「我們剛剛看到的那個男人，讓我想到了『奧里加』，他們是古羅馬時代的一種奴隸，負責載送重要羅馬領導人的馬伕，都是因為深受領袖信任而雀屏中選。有趣的重點來了：『奧里加』的另一項重責大任，就是要站在這位『領袖』將軍的後方，當他把桂冠戴到領袖頭上時，會在他耳邊仔細低語，『Memento, homo』。」

企業家問道：「那是什麼意思？」今天她穿的是褪色牛仔褲，亮紅色尖領T恤，還有白色慢跑鞋，她綁了自己鍾愛的馬尾髮型，戴了手鐲，全身上下散發樂觀氣息。

「『Memento, homo』是拉丁文，意思是『記得你只是個凡人』，」富豪回道：「『奧里加』這麼做，是為了要抑制領導者的傲慢，並且幫助領導人面對偉大成就必定會招引而來的自負。這種儀式是饒富深意的紀律，確保領袖會專注在自我的真正使命，讓自我以及他所統御的帝國更上一層樓——不能被各種會引發朝代崩落的逸樂與縱慾，消滅了他的全部精力。」

「你知道嗎？」藝術家說道：「我看過一些藝術界的天才，因為沒有妥善處理自己的成功事業，一手毀掉了自己的創意王國及良好名聲。嗯，我懂你的意思。」

「超有同感，」企業家說道：「我的意思是，我超級有同感……」她立刻糾正自己的用語，同時抓住新男友的手，「我看過許多一炮而紅的公司失去了佔有率，因為他們愛上了自己的致勝公式，他們失去了熱情。他們變得傲慢自大，誤以為大家會為了他們的優越產品而大排長龍——就算他們對於產品不再精益求精、不改善客戶服務、不去確認每一名員工都會提升自我管理績效——永遠都會大排長龍。所以，雷利先生，我也懂得你的意思。」

他以一句話作為答覆，「非常好。」

「當你們在實踐二十／二十／二十法則的時候，永遠要記得時時精進每天早晨的運作方式。保持渴望，以新手的心態面對它，因為驕者必敗。等你體驗到這種實踐會產生多大的轉化作用之後，很容易就會開始敷衍——甚至可能忽略——這個流程中的好幾個步驟。」

富豪伸出食指，碰觸其中一個台階，他閉上雙眼，低聲唸出這些句子：「時候到了，不要繼續當最崇高自我的逃兵，而是要接受發揮才能和勇氣，以及明瞭自我生命的召喚並以此鼓舞人性的新常態。」

然後，他走向西班牙階梯的石面頂端，舉起右手的兩隻手指，擺出眾所周知的和平手勢。接下來，他朝著西班牙廣場靠近孔多蒂大街底端，坐在烤栗子小攤前面的某個男人猛揮手臂，那男人身穿胸前皺巴巴的灰色襯衫、海軍藍色長褲，以及黃色慢跑鞋。

這男子一看到手勢，立刻站起來，衝過廣場奔上階梯——

三步併作一步——直衝富豪所在的頂端位置。他掀起皺巴巴的襯衫，露出防彈背心，從裡面取出了一張厚紙板。

「你來了，真棒。老大，看到你回來羅馬真好。」這男人講話有濃濃的義大利腔，而且聲音嘶啞宛若砂紙磨過。

「非常感謝！亞德里安諾，你人真好，」富豪講義大利語，親吻了自己的掌心之後，伸出去與對方握手。

「亞德里安諾是我的維安小組成員，」雷利先生端詳對方剛剛交給他的那張紙，「他是頂尖高手之一。他自小在這個獨特國家的皮埃蒙特大區的阿爾巴鎮長大。你們兩個喜歡tartufo嗎？」

藝術家對於剛剛上演的那一幕場景有些困惑，「那是什麼？」

「親愛的，松露啊！」富豪熱情回應道：「我的天，那滋味美好得不可思議。置於充滿融化奶油的義大利麵上面，或者以碎丁灑在柔嫩搖晃的煎蛋頂端。天，哎呀我的天吶，這可是皇帝的食物啊！」富豪開始想像自己所描述的餐點，雙眼張得像是草原一樣大。一道細細的口水從他的右嘴角蜿蜒流出。對，一坨口水，太不可思議了吧，是不是？

依然待在原地的亞德里安諾，小心翼翼把手帕交給了他的老闆。他瞄了一下企業家與藝術家，那表情彷彿在說話，「我知道他很奇怪，但我們也都很愛他。」

然後，他們四人站在那個魅力萬千的地方，一起哈哈大笑。

「老大，祝你有個開心的早晨，」亞德里安諾開口，他準備離開了，「今天晚上就在泰斯塔奇歐見面了。謝謝你邀請我一起用餐，今天還是跟往常一樣吃乳酪胡椒麵？」

「是，」富豪以義大利語回覆道：「晚上見了。」

「阿爾巴是白松露的產地，」富豪解釋道：「經過特殊訓練的狗兒或是小豬，可以聞出它們的氣味。也許將來我會帶你們一起去找松露，我保證一定會永生難忘。反正，看一下這個精采的學習模型吧。魔法演說家其實已經為我們解構了『勝利時段』以及二十／二十／二十法則。你們現在執行早晨流程已經沒有任何問題，沒有任何找藉口的空間。一切都準備就緒，只要執行這一套腳本，你就可以擁有自己的一天。你們知道嗎？拖延症是一種自我憎惡的行為。」

藝術家問道：「真的嗎？」

「千真萬確。要是你真心愛自己，一定會放棄所有自己不夠好、無法成就偉大的念頭，拋棄所有屈服於弱點的行為。你關注的不再是自身缺陷，而是讚頌自我的美好特質。試想一下：當今世上沒有人擁有你所具備的獨特天賦。其實，放諸整個歷史，絕對沒有一個跟你一模一樣的人，日後也不會有，對，你就是這麼特別，那是不爭之事實。所以，擁抱你的寶貴才華、光燦能力，以及令人歎為觀止的優點。放棄那些破壞自己承諾的毀滅性習慣，無法堅持自我承諾，是許多人無法愛自己的原因之一。要是不遵循那些我們告訴自己一定做到的諾言，那麼我們就會摧毀自我價值感，融化自尊。你要是繼續這樣下去，無意識的自我就會開始誤以為你一文不值，要記得我之前帶你們學到的『自我應驗預言』心理學現象。我們永遠以看待自己的那種方式行事。所以，我們的思維創造了我們的成果。要是我們越輕忽自己與自我力量，」他繼續說道：「我們能夠獲得的力量就會越來越薄弱。」

富豪望著一群蝴蝶飛過，然後繼續說下去。

「這就是一切運作之道。好，我的建議是你不要再繼續拖延下去，鍛鍊一下我們曾在泰姬瑪哈陵裡討論過的意志力肌肉，讓你的下半輩子成為一場大膽的練習、獨特生產力的證明，還有純淨美感的難得呈現。透過活出自我才能，而不是憎惡自己、否定自我的特點，這樣才能實現所有的真我，」富豪重複了一次，「所以，務必全力以赴地建立二十／二十／二十法則，把它作為管理早晨的核心方式。」

富豪向企業家與藝術家展示架構表，圖樣如下：

二十／二十／二十法則之解構

第一區段

05:00 AM – 05:20 AM
行動

實施項目	原因	好處
• 劇烈運動 • 滿頭大汗 • 學習 • 喝大量的水 • 深呼吸	• 淨化皮質醇 • 腦源性神經營養因子之湧流 • 增強多巴胺 • 增加血清素 • 提升新陳代謝	• 更多的專注力＋生產力 • 專注力＋大腦優化 • 增強活力 • 減低壓力 • 延年益壽

第二區段

05:20 AM – 05:40 AM
反省

實施項目	原因	好處
• 寫日誌 • 冥想 • 計畫 • 祈禱 • 深思	• 提高細緻化 • 提升感知力 • 增強幸福感 • 培養智慧 • 擴大寧和感	• 更強大的正面態度 • 降低反應性 • 更強烈的創意 • 更優秀的表現 • 更豐富的人生

第三區段

05:40 AM – 06:00 AM
成長

實施項目	原因	好處
• 檢視目標 • 閱讀 • 聆聽電子書 • 聆聽播客 • 線上學習	• 2x3x 心態 • 深化知識 • 提升敏銳度 • 增強信心 • 才能轉換	• 更好的收入＋影響力 • 調整技能 • 領域主導優勢 • 個人成長 • 提升靈感

「想必你們可以從這個學習模式看出來，一共需要建立三個二十分鐘的區段，然後練習到爐火純青的層次。二十／二十／二十法則的第一個二十分鐘區段，需要你的行動。簡言之，每天一大早做一些會流汗的運動，將會讓你生活品質產生革命性變化。第二個區段鼓勵你們要反省二十分鐘。這個部分是為了幫助你們在過度刺激與活動的時代，重新取得自我天生力量、提升自我意識、消解壓力、引發幸福感、重新恢復內心的平和。然後，你會在這六十分鐘的『勝利時段』當中，以二十分鐘的時間專注確保自己有所成長，不論是花一點時間閱讀能夠增進了解如何打造最美好生活的書籍，抑或是能夠精進專業長才的文章，還是聆聽一段藝術大師如何得到非凡成果的錄音課程，或者觀看教導你們改善人際關係、增強財務與深化靈性的教育影片，都不成問題。你們兩位現在已經知道，學到最多知識的領導人就是贏家。」

「我從魔法演說家那裡學到最受用的方法之一，就是以高強度運動作為我的早晨起點——幾乎就是在我一下床之後立刻進行——這一點至關重要。我還記得他的措辭——十分堅定，『這一點絕對不能妥協，不然二十／二十／二十法則就無法發揮功用，我會撤除你在清晨五點俱樂部的會員資格』。」

有三隻鴿子飛過富豪的頭頂。他露出燦笑望著他們，向其中一隻送出飛吻，然後繼續大談歷史締造者的早晨流程。

「早起第一件事就是嚴格鍛鍊身體，這將會引發大幅度改變。一起床之後就進行劇烈運動，將會在你的腦中引發某種鍊金術——根據它的神經生物學——這一招不但能夠讓你完全清醒，還可以強化專注力與活力，增加自律，讓你以熱情如火的方式作為開展一天的起點。現在，這一段對你們兩個來說超級實用，我想你們的運動方式可能是飛輪課程，可能是一連串的開合跳與波比跳，或是像專業拳擊手一樣跳繩，或者是短跑衝刺。我不確定哪一種最適合你們。不過，真正的關鍵是一定要出汗。」

現在，藝術家狂寫筆記，他開口問道：「為什麼？」

「等一下在圖表中就可以看到原因。你們現在很清楚了，皮質醇是恐懼荷爾蒙，由腎上腺皮質製造，然後釋放至血液之中。皮質醇是妨礙你的才能，並摧毀你創造歷史之潛在機會的主要物質之一。相當可靠的科學數據證實，人類的皮質醇含量在早上達到最高。」

企業家說道：「真有趣的資訊……」在羅馬陽光之下、她又做了一次伸展。

「對，的確。好，在清晨五點到五點二十分運動——只有短短的二十分鐘——就可以大幅降低你們的皮質醇，這樣一來就可以把自我調整到最佳表現狀態。這是展開一日之初的美好方式，你們說對不對？科學也顯現身體健康與認知能力之間有重要關聯性。激烈運動後出汗，會釋放腦源性神經營養因子，為器官提供動力，迎接勝利的一天。

「哇……」企業家發出驚歎，同時也以飛快的速度在做筆記。

「腦源性神經營養因子已經被證實具有修復因壓力受損之細胞、增強神經通路形成的功能，這樣一來你可以思考得更周全，處理得更快速。」富豪詳細解釋道：「無庸置疑，這會是另一個『巨大競爭優勢』。對了，它還能促進神經新生，所以其實你會長出新的腦細胞。光憑這一點，就會為你帶來什麼樣的好處？」

藝術家驚呼，「哇嗚！」這種讚歎聽起來很過時，一點都不酷。

企業家開口，「當我實踐了這些你慷慨分享的所有概念，就完全沒有任何人可以撼動我的事業，而我自己也會變得無敵。」她模仿雷利先生在他人對他表示和善時所做出的舉動，微微欠身，表達自我的感激之意。

「的確如此，」富豪同意她的說法，「在二十／二十／二十法則第一區段的二十分鐘大量運動，就可以釋放出多巴胺，你們現在已經很清楚這是促發動力的神經傳導物質，再加上血清素含量提高，這正是調整幸福感的美妙化學物質。也就是說，到了清晨五點二十分的時候，你的競爭者還在數羊，而你卻已經元氣飽滿，準備要當自身領域的翹楚、得到優異成果，讓接下來的這一天宛若史詩。」

「可否請您具體說明我們該採取哪些必要舉動？才能夠在黎明時起床？」企業家問道：「我的意思是，能否仔細講解我們必須有哪些具體作為，才能夠在鬧鐘響起的時候真的起床？希望這不是蠢問題。是不是太簡單了呢？」

藝術家撫摸女友的背，「這問題很棒啊……」

「這問題非常好！」富豪讚賞道：「當然有，就像我之前建議的一樣，買一個老派風格的鬧鐘——我用的就是這一種。正如我在亞格拉所說的，永遠不要把任何科技產品帶入臥室跟你一起睡覺，至於原因，我等一下就會解釋。鬧鐘到手之後，把它的時間往前撥三十分鐘，接下來，把鬧鐘時刻設定為清晨五點三十分。」

「真的嗎？」藝術家開口道：「這聽起來怪怪的。」

「我知道，」富豪也承認，「不過，它的效果就跟魔法一樣。你欺瞞自己，以為自己晚起，但其實你的確是在清晨五點起床。這種攻略的確可以發揮作用，所以就這麼做吧。接下來，這一招聽起來稀鬆平常，卻是另一個關鍵技巧，鬧鐘一響，你就立刻跳下床，以免軟弱自我會害你陷在各式各樣的賴床理由中，以免你的理性思維編出躺在被窩裡的理由。你只需要透過那一套六十六天建立習慣之流程，就可以讓五點鐘起床達到『完全自動自發的境界』。而且，早起比晚睡容易多了。我一開始加入清晨五點俱樂部的時候，都是穿著運動服就寢。」

雷利先生的表情有點尷尬，然後，有更多的鴿子與蝴蝶經過，可以看到一道彩虹橫跨西班牙階梯上方。

「老哥，你在跟我開玩笑吧，是不是？」藝術家哈哈大笑，捻弄他的嬉皮辮，「你真的穿運動服睡覺？」

「是真的，」富豪承認，「而且運動鞋就放在我的床旁邊，只要是可能對我施加緊箍咒的任何藉口，我一定要全力消滅。」

企業家點點頭，隨著日子一天天過去，她看起來也越來越堅強和開心。

「反正，就讓我繼續闡述一早起床就運動的重點。靠著激烈運動，就會激發掌握優勢的天然藥效，與一起床的那一刻相比，就會產生截然不同的感覺。當你採行這種保護自我神經生物面及生理面的策略，就會讓你在起床後的短短二十分鐘變得煥然一新，千萬要記得那一點！顯然，久而久之，這種會流汗的運動也會改造你的心理面。就算你平常不是『晨型人』，平常會冒出下床氣，也會為之改變——也就符合了『一起啟發的神經元，就會緊緊連結在一起』的那個理論。你會感受到無頭銜領導人所需要的自信，長時間埋首工作的那種專注力，這樣一來就可以完成精采工作，而且你會覺得更加冷靜自若。好，清晨的劇烈運動增強了正腎上腺素，不僅可以強化注意力，還能讓你產生更平和的感覺。還有更多的優質研究證明，運動可以調節大腦邊緣系統中的杏仁核，也就是之前在模里西斯海灘的某堂課討論過的古老大腦機制，所以，不論是面對艱困專案或是難搞客戶，乃至粗魯司機與尖叫的嬰兒等等刺激，你的反應會更加優雅，而不是歇斯底里。」

「這好處真是太棒了，」企業家說道：「雷利先生，你說得沒錯。我軍火庫裡的這些大規模生產力武器，都是無價之寶。」

「沒錯，」富豪擁抱企業家時候說道：「我真的很愛你們，」他又加了一句，「我會想念你們兩個。」

就在那一刻，這位導師平常希望滿懷的態度突然轉為莫名的哀愁，「我們共聚的時光快要結束了。也許我們還會相見，我真心希望如此，但我不知道……」

他的聲音越來越小，再次別開目光，望向他們聚會地點後面高處的白色教堂，這是對於前瞻性建築之璀璨典範的光榮禮讚。富豪把手伸進黑色運動褲的口袋裡，掏出一顆藥丸，宛若小朋友在吃小糖果，突然把它丟入嘴裡。

「好，正如你們在解構圖看到的，」他繼續說道，同時舉起了那個模型，他的字字句句充滿活力，「早起的第一件事就是運動，同時也會提升你的新陳代謝——刺激燃脂，這樣一來你就能夠以更有效率的方式燃燒多餘脂肪，更快達到瘦身效果。另一項重大成就，對吧？哦，優化自我健康，就可以確保一輩子的健康狀態。『訓練越嚴格，續命更長久』，這是我打造自我帝國的智慧座右銘。你們現在要成就傳奇的關鍵之一就是長壽，千萬不要死。要是你躺在墓地裡，幫忙推升雛菊破土而出，當然沒有辦法掌握勝局以及改變世界。」

「關於這個精準而非膚淺的早晨流程的第一個區段，我想要傳達的重點是：當你處於前所未有的健康狀態，你的生活與工作的感覺都會暢快一百倍。清晨起床的第一步就是冒汗運動，的確會徹底改變你們的生活。所以了，兩位，務必努力培養這種習慣。」

企業家很客氣，「雷利先生，可否請教另一個問題？」

富豪回她，「說吧。」

「要是我想運動的時間超過了二十分鐘呢？」

「非常好啊，」富豪回道：「早晨流程並不像那些刻在方尖碑的文字，已經成了石面的固定內容」，他指向西班牙階梯上方某個小平台的紀念碑，繼續說道：「拿走我所分享的一切，然後把它變成自己的東西。根據自我喜好量身打造，讓它配合妳的生活風格。」

富豪深吸一口新鮮的羅馬空氣——皇帝、角鬥士、政治家、藝匠在千年之前所呼吸的相同空氣。想像一下，深吸那股空氣，以及與清晨五點俱樂部這三位有趣成員站在那裡的感覺。

「讓我繼續切入到需要實踐『勝利時段』之二十／二十／二十法則第二區段的二十分鐘，在清晨五點二十分到五點四十分進行『反省』的這一段時間。」

「你所說的『反省』，到底是什麼意思？」藝術家流露出成為好學生之後的全新自信，他一手搓揉山羊鬍，另一手搭在企業家的肩上。

「正如我之前提到的，妥善管理自身早晨，是優異人士的主要才能之一。以專家之姿運用一天之始，是商界優異表現以及個人精采生活的關鍵決定因素。而且，精心打造的早晨流程的要件之一，就是深層平和的時段。在複雜事物到來、家人需要你的能量，以及扛下其他所有責任之前，先給自己一點安靜獨處的時光。寧靜，是我們這個社會的新奢華。所以，在『勝利時段』的這一個區段，品賞一下寧靜，思索自己要怎麼生活、期盼成為什麼樣的人。必須要好好思索在接下來的幾個小時之中打算要服膺的那些價值，以及希望呈現出什麼樣的態度。仔細想一想，等一下需要做些什麼，才能夠讓今天成為建構傳奇生活之一日。

「這個時間區段對我來說超級重要，」企業家說道，她的手鐲在噹啷作響，其中一個散發光芒，那是全新的手鐲，上面刻有這麼一段話，「這所有的清晨有朝一日將會讓我成為指標人物。」

「我也這麼認為，」富豪開口道：「思索過著美麗人生的最重要元素，會讓你在接下來的一整天當中，能夠有魔法演說家所說的『殘餘智慧』與你相伴。舉例來說，在第二個區段之中，靜靜思考純粹成果的豐厚價值，它代表了精進才能或是提醒你要記得善待與尊重他人的承諾，將會讓你的意識重新鞏固這些美德。當你經歷剩下的這一天時，你與這種智慧之重新連結的餘力，依然會是你的重心，它會灌注每一個時刻，帶領你做出每一個自我選擇。」

又有一隻蝴蝶飄飛而過，沒多久，其他三隻跟在第一隻蝴蝶後面，整個過程充滿了詩意。富豪決定要更加深入解釋反省環節，但得要再吞一顆藥丸。他伸手撫心，望著羅馬的動人美景，他心想，「這裡的光線流瀉方式真是獨一無二，」他心想，「我會懷念我的羅馬。」

富豪的目光沿著階梯一路往下，飄向貝尼尼的破船噴泉雕刻作品，然後瞄向了同樣位於底下廣場的花店。

「就許多方面來說，反省是轉化的主要根源，因為只要你了解得更透徹，一定會做得更好。在『勝利時段』的這個二十分鐘區段之中，你們只需要保持平和與沉默，並且進入靜定狀態。在這個注意力渙散、充滿焦慮又吵鬧的時代，這是送給自己的何等大禮啊！」

「那將會是送給我自己，以及送給我企業的一份大禮，」企業家心生感謝，「我發覺自己花了許多時間在埋頭苦幹，不斷做出反應，但是花在深思與計畫的時間卻太少了。你曾經提過偉大人物如何善加利用孤獨時間，我讀過許多知名天才都有獨坐數小時的習慣，只有一疊紙加上筆相伴，只是為了要捕捉在自我想像螢幕閃逝而過的那些智慧。」

「是的，」富豪說道：「培養強大的想像力，是獲得可觀財富的重要大門。羅馬歷史遺跡之所以如此特別，建築規模之宏偉正是其中的原因之一。當初創建它們的羅馬人想必具有非常偉大的遠景與信心！還有將思維轉化為現實的高超技巧。我的重點是，永恆之城裡的每一座令人心醉的建物，都是人類想像力發揮得淋漓盡致的成果。所以，你們也應該要利用反省區段來創造、發想及築夢。我想，這段話應該是馬克・吐溫說的吧，『二十年之後，你會大失所望的並不是自己做出的那些事，而是你從來沒有做到的那些事。所以，拋棄你的帆腳索，離開安全的港灣出航，趁著信風遨遊大海，摸索，懷抱夢想，探尋一切。』」

藝術家的話充滿睿智，「所有的偉大藝術家都懷抱了一個幾乎沒有人相信的未來。」

「對，」富豪點點頭，「你們在這段時間可以實踐的另一項攻略，就是寫下魔法演說家所說的『實踐前之藍圖』。其實就是度過這一天之理想方式的文字紀錄。研究人員證實，預先準備自我承諾的策略效果卓著，可以大幅增加你的專注力與紀律，順利完成任務。對於你接下來的這一天，你會擁有清楚準確的腳本，這樣一來，它就會顯現你所期盼的行事方式。當然，商界與生活不會完美無缺，但這並非表示我們不該全力以赴。世間的英勇人物都是完美主義者，他們是追求最大化主義者，對於自己所做的一切都偏執地務求卓越。所以，至少要花十分鐘，寫出你的完美一日。」

富豪又盯著花店。他舉高左手食指對著羅馬天空。有位高顴骨、戴土耳其藍色鏡框，身穿灰色亞麻上衣及時髦長褲的超級大美女站起來，手裡拿著一個金屬盒。然後，她展開宛若獵豹在追逐晚餐一樣的速度飛奔衝上階梯。

等到她到達之後，富豪開口道：「嗨，維葉娜。」

「雷利先生，您好，」這位年輕女子以義大利語問好，態度恭敬，「先生，您回來羅馬，我們都很開心，我把您的東西帶過來了。」

助理按下密碼開鎖，盒子應聲而開。裡面有三本奢華手工日誌，由柔軟的義大利皮革黏貼而成。富豪將其中一本給企業家，另一本給藝術家。他拿起最後一本，把它緊貼胸口，伸舌舔弄，對，他真的舔了自己的日誌。

「等我們到了南非的神奇葡萄園時，我會向你們解釋我為什麼要舔自己的日誌。」富豪態度興奮，語氣更添神秘。

「南非？」藝術家大聲問道：「我們什麼時候要去？」

企業家也很不解，「神奇葡萄園？」

富豪沒有理會他們兩個人。

「維葉娜，妳很棒，」富豪對助理說道：「超級棒，我們待會兒見。」她走下古老台階，跳上早就在等候她的黑色機車的後座，飛馳離開。

當企業家與藝術家打開自己的日誌時，在第一頁看到了仔細繪製的架構圖。

藝術家的語氣充滿感恩，「又要給我們學習圖？」

富豪以義大利語回道：「是啊。」

「老哥，我很愛這些模型，」藝術家說道：「全都是可以釐清困惑概念的寶貴學習工具。」

「而且關聯性超強，」企業家也補了一句，「清晰頭腦會孕育出高超才能。」

「的確，」富豪予以肯定，「還有，兩位千萬別客氣。魔法演說家投注了數十年的豐富人生，並且為了解釋清晨五點俱樂部的哲理與方法論而創造了這些架構。看起來很簡單，因為他傾盡一生職涯時光，親自打造完成。這需要多年的極端專注力與以熱情燃燒的孤絕，才能夠去除所有成果的複雜性，達到真正天才試金石的簡純度。業餘者在觀看大師傑作時，就是這種光景。它看起來簡單，因為觀者不了解大師的專業之道就是取走所有的累贅。去蕪存菁需要多年的投入，以及多年的奉獻，才能讓事物在未經訓練的人眼中看起來很簡單，這就是大師的卓越之處。」

奢華真皮日誌裡的學習模式如下圖，這樣一來，你們就可以清楚了解他們三人在那個陽光燦爛的羅馬清晨所看到的內容：

撰寫日誌習慣之解構

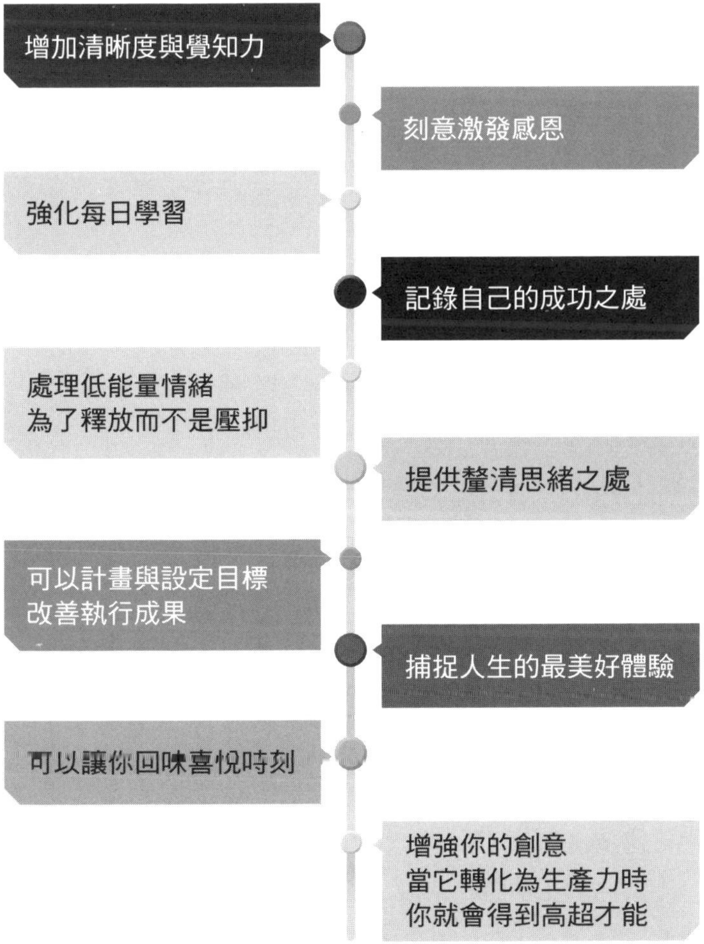

「讓我來解釋一下我的助理為我們帶來的這些禮物，」富豪繼續說道：「在二十／二十／二十法則的『反省』區段，另一項致勝行動就是寫日誌，所以我請義大利工匠為你們製作了這些日誌，希望可以為你們創造美好成果。」

富豪俯視孔多蒂大街。街道清潔工在拚命工作，觀光客們沿路散步，自拍，向街頭攤販買小東西。

「魔法演說家喜歡跟我在羅馬這裡閒晃。要是我們運氣好，等一下可以見到他，我知道他會在破曉時沿著河岸慢跑，一路直達普拉蒂區，然後前往距離這裡幾個小時路程的地方釣魚。哦，對了，他在清晨五點二十分到五點四十分會固定花幾分鐘的時間寫日誌，還為此取了個『每日日誌』的名稱。關鍵就是寫就對了，不要想太多。純粹寫下自己對於接下來這一天的許諾，記錄自己寶貴的雄心壯志，以臚列目前生活中的美好事物之方式，激發感恩之心。還有，也請把這本日誌作為處理內心所有挫敗、失望及憎恨的地方，這樣一來，你們就可以放下了。當你寫下自我壓抑之傷痛的時候。就可以從自我的系統中釋放有害情緒及低能量，繼而營造出最飽滿的創造力、優良活力，以及無人能敵的表現，實在非常神奇。

企業家問道：「這是為我的感情模式設下防火牆，並且予以強化的絕妙方法，對吧？」

「耶！」富豪鼓掌叫好，然後，他把手指放在日誌第一頁的學習模型上面。

「當你們花『勝利時段』第二區段的十分鐘，或者是全部的二十分鐘撰寫『每日日誌』的時候，將會得到一些犒賞。為了再次強調，我要補充說明，我的建議是不要只寫目前生活的正面因素，也要寫下引發不適及痛苦的體驗面向。因為迅速擺脫痛苦情緒的方式，就是拿出智慧與勇氣與它們直球對決。要對傷口有感，才能夠療癒；要把它們講出來，才能夠釋懷。把生活重擔之黑暗能量以書面方式發聲，讓它們煙消雲散。這是我向兩位披露的突破性觀念。那股遭到一層層不良情緒及過往傷口所阻卻的力量，一旦被你們找回來，思維模式、感情模式、健康模式及靈魂模式就會出現驚人的躍升。還有，當你們的四大內在領地透過自我努力淨化而得到提升的時候，你的崇高自我會開始重獲掌控權，然後就會產生你們更期盼看到的外在領地。我想要解釋的是這個重點：要是你找不到排除痛苦感受的健康方式，這些感受就會遭受抑制，因而導致壓力、不良生產力，甚至是疾病。」

「很酷的圖表，」藝術家承認，「你的意思是，要是我對於不舒服的感覺渾然不覺，它們就會不斷累積，而且阻塞在我的體內，最後害我生病？」

「對，你剛剛說的那段話，幾乎就跟我所提到的一模一樣，」雷利先生確認無誤，「那些困在體中的不良情緒，掩蓋了你的天賦、才情，以及更崇高的智慧，這正是地球上大多數人忘記自己是英雄的主因之一。當我們迴避情緒的時候，就無法觸打最強大自我，忘記了生活的真相：每個人都可以成就偉大事物、產出精采作品、實現活力健康、了解真愛、過著神奇生活，而且幫助眾人。我在這裡陳述的是事實，但大多數人都累積了太多恐懼、痛苦、憤怒及哀愁，遮蔽了我們的真我，對於就在面前的機會渾然不覺，那些暗黑能量蒙蔽了我們的雙眼，讓我們無法看到那些機會，而且阻礙了我們連結自我的原初才能。歷史上的偉大人物都能夠觸達它，現在，大多數的我們都喪失了這種能力。」

「神奇生活？」企業家說道：「你一直提到神奇，聽起來有點遙遠，有點空靈感。」

「對，神奇生活，」富豪語氣堅定，但很客氣，「當我們到了南非的時候，我將解釋要如何進入每個人都能夠碰觸的魔法世界。一旦你們學會了我在葡萄園裡傳授的內容，你們賺到更多錢、身體更健康、更喜悅、內心更為平和的顯化能力，也會大幅提升。不過，我還不能分享任何有關住在這種神奇世界的一切，我沒有得到許可……」富豪的話神秘兮兮。

「你們必須先要感受傷口，才能夠體會療癒，」富豪繼續說道，用詞精準，「我這一生受了很多苦。事業挫敗、個人耗損、生理創傷。其實，我現在深受某些內心哀傷之苦。富豪的自傲雄風開始消退。突然之間，他看起來變得老多了，他彎腰，呼吸變得困難，但後來恢復常態。

「反正，好消息就是，」他講話精力充沛，高舉雙臂，「在我美好的當下與精采的未來之中，我並沒有太多過往痛苦的包袱。我運用了在二十／二十／二十法則的『反省』區段撰寫『每日日誌』而走出來，全然釋放。光靠這種技巧，就是讓我在大多數時候都能過著充滿驚奇、感恩、平和的生活，以及具有這種高成就的主因之一。你們知道嗎？生活在過往，偷走了大多數人的活力，這也充分解釋了為什麼大多數人的生產力如此不佳。魔法演說家是我認識的人當中，唯一一個將低落生產力與情緒困擾連結在一起的人。不過，你們仔細想想，這千真萬確。所以，想像一下，如果每天早上都寫『每日日誌』會對你的成就與事業成果帶來什麼影響？尤其是當妳正在辛苦面對棘手狀況的時候。」富豪以精瘦手臂摟住企業家，語氣中流露出濃厚的同理心。他把另一隻手臂搭在她新男友的肩上，面向藝術家，補充了一句，「對於你的藝術創作也一樣。」

「過往痛苦的包袱真的讓人精疲力竭，」藝術家很同意這種說法，「我們都被打敗了，有時候甚至被生活摧毀。」

富豪繼續他的演講，「我也鼓勵你們要在清晨五點二十分到四十分的第二區段抽幾分鐘進行冥想。魔法演說家教導我該如何執行，而且當我在處理複雜商業組合的時候，對我的專注力、信心、表現，以及我所感受到的平和感，產生了莫大的助力，冷靜的實踐者是最高成就者。冥想並不是什麼高深學問，所以要克服你可能對這種技能抱持的任何偏見，直接做就是了，而且要持續不懈。它就是世界上強化專注力、保留你的天生力量，以及維持內心平和的最佳方法之一。有許多優秀科學研究證實了日常冥想儀式的好處，所以，就算你不想理這種方法，數據顯示它作為某種人性優化的習慣，的確有用，效果非常顯著。目前的研究證明，固定冥想有助降低皮質醇濃度，因此也能減緩壓力。

「這也是發展你與自我關係的好方法，你必須要為自己挪出更多的時間，提升你與更崇高本質的流暢交流及熟悉度。重新連結最好的自我，你的那一部分明瞭不可能的事只是因為未曾嘗試，而且知道你身上的光芒、勇氣和愛的隱藏儲地。那一個部分的你依然可以看到他人的偉大之處，即便他們的表現很糟糕也一樣，還有，那一個部分的你會在世界上豎立正向榜樣——即便這些美德不會給你任何回應也一樣。對，在每天早上進入這個二十分鐘的寧靜聖殿，記得你的真我全貌。真理會在最早曙光的孤絕之中開口說話，然後，你要帶著這種神妙的認知，度過我們稱之為一日的美好恩賜的剩餘時光。」

富豪趴在地上，迅速做了一連串的伏地挺身，接下來是棒式運動，現在大家已經非常熟悉這位古怪富豪的離奇招式。

「我得要進行二十／二十／二十法則的第三個時間區段，這樣我們就可以結束今天的課程。等一下我得開一堆會議，然後晚上要和亞德里安諾、魔法演說家，還有其他幾個老友一起吃大餐。」富豪語氣很開心。

「好，」藝術家說道：「沒問題。」

「是啊！」企業家說道：「我們聽說在鮮花廣場附近有一家餐廳，他們的培根義大利蛋麵風味絕佳，我們今晚想要試試看。」

「真好吃……」富豪的聲音比較像是一個五歲小孩，而不是商界的領航者。然後，他繼續講述帝國建造者、超級成就者，以及我們文明拯救者的早晨流程。

突然之間，富豪緊抓腹部，因為痛苦而面色扭曲。

企業家衝到導師身邊，開口問道：「雷利先生，你還好嗎？」

「當然沒問題，」他佯裝一切無恙，「我們繼續下去。在我離開你們之前，我要確認已經把我對於清晨五點俱樂部的所學全部傳授給你們。拜託，請你們要把魔法演說家的指導盡量分享給別人，你們這麼做，就可以改善世界，我可能沒辦法了……」他的聲音變得越來越小。

「好，」富豪滔滔不絕，「我們繼續下去。二十／二十／二十法則的第三區段的目標是為了要幫助你們每日『成長』。記得2x3x心態：為了要讓收入與影響力加倍，必須在兩大領域進行三倍的投資，也就是你的個人優勢和專業能力。因此，在清晨五點四十分到六點，『勝利時段』的最後一部分，你們要趁這時候深化知識基礎、增強敏銳度、提升專業、以學識超越競爭對手。」

藝術家開口道：「達文西曾經說過，『精通自我是一種最低階也是最高階的能力。』」

企業家說道：「我今天更愛你了。」

他大笑回應，「好，我每天都越來越愛妳。」

「哦，老弟，」富豪哈哈大笑，「我參加了一場示愛大會，就在此處，西班牙階梯之上。」

他閉上雙眼，念出羅馬政治家塞內卡說過的斯多噶學派哲理，「每天都要得到一些幫助你抵禦貧窮、死亡，以及真正對抗其他不幸的收穫，等到你累積了諸多心得之後，挑選一個，在那天仔細消化。」

富豪睜開雙眼，進行簡單陳述，「外在的領導力起始於內心。」他繼續說道：「在二十／二十／二十法則的第三個時間區段，清晨五點四十分到六點，要努力成為對自己的領域，以及對社會更有價值的人。好，你不會只因為自己的想望就得到成功與影響力，你能夠把它引入到生活之中，取決於你是誰——身為人與實踐者的身分。沒有個人進展的私我祈願，就像是夢想擁有一座美麗花園卻完全沒有播種一樣。這個概念讓我賺了大錢。隨著日益精進，我透過提高服務品質改善了更多人的生活；隨著我的知識越來越淵博，我在自己經商領域的價值越來越高，因而提升了我的收入和影響力。在當今社會，有一個眾人相當陌生的概念：閱讀。在『成長』時段研讀世界歷史偉大人物的生活，學習心理學的最新發展，努力吸收有關創新和溝通、生產和領導、豐盛和歷史的著作。觀看探討頂尖人士如何行事，以及如何打造自我的那些紀錄片。

聆聽有關個人高超才能、創造力及創業的有聲書。我和所有富豪朋友的共通特徵之一就是，我們百分百熱愛學習。我們發展並持續拚命運用自我的天賦及才能；我們投資的是擴展自我——我們的專業領域——而且堅持不懈。我們都熱愛閱讀、努力提升、滿足自我的無限好奇心。對我們來說，我們的樂趣就是一起去參加會議，至少三個月去一次，這樣一來我們就能夠維持具有充沛靈感、優秀、百分百活力的狀態。我們不太會從事無意義的娛樂活動，因為我們已經花了太多時間投入永無止盡的教育。

「你們知道嗎？生命非常公平，」富豪的語氣充滿哲理，而且現在看起來更加強勢，「你們付出什麼，就會得到什麼，這是關鍵的自然法則。所以，要靠著成為更好自我的方式，付出更多。」

「好，現在你們已經知道了，」雷利先生開心做出總結，「為了頂尖職涯與個人生活而精心打造、校準完美無瑕的早晨流程。徹底吸收，每天實踐，或者至少一個星期執行五天，我們的生產力、豐盛、喜悅及寧和感會大幅揚升，兩位為我們的世界提供的價值亦是如此。」

藝術家問道：「接下來呢？」

富豪只講出了這句話，「現在我們要去拜訪死者……」

第14章

清晨五點俱樂部
掌握了睡眠的本質

你們無法想像我對休息的期盼——宛若飢渴。自從我完成工作之後，整整漫長的六天，我的思緒就成了漩渦，速度急快，沒有任何進展，持續不斷，思緒狂潮無路可去，以快速又穩定的方式不停打轉。

——赫伯特．喬治．威爾斯，英國小說家

這三名同伴凝望羅馬的片片屋頂與梵蒂岡，此時的太陽升得更高了。現在街頭喧鬧，永恆之城已然復活。

富豪的手又伸向空中，又一個不知道從哪裡冒出來的助理。這一次是四十出頭的男子奔跑穿越廣場，站在正中央，拿出了某個設備對著它講話，大聲嚷嚷，語速極快。不消一分鐘的時間，三名以圍巾包頭的女子——就像是大家在一九五〇年代精采義大利電影看到的那樣——騎著三輛閃閃發亮的紅色偉士牌機車過來了。她們把車停放在西班牙階梯的底端，就在破船噴泉雕刻作品的旁邊，然後就消失在卡洛澤大街。

「各位，我們出發吧！」富豪大喊道：「騎車的時候到了！」

「但這個探望死者到底是怎麼一回事？」企業家的額頭皺紋又復活了，而且現在她還擺出雙臂交叉在胸前的姿勢。

富豪下達指令，「相信我，跳上你們的機車，跟著我就是了……」

他們三人在羅馬的古老街道裡蜿蜒前行，就連最沒沒無名的教堂或毫不起眼的尖碑，也讓他們陷入了驚歎的夢幻狀態。現在陽光耀眼，當地人與觀光客擠滿了各條大道，這座城市真是活力十足。他們經過某座廣場時，出現一位身旁站了收錢男子、才華驚人的歌劇演員，她發出了宛若自己已經看不到明天的那種歌聲，深深打動了旁觀者的心。富豪、企業家、藝術家繼續沿著羅馬道路慢慢前行，他們看到了另一個超現實的畫面：塞斯提烏斯金字塔，建於西元前十八至十二年之間的墳墓。

藝術家一邊努力緊盯路面，一邊心想，「在這座永恆之城的市中心，居然有一座埃及風格的金字塔，真是不可思議……」

沒多久，他們離開了古羅馬城牆，富豪依然居首帶隊。企業家這才發現她整個早晨都沒注意到的事，他的T恤背後印有美國開國元勳之一班傑明．富蘭克林的睿智名言，「清晨口內有黃金。」還有，他安全帽後面也印有幾個字，「第一個起床，最後一個陣亡。」

「這男人好神奇，」她心想，「真是獨一無二。」企業家知道這場精采冒險即將劃下終點，但她盼望雷利先生能夠續留在她的生活之中，她不僅越來越喜歡他，還覺得自己需要他。

他們又騎了一會兒，然後富豪示意該停車了，地點是某條詭秘的荒僻小路。等他們停妥之後，他一語不發，以手勢對學生示意要跟在他後面，他們經過了偉大羅馬將軍凱撒的石雕半身像，下階梯，進入幽暗髒污的隧道。

藝術家問道：「我們到底在哪裡？」他雙眼下方的細嫩皮膚冒出了豆大汗珠。試想一下你就站在他們三人的旁邊，還有藝術家在那個當下的表情。

「我們在地下墓穴，」富豪宣布答案，「這裡是古羅馬人埋葬死者的地方。這些地下通道全都是墳塚——墓地——歷史可以追溯到第二到第五世紀。」

企業家問道：「我們為什麼要來這裡？」

富豪語調就跟平常一樣暖心，「我帶你們來到這個墓穴，是為了要強調某個重點⋯⋯」

就在這一刻，隧道盡頭傳出腳步聲，藝術家瞪大眼睛，瞄了企業家一眼。

富豪不發一語。腳步聲越來越接近，而且力道更加強勁。

企業家開口道：「我有不好的預感⋯⋯」

對方持續前進，有朦朧燭光投射在墓穴破牆，然後，整個地方變得一片靜默。

有個人形緩緩出現，他手持長燭，有兜帽覆頭，就像教士的那一種打扮。完全沒有言語交流，一切超級神秘。入侵者站在這三人面前，把蠟燭舉得更高了——做了四次的繞圈動作，接下來，對方摘了兜帽。

那露出的面孔很熟悉。曾經出現在全球各地體育場的那張臉，激勵了數百萬人產出了了不起的傑作、實現史詩般的夢想，而且過著傳奇人物的生活。

是魔法演說家。

「天吶，你嚇到我了。」藝術家依然滿頭大汗。

「抱歉，是史東叫我來這裡，我有點迷路，」魔法演說家道歉，「這些地下墓穴真是特別的地方，但也讓人有點毛骨悚然。」他看起來健康快樂，而且心情放鬆。

「嘿，夥伴，」富豪擁抱他的顧問與摯友，「謝謝你過來。」

「小事，」魔法演說家回道：「好，我就直接切入你希望我與他們兩人分享的重點，你們都知道我一向喜歡一同參與。」他還做出專業籃球隊隊員罰球成功之後，對隊友們張開五指、等待擊掌的那種手勢。

「雷利先生想請我向兩位分享的是，我對於深度睡眠是永續式菁英創造力、頂尖生產力，以及難得表現之關鍵要素價值的觀念。他告訴我，他想要待在這個地底講課，不僅是因為這個地窖居民處於無盡的睡眠狀態，而且，現在科學已經證實，導致早逝的主要習慣之一就是睡眠不足。」

「真的嗎？」企業家又把雙臂交叉在胸前，燭光映亮了她手指的簡單訂婚銀戒。

「不，你們不會吧……」富豪脫口而出，粗啞聲音充滿喜悅，他跳了以前從來沒出現過的某種快速古怪的舞步。

企業家和藝術家異口同聲道：「真的……」

藝術家又補充說道：「我們邀請兩位參加我們的婚禮，很迷你，但非常特別。」

「歡迎來我的模里西斯海灘辦婚禮，」富豪主動開口，「哎呦，讓我好好招待你們兩位，一切費用都算在我身上，包括了你們兩個，還有所有的親友，全都由我出錢。這是我為清晨五點俱樂部兩位新成員表示的一點心意，你們這麼信任一個瘋子模樣的老人，參加了一場古怪的奧德賽之旅。你們對於所有的教學都抱持開放心態，一直努力做功課，你們是我的英雄。」

富豪一陣急咳，也許是通道灰塵引起的吧。然後，他把三根手指貼住自己的胸膛，正是心臟的位置。然後，他又開始咳嗽。

「你還好嗎？」企業家放下交疊的雙臂，撫摸他的雄壯肩膀。

「嗯。」

「好，」魔法演說家說道：「讓我提供一些觀念，解釋卓越領導力以及爆發性生產力的重要關鍵，不僅僅是調整一天中的第一個小時，而如果你們真心想要體驗優異成果，那麼管理夜晚的最後一個小時也同樣重要。」

他把蠟燭移到自己的臉部下方，營造了某種近乎神秘的效果。

「天才等級表現之關鍵，是精準掌控早晨流程以及優化夜晚儀式之間的巧妙平衡。要是睡不好的話，就沒有辦法完美整合實踐史東今天早上教導你們的二十／二十／二十法則。」

「我一直都有睡眠不足的問題，」企業家坦承道：「有時候我很難工作，記憶力不行，而且我覺得好累。」

「對，」藝術家也一樣，「我的睡眠狀況亂七八糟，一夜起床好幾次，不過自從啟程參加這趟旅行之後，我每個晚上都睡得很好。」

「聽到你們說出來真是太好了，因為我們正處於全球睡眠嚴重大衰退的時期，」魔法演說家講話鏗鏘有力，顯然搬出了他的國際知名戲劇化語言模式，「網路、社群媒體，以及我們以各種設備所吸收的大量資訊，是推波助瀾的主要元凶。現今研究已經證實，我們的科技工具所散發的藍光，會減少體內褪黑激素含量。褪黑激素是一種通知身體需要睡眠的化學物質。各位已經知道，一天到晚檢查電子設備絕對會損害認知功能，而睡前盯著螢幕會導致睡眠障礙，這一點也毋庸置疑。我可以進一步解釋你們設備的光線如何刺激了被稱為『內生感光視網膜神經細胞』的感光器，它們會抑制褪黑激素生成，而且對於你們的晝夜節律造成了負面影響，傷害了睡眠——但我想我講到這裡就夠了。」

「真的，」企業家回應道：「我真的懂了。我之後會重新調整我的睡前流程，讓我在五點醒來時感覺更舒暢，充滿了活力。我保證一定會這麼做，這樣一來我就可以好好休息，完美實踐二十／二十／二十法則。」

「至少六十六天——直到它成為自動自發的習慣為止，」藝術家插嘴道：「接下來，就是奉行一輩子，其實，最後就會變成了執行清晨五點方案，甚至還比賴床更容易。」

「當我們睡眠不足的時候，」魔法演說家繼續說道：「不但會讓早起成為極度困難之事，而且還造成其他諸多具有嚴重傷害性的問題，損害你們的生產力、造成表現低落，連帶減低幸福感，以及侵蝕健康。」

企業家開口道：「快告訴我們。」

「是啊，告訴他們吧，」富豪在敲邊鼓，現在的他蹲在地下墓穴中，莫名其妙冒出這一段話，「對下背處及消化問題來說，這個姿勢非常有幫助。」

「好，當你們睡覺的時候——這裡的關鍵不是睡眠時數，而是睡眠狀態的品質——當腦脊液清洗大腦的時候，你的神經元會收縮百分之六十。還有，研究也發現以往被視為只存在身體裡的淋巴系統，其實頭骨中也有。這一切所代表的意義就是，我們身而為人，已經演化建構出一套可以確實滌淨腦部的強大流程，這樣一來就可以讓它維持在最佳狀態，而這種清洗機制只會在我們睡覺的時候發生。」

企業家說道：「真有意思……」

富豪發出懇求道：「把人類生長激素告訴他們吧。」

「沒問題，」魔法演說家說道，「人類生長激素是由大腦腦下垂體進行分泌，對於健康身體組織、旺盛新陳代謝，以及長壽都非常重要。人類生長激素含量增高，會提升你們的情緒、認知能力、活力水準，以及瘦肉肌肉，同時也可以透過調節瘦素及飢餓素的方式降低食慾。重點來了：雖然人類生長激素會透過運動方式進行釋放，這也是二十／二十／二十法則第一個時間區段能夠產生重大改變的原因，但百分之七十五的人類生長激素是在睡眠的時候生成！真正的關鍵是這個：想要讓大腦得到徹底清洗、得到人類生長激素理想含量，進而提升創造力、生產力、活力及壽命，需要五個完整的九十分鐘睡眠週期，當今科學研究已經證實這一點，所以每晚要睡七個半小時。你們也應該要知道，壽命殺手不只是睡眠不足，睡得過多，九個小時以上的睡眠時間，也會縮短壽命，這一點也已經得到了證實。」

藝術家問道：「你們可否給我們一套學習模式？讓我們可以釐清一切？這樣一來我們的覺知力就會超級清晰精準，而不是模糊空洞。」

魔法藝術家鼓掌，「幹得好，史東，你已經教會他們三階段成功公式了……」

富豪整個人依然相當貼近墓穴髒兮兮的地板，他點點頭，然後開始打嗝。

「對，我的確準備了架構圖給你們，」魔法藝術家給出了肯定答案，「我解構了自己的晚間流程，這些年來它一直幫助我睡得很好。」

魔法藝術家拿出了一直藏在長袍裡的手電筒，他旋開頂端螺絲，露出了筒身裡的秘密隔間，從裡面取出兩個細捲軸，一個交給企業家，另一個給了藝術家。

兩份卷軸都有以下圖表；

指標人物實踐者睡前流程之解構

07:00 PM – 08:00 PM	• 當日最後一餐 • 關掉所有的電子設備 • 隔絕過度刺激
08:00 PM – 09:00 PM	• 與摯愛的真正對話時間 • 可以自主添加的第二次冥想 • 經常性的閱讀／有聲書／播客時段 • 從事重新創造的定期時段 • 固定使用艾普索姆浴鹽
09:00 PM – 10:00 PM	• 準備在涼爽、黑暗＋無科技干擾的臥房入睡 • 準備清晨第一個時段的運動裝備 • 晚間感恩練習

「我真不知道該怎麼感謝你們才好，」企業家說道：「你們兩位都是……」她望向富豪，現在他正在燭光下做仰臥起坐，同時在喃喃低語，「龐大財富與深重智慧不斷朝我而來，我一直是領導者，從來就不是受害者；我是獅子，不是綿羊。我熱愛我的生命，而且每天都在不斷改善。我幫助越多人，就越開心。」

藝術家說道：「我跟我的摯愛一樣感恩。」他伸手，深情撫摸企業家的髮絲。

「如果這個世界能夠了解並應用清晨五點俱樂部的哲理與方法論，在世的每個人都會發生轉化，」富豪強調道：「現在，我已經體悟到清晨起床完全不是睡得比較少，而比較類似『早睡早起』的觀點。」

藝術家說道：「當我們每個人盡一己之力、努力完成個人革命時，我們生活中的每一種關係——無論是我們與自己的才能，還是我們與別人的連結——都會跟著我們一起進步。」

「這有點像是甘地所說的那句話，『你自己就可以成為你期盼世間出現的那種改革者。』」她搓揉自己的新戒指，在柔和燭光的映照下，她的臉龐散發光暈，「我昨晚入睡之前，看了一點他的生平故事。」

「恕我直言，」魔法演說家說道：「經過了這麼多年，甘地真正的話其實一直被人不斷調整，正好是歷經集體注意力渙散之文化的寫照。」

「其實，」富豪打斷他，「他所說的是，『要是我們能夠改變自己，世界趨勢也會發生變化；當一個人改變自我本性的時候，世界對他的態度也會改變，我們不需要等著觀看別人做了些什麼。』」

「史東，厲害！」魔法演說家微笑稱讚，「但我相當欣賞你更宏觀的觀念。」他對企業家和善說道，「還有，當然，妳說的也沒錯。我有個人請求要拜託兩位，盡量將這些原則與思維模式分享出去。要是每一位業界領導人、商界工作者、科學家、藝術家、建築師、有政治影響力的人、體育表演者、老師、母親、消防員、父親、計程車司機、女兒與兒子，完全建立了我們分享給兩位的這一套早晨流程與晚間儀式，那麼我們就會擁有一個全新的世界。悲哀、粗魯、平庸及仇恨都會大為減少，創意、美感、平和及愛則會大幅增加。」

「現在，我得離開了，」魔法演說家說道：「史東，那就今天晚餐時間見了。晚餐吃乳酪胡椒麵，對嗎？」

富豪起身回道：「是啊……」他又開始咳嗽，顯然重心不穩了好一會兒。他左手在顫抖，某隻大腿站不穩。

魔法演說家立刻別開目光。

「我得走了……」他只丟下了這句話，隨後消失在墓穴的一片黑暗之中。

依然留在原地的二人，也循著原路離開墓穴，上階梯，迎向羅馬的刺眼陽光。

富豪發動他的機車，向他的客人們揮手示意跟上。他們冒險穿過迷宮小道，經過了某處古蹟引水道，又回到了古羅馬城牆。沒多久，他們開始梭遊古蹟中心的擁擠街道，直接回到了孔多蒂大街。

他們停妥機車之後，企業家與藝術家跟著富豪上了西班牙階梯。

「好，」他說道：「我們就這樣繞了一圈，回到今天清晨五點上課的地點。讓你們下課之前，我還有最後一個超級精采的模型要送給兩位。這是在我相當年輕時魔法演說家傳授給我的教誨，果然證明它是無價之寶，我知道這將是今日課程收尾的精采一鞠躬。」

富豪拍了一下雙手，發出了如雷巨響。可以聽到遠方傳來的呼呼噪音，來自波格賽別墅。沒多久，聲響越來越大，而且越來越靠近。

有個物體在富豪、企業家及藝術家的頭頂盤旋，坐在西班牙階梯上面啜飲義式咖啡、大啖義式冰淇淋的觀光客們，全部都將目光移向天空，想要知道發生了什麼事。要是你們在現場，一定會享受那美妙的一刻。

有位身穿飄逸花洋裝的老太太以義大利語大喊道：「我的媽啊……」她一手抱著寶寶，另一手則是色彩豔麗的鬱金香花束。「是無人機！」一名青少年大叫著，他戴著可調式棒球帽，身穿「懷疑不是選項」刺繡字樣牛仔外套、膝蓋有一堆大洞牛仔褲，也不知道為什麼，他居然沒有穿鞋。

富豪展現老練技巧操作這架小飛機，讓它精準平滑地降落，宛若悶熱夏日午後的湖面一樣平靜無波。他對自己的兩名學生眨眨眼，開心大笑，「我技術還不錯……」

無人機附帶了一個木盒，打開之後，裡面是一片附了學習模式的薄玻璃，圖表字樣如下頁。

「我想，你們已經發現對於美好之一日來說，這種按部就班的詳細策略計畫非常有用。當然，這只是其中一種分配方案。你們會發現這套晚間流程與魔法演說家的不太一樣。就跟之前一樣，各位要如何應用這些我們分享的攻略，完全取決於你們自己。這是你自己的人生，依照你的抉擇過生活。不過，這個特殊架構幫了我很大的忙，因為它涵蓋了我今天早上介紹的二十／二十／二十法則，還有頂尖睡前流程的諸多重要關鍵，然後把它們打造為超級具體的每日地圖，任何人──我指的是每個人──都可以實踐並體驗精采生活，持續下去。這就像是食譜一樣：跟著步驟照做，就可以得到成果。」

藝術家闔上他的日誌，「精采的每一日會創造出向上螺旋，成為精采的每一週，而精采的每一週又會轉化為精采的每一個月……」

企業家開口，闔上她自己的日誌，「然後，精采的每一個月成為精采的每一季，精采的每一季又會產生精采的每一年，每一個十年，到了最後……」

三人異口同聲，「精采人生。」

「一天接著一天，一個步驟接著一個步驟，就能夠打造出史詩級的生活。」富豪做出小結，戴上了他的時髦太陽眼鏡，這是精通此道的羅馬人以不費吹灰之力的方式，展現出「我不

美妙的一天之解構

禁用科技產品時段

時間軸	活動內容	重點摘要
4:45 AM	• 最佳起床時刻 • 個人保養	• 起飛前跑道準備 • 前一晚把自己的運動裝備放在床邊 • 多喝水，它可以刺激細胞粒線體釋放提升活力的三磷酸腺苷
5:00 AM - 5:20 AM	• 激烈運動 • 一定要流汗（釋放） • 腦源性神經營養因子 • 喝更多的水	• 第一區段：行動 • 到了五點二十分已從疲憊轉為熱血模式 • 運動增強 • 刺激崇高行為之神經生物學作用
5:20 AM - 5:40 AM	• 冥想 • 祈禱 • 寫日誌 • 感恩練習 • 寫下「實踐前之藍圖」	• 第二區段：反省 • 冥想降低並減緩老化趨勢 • 擬定計畫＋排序增強專注力與生產力
5:40 AM - 6:00 AM	• 閱讀 • 聆聽有聲書 • 聆聽播客 • 學習＋鼓舞心靈的影片	• 第三區段：成長 • 2x3x心態 • 激發願望＋自身技能 • 培養靈感 • 在自身領域建立無敵性
6:00 AM - 8:00 AM	• 與家人的連結 • 個人目標 • 不看社交媒體 • 不看新聞 • 不檢查簡訊	• 提升健康＋降低數位癡呆症 • 強化清晨心情 • 促進喜悅與平和感

時間軸	活動內容	重點摘要
8:00 AM - 1:00 PM	• 九十／九十／一規則 • 六十／十方法 • 頂尖等級工作	• 菁英表現之雙週期模式 • TBTF • 自我的門洛公園
1:00 PM - 5:00 PM	• 低價值之工作 • 開會 • 組織 • 間歇性斷食（可考慮十六／八紅利）	• 行政瑣事 • 創意度較低的工作 • 計畫 • 補充更多水分
5:00 PM - 6:00 PM	• 通勤大學 • 2WW • 2MP • 解壓縮＋過渡期	• 透過學習持續作戰 • 個人充電時段 • 陽光／新鮮空氣／補充能量
6:00 PM - 7:30 PM	• 不再使用電子設備 • 家庭用餐時間 • 從事各種休閒娛樂活動 • 與親愛的人一起在大自然散步	• 社交連結 • 冒險 • 社區服務
7:30 PM - 9:30 PM	• 閱讀 • 晚間日誌匯報 • 為早起做準備 • 不接觸螢幕／科技產品 • 睡前的最佳二次冥想	• 夜晚睡眠儀式 • 艾普索姆浴鹽熱水盆浴 • 黑暗房間 • 涼爽氣溫
9:30 PM	• 熟睡	• 製造人類生長激素 • 休養與恢復大腦、身體及精神

禁用科技產品時段（6:00 PM – 9:30 PM）

需要太做作就能夠看起來這麼帥」的那種態度。更多的海鷗振翅飛過，發出了牠們似乎樂在其中的惱人噪音。

富豪顯然是超有愛心的人。他不只是有錢，心靈也很富足。不過，他是真的討厭海鷗，還有牠們在過去這些年當中佔領羅馬市中心諸多屋頂的那種方式。

「必須要對那些羽毛怪客做點什麼才是……」他若有所思，顯現出反常的惱怒。

「反正，你們現在知道我為什麼要把你們帶回到西班牙階梯。創造爆炸性的生產力、菁英級的健康、獨特的豐盛、持久的幸福，以及無窮的內心平靜，的確是一種循序漸進的活動。看似微不足道、每天都在發生的細微進步，只要能夠長期堅持下去，的確會產生驚人成果。日復一日的微勝利，以及微小的優化成果，真的是通達終極自傲人生的最可靠方法。你們知道嗎？這裡真的是我全世界最喜歡的地方之一。我希望你們兩位跟我在一起的時候，不僅學到二十／二十／二十法則的轉化過程，同時也強化了精采生活的確是通往成功與顯赫頂端的向上螺旋階梯之事實。當你們踏上這趟旅程，一步接著一步迎向最崇高自我之完整體驗的時候，現在你們在這裡目睹到的俯拾即是的魔法與美感，日後將會灌注在你們的生活之中，隨著歲月過去，只會變得越來越鮮明，絕對會如此的。」

企業家仔細掃視玻璃上面的學習架構之後，好奇問道：「什麼是九十／九十／一規則？還有六十／十方法又是什麼？」

藝術家也追問道：「這份架構圖裡的『2WW』及『2MP』

代表了什麼意思？」

「你們很快就會知道了，」富豪語帶玄機，「你們知道我總是把最好的——同時也是最有價值的部分——留到我們共處的最後時刻進行教學。」

然後，富豪擁抱企業家與藝術家，這次的力道比之前更用力。他們看到他的眼眶慢慢盈淚，宛若鯨魚的巨淚。

「我愛你們，」他又以義大利語道別，「再見了。」

然後，他就這麼消失了。

第15章

清晨五點俱樂部學到了一生天才的十大攻略

如果你們知道這樣的作品注入了多少心血，就不會把它稱為天才之作。——**米開朗基羅**

富豪開口說道：「聖保羅真的很特別，你們說是不是？」身穿短袖的司機開著低調的國民車一路駛來，暫停之後又進入這座上千萬人大城市的可怕車陣之中。富豪維持在模里西斯的習慣，依然坐在前面的副座。

他們三人剛剛降落機場，現在準備前往這座拉丁美洲金融首都市中心的某間精品旅館。

「這是一座大城市……」開口的是藝術家，他又看了一眼繚亂的都會景色。

企業家熱情洋溢，「感謝你為了我們的婚禮，讓我們搭乘專機過來。」

藝術家也跟進，「老哥，謝謝。」

「他真的希望能在你的海濱宅邸舉行婚禮……」企業家柔情地望向他的未婚夫。

「真的，」藝術家附和，「那地方是天堂。」

企業家解釋道：「老實說，我也這麼覺得。但我想要向我父親致敬，因為他是巴西人。」

藝術家露出燦笑，「而且有開心的妻子，就等於擁有開心的人生。」

然後，他又引用了艾倫．亞歷山大．米恩《小熊維尼》裡面的話，「要是你能夠活到一百歲，那我就要活到比一百歲少一年，這樣我就不會過著沒有你的日子。」

坐在後座的企業家挨近藝術家，現在他們經過了宏偉的新哥德式大教堂，還有充滿了高樓大廈的大道，然後又行經有漂亮的聖保羅市立劇院為亮點的某條幹道，穿過壯觀的伊比拉布埃拉公園座落的那條路。

剛剛藝術家所分享的話，讓富豪想到了自己的妻子。他依然天天思念她。他最刻骨銘心的並不是異國奢華之旅，也不是全球頂尖餐廳美饌。他的心思飄向了有她相伴的最單純、貌似最稀鬆平常的時刻。共享便宜又美味，還有橄欖油滴落而下的披薩，在閃耀火光前靜靜閱讀。在大自然裡散步，晚上看電影，一起去雜貨店。在臥室裡隨著音樂起舞，提醒他們自己有多麼愛戀對方。還有，她展現無比耐心教導他義大利文、當她笑得不可遏抑時會發出哼哼聲響之類的事——還有，他對於他們唯一的孩子完全奉獻的那種態度。富豪心想，生命中最棒的財富，存在於最簡單的時時刻刻，存在於我們視為理所當然的生活日常中，直到我們失去它們之後才終得體悟。

藝術家舉起手，驕傲展示自己的訂婚戒指，車子繼續前行，他不斷表達自己的濃情愛意。

「老哥，我好愛好愛她，」他對雷利先生說道：「她是我的陽光。以前我心目中的第一位是我的藝術作品，你也知道，我對於自己周邊的人沒有什麼強烈渴求。我想我從來不知道的確會有真愛存在。我現在已經無法想像沒有她的生活會變成什麼模樣。」

企業家覺得自己何其幸運。自從她參加魔法演說家活動之後的這段期間，她的思維模式、感情模式、健康模式及靈魂模式，都在重新排序並進行升級。那是徹底改造且不可逆的變化。

她正在釋放自己因為混亂童年而形成的限制性信念，擺脫因為過往創傷，以及目前的投資者危機所產生的不良情緒。富豪說得很對，她現在有了更深刻的體悟：每個人都根據自我之意識、成熟度，以及個人安全感的層次全力以赴，傷害他者的人，其實也在傷害自己。他們行事所採取的是他們所知的最明智方式，要是他們能夠以更高的領導力、寬容度及人性，作為自身舉措的衡量標準，那麼他們早就會這麼做了，這種深刻見解在企業家的內心播下了更強大的寬恕種子。當她第一次在魔法演說家研討會上聽到他闡述的時候，她對於他諸多教誨的反應是冷嘲熱諷，而且相當抗拒。而自此之後，她的反應大逆轉，現在真心誠意接納自己何其有幸學到的一切。這是值得關注的演化。

自從他們造訪羅馬之後，已經過了三個星期。在那段時間當中，企業家每天清晨五點會花二十分鐘做衝刺短跑，還有一些強度驚人的重訓。之後，到了清晨五點二十分，她會利用第二區段的寧和感安靜沉思，在新日誌逐一寫下她的感恩事項，接下來進行冥想。最後，在清晨五點四十分，她會聆聽一本商界特立獨行人士的有聲書，閱讀有關生產力、團隊合作及領導力的書籍，她已經戒斷了自己生活一直仰賴的科技成癮問題，那是她閃躲實踐自我崇高成就的方式。這是艱鉅任務，但她辦到了，不再分心，能夠好好過生活。在這些遠離辦公室的美好時光當中，她創造了職涯的璀璨高峰，利用富豪曾經教導過的短暫額葉功能低下現象，精心產出了一場她從來不曾體驗過的天才級成果。而且，她也找回了失落的內在幸福感。

她所實踐的一切都帶來了巨大回報，生活中的一切似乎又恢復到常態。她回到了多年前的苗條身材，在她暫別藝術家、獨自經商的這段時間當中，她變得更開心、更平靜、有更高的生產力，超過了她的想像。

這一切都要歸功於她了解得越來越深入的清晨五點俱樂部，讓她得以在如此喧囂、充滿壓力，以及無止盡的干擾誘惑的商業領域之中，能夠保護自我的天生才能。「勝利時段」提供了她封閉時段，在每日之初，打造自己的四大內心領地，讓她可以興築外在之領地。

靠著剛發現的希望、信心及寬恕，她與投資者協商解決方案時也取得了良好的進展。她很興奮不久後就可以把這一整個磨難歷程拋諸腦後。

而且，不久後她即將成婚。她一直希望找到獨特的人與她共享歡喜和成功，她一直想要在自己對賺錢的渴望與成家夢想之間取得平衡點，那是她還是小女孩時，所錯過的那一種家庭類型。

企業家正想要回應藝術家對愛意有感而發的這一番話時，傳出了槍響。

擋風玻璃碎裂，瞬間成了蜘蛛網。兩個戴了滑雪面罩、肩膀厚實的男人，扛著機關槍，以粗暴動作要求司機打開車門。當司機企圖加速脫險時，另一顆子彈打穿玻璃，擦傷他的耳朵，引發濺血。

「開門，」雷利先生出奇冷靜，「我已經處理了……」他在說話的同時，悄悄按下了刻意安裝在置物箱底下的某個紅色按鈕。

車門解鎖，可以聽到喀啦聲響。

其中一個槍手以斷音方式大吼道：「全部的人給我都下車！馬上！不然就死定了！」

當車內的人遵循指示離開時，另一名槍手勒住企業家的脖子，「我們早就告訴過妳要離開公司，我們早就告訴過妳我們一定會斃了妳，我們早就告訴過妳這是必然結果……」

突然之間，一輛加長型休旅車，就像戰區游擊隊領導人坐的那一種，加速衝入現場。

另外又冒出了四個人，兩男兩女，身穿防彈衣，佩帶手槍，騎著時髦機車往前衝。

富豪的維安小組已經到來。

街頭爆發衝突，有人拔刀，傳出更多槍響。他們以驚人效率帶走了富豪，他依然處變不驚，宛若自己是帶軍隊執行任務的將軍，他只丟下簡單一句話，「救我的乘客，他們是我的家人。」

現在，有一架直升機在上方盤旋，對，直升機。側面的白漆表層有5AC的幾個亮橙色大字。

富豪的維安小組立刻解除了大塊頭槍手的武裝，也就是威脅企業家的那一個，然後，又把她帶到了等候休旅車的安全地帶。不過，藝術家呢，呃，很遺憾，他人已經不見了。

「我得要找到他！」企業家對著武裝車輛裡的人員大叫，又補了一句：「我得要找到我丈夫！」看來這整個狀況害她處於極度震驚的狀態。

其中一名保鑣下令，「妳留在這裡！」他緊緊抓住她的手臂。

不過，拜全新早晨流程之賜，企業家處於心靈強大、身體健壯、情緒堅韌、精神無畏無懼的全新狀態，她掙脫了魁梧保鑣，踢開留有一個小縫的車門，開始狂奔。她就像菁英運動員一樣，以敏捷之姿衝過車輛飛馳的四線道高速公路。喇叭聲大作，某些熱心的巴西人以葡萄牙語在大叫，很擔心她的安全，但她還是拚命往前跑，速度快如瞪羚。

她鑽進了某家咖啡店，沒有看到她的男人。然後是餐廳，接下來是一條以諸多牛排館聞名的街道，她一路狂奔，完全看不到藝術家的身影。

然後，企業家發現他的筆記本，裡面全都是魔法演說家與富豪上課的筆記，他們第一次相遇時，他就緊緊抓在手中的同一本筆記本，當初在那間會議廳，宛若一場偶然——她處於自己生命的最黑暗狀態，而他宛若某種天使，以深情之姿現身，讓她覺得更安心、更平靜，而且更快樂。

接下來好悲慘。企業家放慢腳步，轉進某條大道小巷的時候，她看到了血跡。不是一灘血，而是一滴滴的新鮮血斑。

她大叫道：「啊，天哪，啊，我的天，拜託，千萬不要……」

她像瘋子一樣跟著血跡前進，經過了一排停在路邊的車輛，推著嬰兒車的媽媽，還有一排典雅的房子。

「拜託千萬不要讓他死掉，」女企業家祈禱著，「上帝，求求你。」

有人在尖叫，「我在這裡，就在這……」

企業家朝藝術家大喊的方向衝過去，她越靠越近，發現槍手拿著左輪手槍直接指著她未婚夫的頭。匪徒已經摘掉了他的滑雪面罩，一看就知道他很年輕。而且非常害怕。

「好，」企業家態度勇敢，慢慢朝那兩個男人走過去，「好，」她又重複了一次，「我知道你不想傷害他，我知道你不希望下半輩子一直待在牢裡，把槍給我，你就可以走了，我不會向任何人提起你的事，只要把槍給我就好。」

槍手愣住了，沉默不語，他在發抖。他把槍緩緩移開藝術家的腦袋，然後直接對準了企業家的胸口。

「放輕鬆就是了……」她哀求的語氣很激動，但也聽得出同理心。她繼續往前，走向自己的未婚夫與搶匪。

「我會斃了妳！」匪徒大叫道：「站在那裡不要動！」

企業家小心翼翼，一步一步往前走，目光依然直視槍手。現在，她露出了溫柔微笑。她最近剛得到的勇氣、大幅增加的自信，就是這麼強大。

經過了一陣漫長的沉默之後，槍手起身，盯著企業家，露出了似乎是混合了崇高敬意與完全無法置信的複雜表情，然後慌忙逃走了。

企業家溫柔地摟住藝術家，「親愛的，你還好嗎？」

他雖然冒汗不止，但還是恢復了鎮定，「很好，親愛的，非常好。啊，妳剛剛救了我一命，妳知道嗎？」

「我知道，」她說道：「你知道嗎？我這麼做不是因為我們馬上要結婚，我救了你並不是因為我愛你。」

「什麼？」藝術家問她，「那麼妳剛才為什麼要那樣？妳剛剛居然可以做出這種不可思議的事！完全是黑道行徑。」

「我這麼做，都是因為俱樂部的關係。」

藝術家好困惑，「妳究竟在說什麼？」

「我之所以這麼做，是因為我已經培養出清晨五點俱樂部成員的能力，所以我剛剛才能做出那種事。我們在模里西斯、印度及羅馬所學到的內容，真的完全奏效，全部都沒有問題。而我要救你的主因是你馬上就會變成我丈夫，我們會生出可愛的小孩，然後是孫子，養了一堆狗狗貓貓，甚至希望家裡會飛來金絲雀……」她滔滔不絕，「不，我之所以救了你，只是因為你也是俱樂部成員，雷利先生說過我們必須要站在同一陣線，互相幫忙。」

「妳是認真的嗎？」藝術家拉高聲量，聽到這些話讓他不是很開心。

「當然不是！親愛的，我只是在逗你而已，」企業家哈哈大笑，「我愛你，無論在什麼時候我都會願意為你犧牲性命。現在我們去找雷利先生，確定他平安無事。」

第二天，等到他們驚魂甫定之後，在富豪下榻的時髦飯店閣樓套房見面。身材精瘦的雷利先生看來精神專注，而且非常開心。

「兩位，昨天玩得好瘋啊……」他講話的語氣儼然昨天只是在開滿花朵的公園裡開心散步而已。

「這樣真是太殘忍了，」藝術家回道：「你講的是創傷——真的很痛苦。」

「我的好友，妳真的是昨天的大英雄，」富豪語氣驕傲，緊盯著企業家，「妳，這位年輕小姐，是長了兩條腿的奇蹟。」

「謝謝……」她有些不安地挪動雙腳，想要確認藝術家沒問題。

「我看到妳展開行動，表現精采，還注意到妳在極度高壓之下的專注力，以及妳的超人等級表現。」

藝術家熱情致謝，「這位女神救了我一命。」

「你們兩位剛剛嚐到了加入清晨五點俱樂部的好處，想像一下，等到你們實踐了至少六十六天之流程，接下來，你們將頂尖早晨流程執行了六個月之後，思索一下要以什麼方式將潛力發揮到極致，優化自我表現——在一年的時間之內對我們的世界產生貢獻。永遠要記得，最偉大的領導人永遠是服務的領導人，你關切自我的程度越低，就會更加執著於專心提升他人，增加你對於真正的帝國創建者的自我認同，進而轉化為歷史締造者。」

「明白了……」企業家小口啜飲礦泉水，確保自己有充足水分來保持最佳活力。

「為了妳昨天的英勇行為，我想要給妳獎勵，」富豪大方開口道：「我有一些消息要公佈，我想你們知道之後會更加熱愛自己的生活。」

「拜託，快告訴我，」企業家說道：「你也知道，其實我不需要任何東西了。我做出那樣的行為，完全是出於愛，就是這麼簡單。」

富豪問道：「嗯……準備好了嗎？」

「是，我準備好了。」

「好，今天早上，我吩咐手下買下了那些混蛋投資人擁有的全部股票。我就這麼說好了，我給了他們一個無法拒絕的價格，而我的法律團隊已經讓他們簽署了一份同意書，絕對不會再接近妳的公司，而且也不可以靠近妳……也包括了那個即將在幾個小時後成為妳丈夫的男人。」

「很棒吧，是不是？」富豪一邊講話，一邊在閣樓套房大跳踢踏舞，對，他真的在整個房間大跳踢踏舞。接下來，他開始瘋狂揮舞雙手，隨著自己幻想的音樂盡情投入。最後——注意聽好了——他開始跳脫衣舞，沒錯，這位身價超過十億美元的顯赫富豪，正在飯店套房裡扭腰擺臀。

「他是我從未見過的超級怪人——百萬之中才會遇到一個，」企業家心想，「但真的是很棒的人，而且簡直是神奇等級。」

企業家與藝術家互看了一眼，開始咯咯笑個不停。然後他們也加入了——只能盡力發揮，因為雷利先生雖然個性謙沖，但有時候卻有點愛現。等到舞跳完之後，他們擁抱這位早已成為他們偉大導師、活力十足的啦啦隊、真誠朋友的男人。

企業家向這位古怪富豪深深道謝，因為他慷慨大度解決了她的難題。這一場戲劇化的冒險具有某種近乎神秘的特質。一切都往好的方向走，所有的進展都超過了她的想像。現在，她已經擺脫了那一場把她逼到人生死角的試煉。

就在那個當下，她發覺每一起悲劇的另一頭都有某種勝利存在。而且，在逆境之外會有一座通往永恆勝利的橋，只要有看得見它的雙眼。

「反正，」富豪說道：「今天的課程會上得很快。在我們講話的時候，我的幕僚長會負責關注所有細節，你們要求的卡薩布蘭加百合沒有問題，兩位建議的音樂與所有細節也會調整到頂尖水準，我的團隊行事風格就是如此。哦，我的機隊會陸續把你們的賓客載來，大家都會來到這裡，而且每一個人都開心得不得了，尤其是我。」

富豪又發出了一次劇咳，然後是兩次。當他坐在一張披掛白色皮革、出自瑞典和丹麥工匠樣式的現代木椅裡的時候，他開始顫抖。這是他第一次雙眼流露出懼色。

「我會打敗這個惡魔，」他低聲對自己說道：「你搞錯對象了。」

他拿出自己的皮夾，取出過世多年的妻子的老舊照片，把它緊貼著胸膛，讓自己的心緒專注在早晨課程重點。

「現在，有關清晨五點方案的必知重點，你們差不多都很清楚了，我想要提供可以加速你們職業與私人生活之動能的十項攻略，它們是每日英雄行為的十種行為。二十／二十／二十法則可以幫助你們充分運用早晨。而這十項其他的流程可以發揮補足功能，如此一來，你們一天中剩下的時光就能夠過得光輝燦爛。建立之後，你們就會變得天下無敵，體驗到意義非凡的通往成功之向上螺旋，隨著你們的時間慢慢過去，生命中的所有重要因子也會隨之揚升。」

一如往常，之後就是伸手高舉空中的動作。閣樓套房的書房衝出一名助理，他扛著似乎是大尺寸畫作的東西，動作很吃力。富豪跳起來，衝過去幫忙助理。

這名年輕健壯又長得很帥的助理穿的是白T恤，胸前印有這些字，「每個人都夢想成為傳奇人物，等到得做出傳奇人物工作的時候，就打了退堂鼓。」

「這是我送給你們兩位的其中一份結婚禮物，」富豪指向偉大發明家愛迪生的精采畫像，在愛迪生的臉上，有一段以當代前衛藝術風格寫下的文字，是這位發明家的名言，「最佳思考都是在孤獨中完成，最可怕的思考都是在混亂中完成。」

「我委託我最愛的某位住在柏林的藝術家，為你們完成了這幅畫作。他在我的蘇黎世公寓裡完成了多幅作品，現在他幾乎已經不作畫了，能有這一幅，都是靠他破例幫忙。相信我——你們兩個要是賣了這幅畫，就可以退休了。拜託，把它翻過來……」富豪客氣請求，他又再次坐在那張雅緻的椅子上，掃視可以俯瞰聖保羅天際線的這間大閣樓套房。許多棟高樓大廈的頂端都設有直升機停機坪，這樣一來，在業界運籌帷幄的指標人物就可以避開塞車，不需要浪費生產力以及生命之寶貴時光，枯坐在聖保羅的車陣之中。因為，各位現在已經知道了，大多數人都在浪費時間，而史詩級的實踐者卻想盡辦法利用時間。

在這個精美無瑕的裱框後面，有一個圖表，標題是一生天才的十大攻略。

富豪繼續說下去，「愛迪生是歷史上少見的驚人創意成就範例人物，在他的一生當中，創下了一千〇九十三項專利的紀錄，而且還給予了人類從電燈泡乃至電影等種種事物，他在一九〇一年發明的某個電池，後來運用於電動車，他不僅是發明家，也是創業的超級能手。」

「好，」富豪繼續說道：「他的一生當然值得研究，你們之後可以在自己的日誌裡進行解構，這樣一來，你們與他的行事方式之間的熟悉度與流暢交流就會開始滋長。愛迪生曾經說過，『忙碌未必是真正的工作，所有工作的目標都是生產力或是成就。』

「當你們以細緻化角度分析這位發明家的成就公式時，請好好鑽研他的專注能力。愛迪生也曾經說過，『你一整天都在做事，對吧？大家都是如此。如果你早上七點起床，晚上十一點就寢，你就足足投入了十六個小時之久，想必大多數人一直在忙，而唯一的問題是他們忙許多事，我卻只專心忙一件事。如果他們抽出有問題的時段，把它應用在單一方向、針對單一目標，那麼他們就會成功了。』」

「真是一針見血，」藝術家今天早上一身黑色打扮，穿的是他的標準戰鬥靴，他已經剃掉了他的正字標記山羊鬍，「你在模里西斯時曾經提示過這個重點，我們醒來之後，認知頻寬是有限度的，每一種會偷走我們注意力的分心事物，都會降低我們創造傑出成果的機會。因為我們放任自己在工作場所和私人生活空間所從事的每一項分心活動，都會造成注意力殘留。要是我們大意的話，最後就會淪落到你在羅馬時分享的最後一張圖表裡的數位癡呆症。今天，這件作品讓我有了相當深刻的體悟，等我回國進去工作室之後，一定會整理環境，讓它保持完全安靜，沒有任何電子設備。我也打算要來一次大規模的科技排毒，不要接觸社群媒體，不要掛網，至少施行幾個星期，這樣就可以恢復專注力。我現在的理解是，只要我待在乾淨的寂靜空間之中，應該要一次專心對付一個計畫就好，而不是讓諸多計畫分散了我的創造性和體力。這就是我從愛迪生的話語得到的心得。當我可以靠著專注單一事物而成為傳奇人物的時候，不該把我能夠成就非凡的天賦，分散在應付多項計畫上。」

企業家語氣興奮，「我的體悟是，當我在構思熱門新品或是接下來的藍海投資計畫時，只要是一次干擾都可能讓我損失千百萬美元——甚至超過這個數字。」

富豪露出燦爛笑容予以肯定，「如果你們認真運用自我才能、完全實踐內在的崇高面，那麼你們兩人剛剛所說的話就非常重要了。」

「愛迪生會爬山前往他的門洛公園實驗室，為了他們創意中心的某項發明，一工作就是連續數小時之久，有時候是連續好幾天，這個厲害的傢伙真的是很棒。」

然後，富豪伸手指向畫作背面的圖表。「我知道你們兩個得要離開去準備婚禮，請你們收下這份禮物。不過，首先要閱讀背後的文字，這樣一來，你們就可以開始建立這十項攻略的流程，它們會加速你們在清晨五點俱樂部的成長速度，讓你們的天賦、才能及力量發光發熱。清晨起床，實踐二十／二十／

二十法則，是成為領域翹楚以及提升個人生活的一大步。這十項精準的習慣是你們的放大器，將會確保你們不會再看到線性結果，而是指數型大爆發的獎勵。

這個學習模型如下：

一生天才的十大攻略

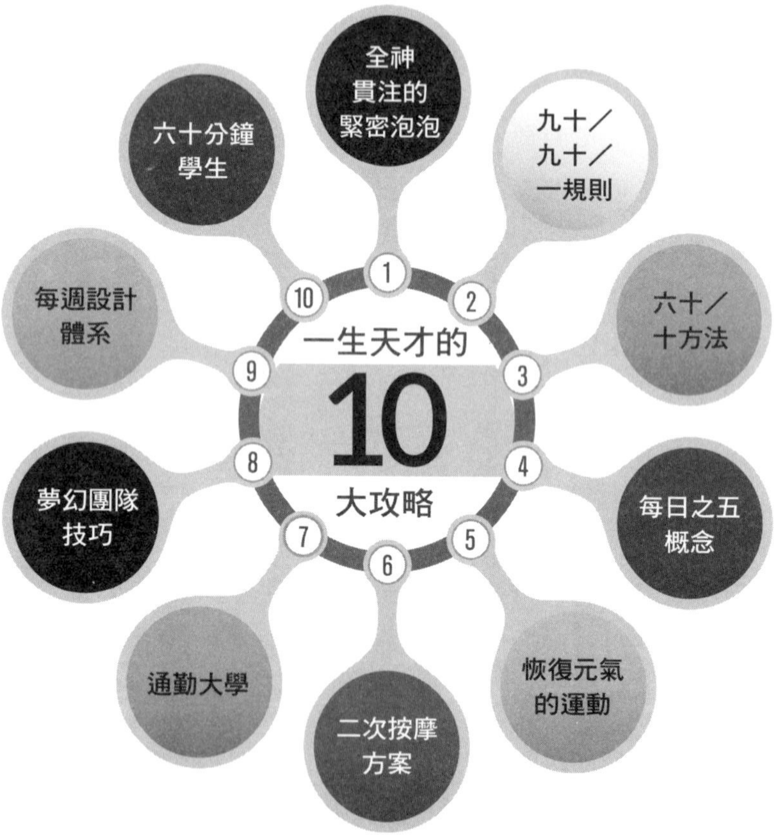

企業家與藝術家在一生天才的十大攻略模型的下方，閱讀一系列的策略及其意涵的詳細解釋，以及實踐之道。

第一號攻略：全神貫注的緊密泡泡（TBTF, The Tight Bubble of Total Focus）

觀念：沉溺於各種令人分心的事物，將會扼殺你們的創意生產力。如果你們被數位干擾吸引得無可自拔，將會對你們造成重大損失——金錢、認知、活力、生理及靈性。想要得到目前只有少數人擁有的收入和影響力，你們必須要效法目前極少數的實踐者過生活。全神貫注的緊密泡泡是一種隱喻的護城河，圍繞著你的天賦資產周邊而建，這樣一來，它們不但可以維持強盛，還能夠繼續增長。所有超級實踐者捍護的五大主要資產，包括了精神專注力、體力、個人意志力、原創才能，以及日常時間。你的泡泡包裹了一層多孔膜，可以讓你決定要讓哪些資訊、哪些人、什麼性質的活動進入你的軌道。負面、有毒，以及不純粹的一切都會被堵在門口。基本上，這種生存方式是你的防彈防禦系統，只要是有損你崇高自我的任何刺激因素，都會被排拒在外。

實踐：全神貫注的緊密泡泡策略讓你可以長時間遠離無關緊要的沉迷活動、任何會消解你的靈感以及損害最佳表現之影響因素，因而保護了你的專注力及原初才華。每一個早晨，你都會進入這個自製的隱形泡泡，裡面完全看不到會摧毀你可能不朽之人生的他人膚淺訊息、垃圾郵件、假新聞、廣告、愚蠢影片、無關緊要的聊天內容，以及與網路成癮有關的其他形式。這種哲理架構的其中一環就是你自己的門洛公園，就跟愛迪生一樣——這樣的地方可以讓你遠離世界，創造出可以提升自我、得到業界主導地位以及全球名聲的傑作。真正的關鍵是，每天要固定排出一個時段，待在某個能夠讓你充滿創造力、活力、幸福感，還有感受到自己正在從事提升人性之工作的正向環境之中。你所居住的空間，決定了你生產輸出的形貌。這種概念可以——而且也應該——應用在你專業流程之外的其他領域。這樣一來，你的私人時間就不會有任何負面觀念、元氣吸血鬼、傷害靈魂的目標。當然，這一道保護自我五大天賦資產的隱喻盔甲，需要你進行微調，這樣你才能夠擁有美好的社交生活，不會成為隱士。在私人生活運用全神貫注的緊密泡泡，等於生活在你自己歡喜創造的另一個宇宙之中。要記得，這個泡泡有一層多孔保護膜，所以你可以謹慎挑選要讓誰進入你的私人現實生活，以及各種美好、奇蹟及平和之元素。明確的實踐建議包括賣掉你的電視、在一天中的其他時間避看新聞，遠離會害你購買不必要物品的喧鬧購物中心；對於你在社交平台上追蹤的那些令人浪費元氣的人物，全部都解除朋友關係；當你在全神貫注的緊密泡泡模式的時候，關掉所有的通知，刪掉那些一直頻頻發訊息的軟體。

第二號攻略：九十／九十／一規則

觀念：做真正的工作，而不是虛假的工作，天天執行，一以貫之，將會帶給你們由高超才能孕育而生的「巨大競爭優勢」。大師級的生產品質鳳毛麟角，市場願意為稀缺品付出最高價格。傳奇成就人物會集中所有的專注力與努力，放在單一核心計畫，讓他們可以完全發揮認知能力與珍貴精力，發佈能夠扭轉業界的精采產品。如果要以這樣的方式工作，必須要培養能完全利用工作時間、提供最精緻生產成果的日常習慣。上班的時間不要拿來網購、八卦，或是查看訊息。對於超級實踐者來說，這是上場表演的時刻。

實踐：在接下來的九十天當中，為自己安排以下的流程，在工作日一開始的那九十分鐘，從事以頂尖水準完成之後將會讓你成為業界翹楚的某項任務。在這個九十分鐘的時段當中，完全不能有任何的噪音與干擾。把你的所有電子設備放入寫有「九十／九十／一時段專用」的包包裡，然後把這個包包留在另一個房間。消滅誘惑的有效策略之一，就是設置了阻擋你接觸它們的明確邊界圍牆。

第三號攻略：六十／十方法

觀念：研究證實，最厲害的實踐者並非以線性方式進行工作——大家誤以為更努力工作、時間拉得更長，就可以得到更優異、更傑出的成效。其實，菁英創意人士行事，反而靠的是他們明瞭擺盪之威力。他們建構自己的工作週期，這樣一來就可以在深度專注及高強度表現的爆發階段，以及真正的休息與完全復原之間交互替換。換言之，他們是以充滿平衡感的方式工作，以週期性的方式產出驚人成果，定時為自己的天賦才能補充能量，以免造成耗竭。研究數據也更加證實了人類在精神煥發與放鬆的狀態，才能完成最令人驚歎不已的成績，而不是在精疲力盡又充滿壓力的時刻。那些真正努力將自我天賦發揚光大的職業人士，會以某種有高低起伏的規律模式行事，他們比較像是短跑者，而不是馬拉松跑者。

實踐：等到你們養成了在工作日執行九十／九十／一時段的習慣之後，利用計時器，進入全神貫注的緊密泡泡模式，想盡辦法安靜坐著或站著六十分鐘，訓練自己不要動，只要維持專注，盡全力創造出最高成效。等到六十分鐘的生產力衝刺完成之後，補充能量十分鐘，這種恢復週期的作法，包括了在空氣新鮮的環境中來一場快速散步、閱讀能夠提高自我領導力或個人高超能力的書籍、冥想、幻想，或者戴耳機聆聽活力四射的音樂，就像是許多冠軍運動員在球場之前的行為一樣，這樣一來，他們的大腦專注力就會從左半腦的沉思與擔憂行為的態度，轉為右半腦的創造力和流暢性。

經過了能量再生的美好十分鐘之後，回去工作，執行下一次的六十分鐘工作時段，這時候的你已經靈感滿滿，優秀又獨特。結束之後，進行下一次的補充能量十分鐘循環。

第四號攻略：每日之五概念

觀念：研究顯示，絕大多數的高效率商界領袖，即使在面臨某些嚴重挫敗的日子，也依然可以站在生產力之巔峰，他們會積極思考，把重點放在已經取得的進展。他們靠著這種方式為自己打預防針，以免被大腦的消極偏見產生的自我破壞所影響。所以，得到優異表現的關鍵之一，就是訓練自我注意力，在工作日的每一小時之內，持續取得百分之一的成功和微小進展。每天累積的小成就，只要持之以恆，鐵定會得到了不起的成果。謹慎反思你正在努力的各個領域，就可以讓自己的雄心壯志有絕緣體護身，能捍衛自己的信心，打敗恐懼的危險惡妖，獲致驚人成就。

實踐：在「勝利時段」的第二個時間區段，列出你希望在接下來的這一天當中達成的五個小目標，它們讓你覺得過了充實的一天。就像你們已經學到的諸多內容，它也是某種實踐：做得越多，越容易培養這個習慣，執行能力也會隨之與日俱增。所以，持續保持下去，才短短三十天，就會取得一百五十次的珍貴勝利；而過了一年之後，光是這個策略就可以保證實現一千八百二十五個高價值目標，一旦開始執行，就可以確保接下來的那十二個月是有生以來績效最強的十二個月。

第五號攻略：恢復元氣的運動（2WW, The 2nd Wind Workout）

觀念：現在你們已經發現了每日運動之後的美妙神經科學。規律健身可以提升專注力、加速大腦的處理能力，以及強化它的學習能力、增強活力、提高樂觀性，並以產出更多褪黑激素的方式讓你睡得更好，透過釋出人體生長激素延年益壽。

端粒可以防止我們的染色體末端磨損——它們就像是鞋帶尾端的塑膠頭一樣。老化會縮短我們的端粒，所以有時候它們會被比喻為炸彈引信。這裡的重點是，有可靠資料顯示運動可以減緩這種短化過程，讓我們的健康更為持久。你們也應該要知道，冥想、富含天然食物的飲食、良好睡眠品質，以及間歇性斷食（魔法演說家把它稱之為十六／八紅利，因為在十六小時的禁食時段不進食，然後在接下來的八小時之中才吃東西），已經被證實可以保護人類的端粒避免退化，既然這些以實際體驗為基礎的事實，確認了運動的百分百轉化力量，那麼你們為什麼一天只運動一次呢？何不運用這種生活制度，大幅增強自我或活力？這樣不但能讓你比業界同儕更長壽，而且還能夠在享受無比幸福與生產力之人生的時候對付老化。

實踐：要培養「恢復元氣的運動」習慣，在工作結束之後安排第二次運動，可以讓你們恢復元氣，享受美好夜晚。這樣一來，你就可以克服多數人在下班之後產生的疲憊感，為意志力電池充電，晚上進行決策的品質也會因而得到改善，甚至你會發現自己在晚上大幅降低了對糖的渴望。在這個時段，最適合的活動之一是一小時的自然漫步，可以讓你又得到一段沒有數位干擾的時光，進行更多的深思，吸納寶貴觀念。而且，在充滿陽光與新鮮空氣的自然環境中走路，也可以享受到它為你們的思維模式、感情模式、健康模式及靈魂模式所帶來的報償。自然主義者約翰・繆爾對於這一點有很好的詮釋：「在大自然中的每一次散步，能夠得到的收穫遠遠超過了原本的期待。」關於「恢復元氣的運動」的其他建議，還包括了騎六十分鐘的登山車，進行一趟長泳，或是參加瑜伽課。執行這一套流程的時候，還會燃燒更多熱量、增強新陳代謝率、降低體脂，「恢復元氣的運動」將會帶來生活的重大變革。

第六號攻略：二次按摩方案（2MP, The 2 Massage Protocol）

觀念：研究顯示，按摩這種療法能夠顯著改善大腦功能、情緒及抗壓性，就整體健康而言亦是如此。按摩的好處包括了降低百分之三十一的皮質醇（恐懼荷爾蒙），增加百分之三十一的多巴胺（刺激動機的神經傳導物質），提升百分之二十八的血清素（負責調節焦慮和提升幸福感的神經傳導物質）；降低肌肉緊繃；透過向肌肉細胞傳送抗發炎通知的方式，緩解疼痛；而且增強那些要細胞製造更多粒線體的訊號。這裡的關鍵是深層組織按摩，而不是單純的放鬆整個身體，它需要產生微微的疼痛感，才能達到良好成效。這種妙方也能夠減少那種導致端粒退化的壓力、優化良好健康，發揮延年益壽之極效。

實踐：要履行「二次按摩方案」，必須在你的每週行程之中，固定抽出兩段的九十分鐘按摩時間。因為被安排的事項就必須要完成；因為模糊的計畫只會產生模糊的績效。因為最微小的實踐勝過最偉大的意圖。藝術大師以全心奉獻於實踐的方式，逐步實現理想。你可能會說自己是忙碌的實踐者，沒有時間負擔一週兩次的長時間按摩。但這種方式已獲證實能夠為你們的精神狀態、認知、喜悅、健康及長壽帶來驚人的好處，其實，你負擔不起的是不養成這種習慣。對，每週兩次九十分鐘的按摩一定會花很多錢。而死亡會害你付出更多的代價。

第七號攻略：通勤大學

觀念：每天得花六十分鐘通勤的人，如果能夠活到人類的平均壽命的話，一輩子大約得花一千兩百天的時間進行交通往返，等於得花三年以上的時間塞在車陣、待在公車或火車裡。隨著巨量通勤之興起，這種時段只會越來越長。大多數陷在嚴重塞車車陣裡的人，都被負面新聞、廣播裡的膚淺笑話，以及損蝕生產力與消融內心平靜的負面刺激而染了病。至於待在火車或公車的通勤客多半在睡覺、發呆、玩自己的電子設備，處於某種無感的慢性病狀態，你們要當不一樣的人。

實踐：參與「通勤大學」的重點，就是要妥善利用移動時間——無論是上下班或購買日常用品，還是處理雜務——進行學習，擴展自我專業能力和個人知識。

有助你完成這項目標的具體建議，包括了聆聽有聲書及有用的播客。其實，在某本書或線上課程中學到的某個新想法，很可能為你們帶來百千萬甚至十億美元以上的收入，或者，也可以讓你的創造力、生產力、活力及靈性，得到指數性的大爆發。在目前這個時代，沒有任何投資工具能夠比得上投資教育與成長所帶來的報酬。

第八號攻略：夢幻團隊技巧

觀念：專業運動員組織了完整團隊，支援他們躍升成為世界第一。透過這樣的方式，他們就可以全力統整自我五大天賦資產、培養能夠讓他們成為自我運動項目翹楚的專業及力量。麥可．喬丹並不是自己的運動醫生，拳王阿里也不是他自己的拳擊教練，除了自身才能領域的活動之外，超級實踐者會把其他事物全部外包，予以自動化，這樣一來就可以全然專注，挪出大量時間。

實踐：把不僅會浪費時間，而且還會減低幸福感的事物，全部交給別人處理。依照最理想的規劃，重新架構你的全部生活，這樣一來，你只會從事你擅長及熱愛的事務。透過這樣的安排，你會因為只專注少數項目而提升自我表現，而且愉快的個人自由時間與寧和感也會大幅增加。而且，由於你的夢幻團隊成員也都是各自領域的翹楚，你有優秀人士作為後盾，所以你晉升傳奇的速度會更快速。你們夢幻團隊的固定成員可能包括了與你們長期共事的健身教練、營養師、按摩治療師、強化財富的財務顧問、幫助你與生命中重要之人保持深厚連結的關係顧問、幫助你們在美好生活永恆法則奠定基礎的靈性顧問。

第九號攻略：每週設計體系

觀念：你們現在已經知道了，預作安排的事項，就是必須要完成的任務。在沒有任何細緻計畫的狀況下，設計未來七天的各項活動，宛若沒有攀爬策略就想要攻頂白朗峰，或是不靠羅盤就想要在森林深處健行。對，自動自發以及出乎意外之奇蹟的空間很重要，不過，這並不表示你不需要培養出這種能夠展現個人責任和人類成熟度的習慣——構畫經過深思熟慮又清楚，能夠增強自我能量、讓各種選擇井然有序、確保平衡的一週腳本。

實踐：在每個星期天早上找出三十分鐘，然後把它變成固定流程，創造自己的「美好一週之藍圖」。一開始的時候，先在日誌中寫下過去七天當中的精采點滴，然後記錄自己學到的教訓及優化方式，可以讓接下來的這一週獲得改善。最後，在附有每天清晨五點到晚上十一點流程表的大紙上面，記錄所有的自我許諾。關鍵來了，列出的項目不只是商業會議與工作專案，還必須為你的「勝利時段」、九十／九十／一規則、六十

／十週期，以及恢復元氣的運動設立清楚區段，以及為你所愛之人所保留的時間，各項興趣及雜務的專屬時間。

每個星期都實施這樣的步驟，將會產生驚人動能，明顯提升生產力，而且大幅改善你的生活平衡。

第十號攻略：六十分鐘學生

觀念：懂得越多，就會做得越好。傳奇領導人都擁有無盡的好奇心，以及培養出最崇高自我的無限慾望。教育確實是預防墮落的疫苗，頂尖實踐者是終身學習者。透過重新成為世界頂尖學生的方式，成為找回英勇行為、培養自身技能，而且實現自我天賦的少數強人之一。

實踐：每天至少要花六十分鐘，好好閱讀，竭盡全力堅持對於持續不懈成長的自我承諾。每日學習將會增強你的敏銳度，深化智慧，點燃你的崇高之火。你將會成為重量級思想家，百分百的超級巨星。關於這六十分鐘的具體策略，包括了你能夠弄到手的每一本好書、回顧日誌內容、參與線上課程、與導師談話、觀看能夠培養技巧的影片。當你全力利用自己最聰明的天賦及最高能力時，不但會讓你變得更偉大，甚至會變得不可或缺。你對於自身工作之嫻熟，已經到了公司與市場萬一少了你就無法運作的程度。你會成為自身領域的卓越非凡領導人，能夠為你有幸服務的團隊、客戶及社群，提供美好的價值流。你的收穫將會包含收入、名聲，以及成為一個尊貴之人、從事頂尖工作、實現強大目標之精神喜悅等形式所給予的豐富回報。

「在我們準備出發去參加你們兩個的婚禮之前，我還有另一份禮物要獻給你們！」富豪興奮叫嚷道：「這是我為我的凡妮莎所背下的一首詩。」

「每一個情人節，我會依照我們的慣例，在我們最喜愛的餐廳吃晚餐時，送給她一百零八朵紅玫瑰，加上一些頂級巧克力，還有另一個東西。之後，我會單膝跪地，朗誦那一首詩。」

藝術家問道：「『另一個東西』是什麼？」

富豪有點不好意思，目光落在閣樓套房的地板。

他眨眨眼，只丟了一句話，「內衣……」

接下來，他站在這個巨大飯店套房的大型橡木餐桌上，宛若在玩捉迷藏的孩子一樣，以雙手遮眼，然後以滿腔熱情唸出了史賓賽・麥可・佛利的古詩：

世上最重要的是人與人的接觸，
你和我的手的接觸，
對於脆弱心靈而言，
這比庇護所、麵包和酒更重要。

因為黑夜一結束，庇護所就不見了，

而麵包只能維持一天。

但手的觸碰與人聲卻永遠在靈魂之中歌唱。

「好美啊……」藝術家顯然大受感動。

雷利先生現在更加了然於心，雖然這位波希米亞畫家舉止粗獷，卻有一顆柔軟的心。還有，雖然就一般旁觀者的眼光看來，藝術家是這對愛侶之中比較被動的那一方，其實，這並不是真的。真相是，他對於企業家熱愛之深超過了他自我的不成熟需求，不能把他的一切仁善與懦弱混為一談，藝術家是強大的男人。

「我自己寫了一首詩，」藝術家說道：「親愛的，這是獻給妳的作品。」

企業家為他整理衣領，語氣優雅，「拜託，唸給我聽。」

「好，」藝術家深吸一口氣，「標題是〈但願我們永不道別〉，內容是這樣的：

但願我們永不道別

偶然的邂逅，第一眼

妳的美麗觸動了我

妳的力量讓我得到了平靜

知識淵博智者帶來了

生命中意想不到的機會

邀請我們參與，冒險

只有敢於挑戰者才能得勝
只有願意面對拒絕的人才能找到救贖
只有那些奪回自我權力的人才能體驗重生

我一直不識真愛
我一直不相信有雙彩虹
還有浪漫的散步，以及在日落時手牽著手
我萬萬沒想到第一次接吻會有這樣的結果

當妳跌倒時，我會護住妳
萬一妳害怕，我會擁抱妳
當妳有疑慮的時候，我會陪在妳身邊
當妳享受成功之際，我會為妳舉杯
當妳想離開的時候，我絕對不會讓妳走

我一直想著妳
我的內心深處裡有妳
我不知自己何德何能可以配得上妳
但我現在的夢想是和妳一起變老
但願我們永不道別

藝術家單膝跪地，親吻馬上就要成為他新娘的女子的手。她雙頰漲紅，深受感動。然後，此時傳出了嚎啕大哭的聲音。

這兩名學生把面紙交給了他們的導師，讓他可以擦乾淚水。

第16章

清晨五點俱樂部吸收菁英表現之雙循環模式

擁有了自由、書本、鮮花，以及明月，還有誰還會不開心？

——**王爾德**

雷利先生獨自坐在自己承租的南非法國角酒莊豪宅的奢華露台，正在書寫自己的「每日日誌」，這位富豪回想起企業家與藝術家在聖保羅婚禮時出現的那種神妙幸福感、非凡活力，以及耀眼美感，兩人顯然是天造地設的一對。

「宇宙運行之道有其興味，而且具有滿盈智慧，」他心想，「如果有哪一對夫妻可以堅持到最後，那麼就非這一對莫屬了。」

富豪忙著作筆記，聽到了無憂無慮的鳥囀聲，還有身穿藍色工作服的園丁們拿著閃亮的鏟子挖葡萄園土壤時，以濃重的南非腔開心聊天的聲音。纏結在木樁上，但依然排列有序的那些藤蔓，表述了大自然的獨特迷人魅力，法國角山谷的一縷神秘濃霧，向周圍的山脈緩慢飄升。

稍早之前，在清晨五點時，富豪帶著企業家與藝術家騎乘登山車，以酒莊為起點，之後在雨果街蜿蜒前進，進入了村莊——經過了老舊的馬廄，宛如吃了百憂解、移動速度跟蝸牛一樣緩慢的懶惰狗兒，還有盤繞在崎嶇泥路兩側的直立白色尖樁圍欄上的玫瑰樹叢。富豪選擇這裡做為他倒數第二堂課的地點，真是一個近乎完美的小地方。

當他們三人一起騎車時，富豪的要點是菁英個人表現，以及為了永續傑出表現的深度修復——在這兩者之間取得平衡的極度重要性。富豪說明了在世間追求最高成就，以及在荒野恢復元氣之間來回交替的價值，這是一種確保職場成就與豐潤人生之間保持穩固和諧的某種均衡感。為了確認他的學生會為了自己的天賦資產打一場持久戰，富豪還繼續解釋，要是沒有豐饒的內心、純正的喜悅、持久的內心平靜，那麼社會中的龐大生產力就與倉鼠跑滾輪一樣，牠以為自己在移動，但其實依然待在籠子裡面。

朝陽的光線融入大片蓊鬱植被，富豪踩著他的亮紅色自行車，興奮講話，爽朗大笑，那是種樂觀又真誠的笑聲，我們都渴望能在日常生活中能夠有更多體驗的那種大笑。他也繼續狂咳，有一次甚至還吐了血。不過，由於富豪看起來活力四射，而且超級健康，所以企業家和藝術家依然只是稍微關切了一下他們寬厚導師的健康狀況，也許這是他們的錯。不過，這對新婚夫妻在當下雀躍無比，所以沒有花太多時間釐清到底出了什麼問題。事後回想起來，他們真希望當初要是更謹慎一點就好了。

在他們三人暫時休息時，史東・雷利從藍色背包裡取出了另一個學習模式，放在這對夫妻的面前，內容如下：

菁英表現之雙週期模式

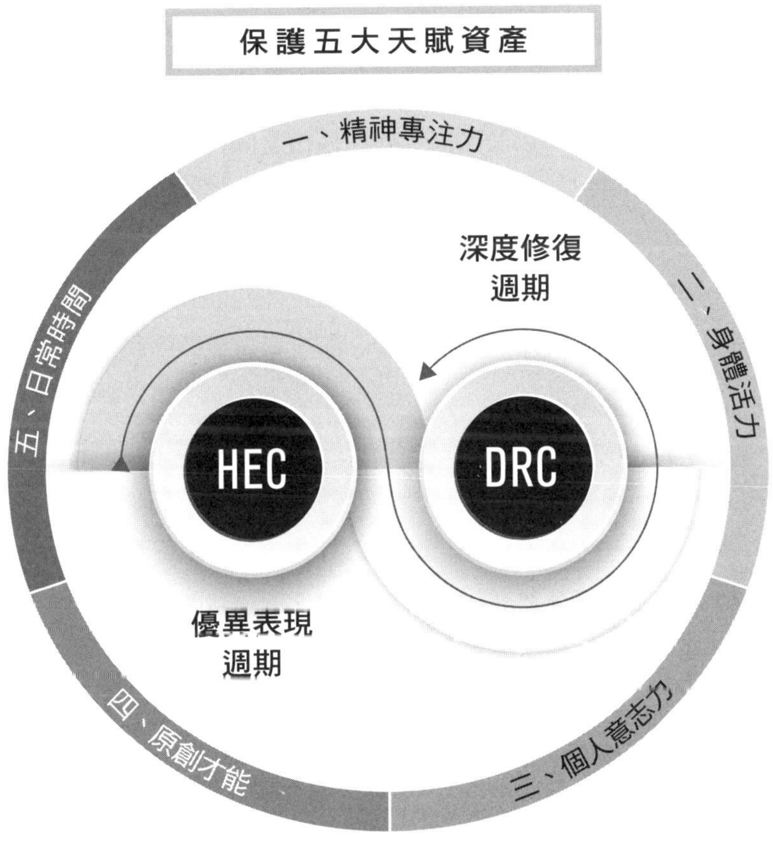

富豪開始教導他們，「要是欠缺精準的人類資產保護，那麼過度的卓越創意產出將會造成顯著的績效下降，」他想要表達的重點是：想要成為業界的傳奇人物之關鍵在於續航力。還有，要確認自己的頂尖表現不是只有一個月或是一整年。商界領袖、藝術大師、科學界的發明家、人性英雄，以及運動界的偉人，維持自我巔峰都有一輩子之久。

「長長久久，真的是成為傳奇的關鍵，」他再次強調，「這一點，」他告訴這兩名充滿感恩的學生，「是讓你們躍升為指標人物的主要關鍵之一。你們真的必須要學習如何在優異的緊繃工作狀態，以及深度休養與恢復之間找到平衡，這樣一來，你們就可以在漫長職涯中保持充沛精力與強韌。當你採行這一套方法時，就不會過度伸展而摧毀了自我天賦，不會步上某些專業運動員的後塵，他們就是因為如此而毀了膝蓋，從此再也無法參賽。天才們都很清楚，而且會確實執行這一項無比重要的原則。」

富豪一邊啜飲深濃的甜咖啡，一邊繼續解釋，世間偉大人物之所以出眾，部分原因是因為他們實踐了「超補償」的神奇特點。這就像是肌肉在承受壓力之極限的時候撕裂，而在恢復的暫歇期其實會開始生長一樣，當你把自我的五大天賦資產發揮到平常之極致，再讓它們休養生息一陣子之後，就會大爆發。雷利先生指著紙面的架構圖，開口說道：「好，兩位，長期保持偉大成功，有一個沒什麼人知道的關鍵，簡單一個字詞：擺動。我在聖保羅提過這一點，但不知道兩位是否已經準備要聽我深入講下去？」

企業家開口道：「當然……」

「聽好了，」富豪說道：「科學家們針對厲害的俄羅斯舉重選手進行研究，發現他們的無敵秘訣在於工作與休息的比例。」

現在他們牽著自己的登山車、沿著美麗葡萄園旁邊的小徑前行，藝術家問道：「這是什麼意思？」

「你們休息的時候，其實正在成長，」富豪給出直接了當的答案，「聽起來完全不合邏輯，對嗎？」富豪繼續說下去，「其實，這是魔法演說家在我建立全球帝國的時候，向我披露的最核心也最矛盾的真相之一。主流思維告訴我們的是，想要完成更多工作，我們必須投入更多時間；為了要達成更多成就，我們必須付出更多行動。不過，現在可靠研究已經證實了這種線性方式——『更加努力打拚，才能得到更好的產品』——其實具有嚴重缺陷。它無法長長久久，只會導致倦怠疲累。你不僅失去靈感，想要領導業界並提升這個世界的個人熱情也會消退。那種老派的運作方式也會引發人力資源的內耗，但此資源是你善加運用就可以讓你成為市場之主宰的一大本錢。

藝術家開心說道：「你剛剛分享的內容，讓我聯想到六十／十週期。」他現在穿的是富豪給他的騎車裝備。還有，因為他現在身為清晨五點俱樂部優良會員，天天實踐二十／二十／二十法則，與他當初在魔法演說家大會出現時的模樣相比，現在看起來顯然更健康、更專注、更有活力，也更具自信，他這樣的轉變真是神奇。

「很犀利，」富豪鼓掌叫好，「你說的沒錯。不過，我接下來要介紹給你們的學習模式更甚於此。今天你們將會了解如何以工作－休息交替模式，產生爆量級生產量的深入觀點，而且還會學到實踐時該如何樂在其中。今天這個早上，你們將會發現要如何操作專業運動員所說的『週期化』，以更少的工作量，卻能實現更多成果。等到我們結束之後，你們兩位對於該如何在自身領域獲致成功，同時下半輩子過著美麗生活的理解程度，絕對一點也不膚淺。」

富豪指著學習架構圖的「五大天賦資產」標題。「你們現在已經知道了，每天早晨一醒來時，創意電池都是飽滿狀態；每日黎明時刻，你一睜開眼都會看到五項私人至寶的源泉，要是運用得當，將會助你力克各種藉口的破壞，以及過往限制的刀刃，這樣一來，你天生的偉大英雄就會見到天光，而且讓你能夠成為自己想要成為的人，像是偉大作品的創造者、無頭銜的領導人、致力生活在生命最燦爛的恩典奇蹟之中的人。」

藝術家大喊道：「我全力以赴！」

「你們現在已經知道了，『五大天賦資產』，」雷利先生盯著圖表，「就是你們的精神專注力、身體活力、個人意志力、原創才能，以及日常時間。我再重複一次，這樣你們就可以牢牢記住。這些主要資產在清晨達到巔峰，所以你必須要善用一天之始，而且在最珍貴的時段裡完成最重要的目標，而不是浪費這個大好寶貴時光玩電子設備、看新聞，或是賴床。」

「明白了，」企業家在那本於羅馬收到的真皮日誌裡狂寫筆記，她以印有優雅圖案的彩色圍巾紮馬尾，讓她在這個特別的早晨顯得格外醒目。

「還有，今天課程的重點在此，」富豪指向模型的正中央，「頂尖表現的確不是線性遊戲，菁英成就更像是心跳、節奏、脈動。如果你想成為傑出大師，在長達數十年的時間當中，從頭到尾都是你的領域之真正主宰，而且過著你喜愛的生活，一直進入晚年，那麼你絕對需要在優異表現週期——緊繃且驚人的產出階段，以及深度修復週期——意義非凡的復甦階段之間來回交替。」富豪為了加強他們的注意力，特別伸出食指，在印出的那份架構圖上點了好幾下。

「我想要確定一下，」藝術家深吸新鮮空氣，開口問道：「HEC代表的是優異表現週期，而DRC代表了深度修復週期？」

富豪回道：「對，」今天他的黑色T恤上面有一行白字，上面寫的是「對，我在談戀愛——和我自己」，他這個人真的很古怪。

「好，如果你們想要在職場與個人生活取得永久成功，主要的運作方式就是擺動，」富豪繼續說道：「熱血、超級專注、充滿效能的最高工作狀態，以及修復、放鬆、充電、充滿樂趣的時段，在兩者之間來回循環。它真的就像你的心跳一樣，不斷搏動。」

「我非常喜歡你這麼好心地教導我們的這種概念，」企業家說道：「這將會是我的職場與私人世界的另一項轉化關鍵。」

「對，一定會成功，」富豪的回答簡單明確，「成長的確發生在休息階段。這違背了我們的直覺，對嗎？我們天生就認為要是不創造、不生產，就是在浪費時間；要是我們無所事事的時候，就會產生罪惡感。不過，你們看看這個。」富豪解開他腰間尼龍霹靂包的拉鍊，拿出兩枚似乎是黃金打造的獎牌，把它們掛在企業家和藝術家的脖子上面，宛若在慶祝冠軍出爐一樣。兩個獎牌上面刻有一模一樣的文字：

傳奇人物表現公式：

壓力×修補＝成長＋持久

「網球巨星比莉・珍・金曾經說過，壓力是某種特權，」富豪提醒他的兩名學生，「好，壓力與緊迫感並不是壞事。」

企業家問道：「不是嗎？」

富豪回答道：「不是，其實它們是擴展你們能力的絕對必需品。」

「你們必須要拚命發揮才能，」富豪繼續說道：「即使你不願意，即使得要告別舒適圈也一樣。唯有如此，這是才能成長的唯一方法。永遠要記住這一點：你最不想做某件事的時候，就是開始埋首努力的最佳時間點。你們現在也很清楚，這麼做的原因之一就是，當你在某個領域增大意志力肌肉的時候，其他領域的自律性也會跟著提升。我在這裡要強調的重點是，緊張與壓力其實是頂尖人士會善加利用的美好恩賜。要是我們留在自己的安全圈裡面，絕對不會增強自我天賦，絕對不會。你要挑戰並擴展你的能力，讓它們超越日常水準，因為肌肉只有突破一般極限之後才會壯大。然後，給它們一些時間進行休養與修復。」

富豪目光掃視整個葡萄園，然後又補充說道：「我想起來有一次在我的慈善晚宴當中與某位職業運動員的精采對話。你們猜他跟我說了什麼？」

藝術家很好奇，「是什麼？」

「我休息是為了要讓我所有的訓練奏效，」富豪朗聲宣布答案，「這是看待事物的深奧之道。一直工作卻沒有休息，久而久之，終將會耗竭你的卓越。」

企業家低聲回應，「嗯……」她把登山車推到某根木樁附近，然後把單車坐墊斜靠在上面。

「如果你們想要鍛鍊更強大的腹肌，必須要施加超越目前極限的壓力，」富豪說道：「如果平常做一百個仰臥起坐，那就做兩百個；如果你的每日運動量是做兩百個，那就提升到三百個，這樣其實會引發肌肉撕裂，運動生理學家將此現象稱為『微撕裂』。對，要是你希望肌肉成長，不能一直運動下去，不然就會受傷，必須要讓肌肉休息個一、兩天。」

藝術家插嘴，他正在確立自己剛剛學習的原則，「這就是剛剛提到的真正成長出現在修復週期……」

「完全正確！」富豪熱情大呼，「成長出現在休養階段，而不是表現期。還記得我們早期在模里西斯海灘上課的時候，我告訴過你們兩位，我搬到加州馬里布之前，本來是在農場長大的，還記得嗎？

「嗯，」企業家說道：「模里西斯感覺像是上一輩子的事了。」

「好，我在農場學到了一種可以幫助你們完全理解菁英之雙週期模式的隱喻。你們隨便找哪個農民聊一聊，他就會告訴你們有關『休耕季節』的事。在此之前，有一段耕地、種植農作物、完成重要任務的緊繃期。然後就是休息的季節，宛若完全沒事，彷彿在浪費時間。不過，漂亮的重點來了：只有在休耕季節時，農作才能真正茂盛成長，而在秋季露出的收成只是大家看到的最後成果。」

富豪又唏哩呼嚕喝了更多的咖啡，還有一些咖啡潑濺在他的T恤上面。裝爪哇咖啡的容器上面寫了幾個字，「懷抱偉大夢想，從小處開始，現在就行動。」

有隻黃色蝴蝶翩翩飛過，佈有血紅色脈的雙翅溫柔拍動，上面有三隻老鷹在宣示主權。

「天吶，我好愛蝴蝶，」富豪若有所思，「還有彩虹、流星、滿月，以及燦爛的落日。要是不能活得淋漓盡致，為什麼還要活下去？」

「我二十多歲的時候，像個機器人一樣，」他老實承認，「我把自己逼得太緊，連一分鐘都不浪費，每個小時都被安排好了。每一次坐車時都必須要播放有聲書，所有的飛行時間都是與生產力有關。重點來了……」他的聲音越來越小，眼神看起來孤獨、憂鬱又失落。

「我常常處於疲憊狀態，魔法演說家救了我一命，真的，今天早上我要帶你們學習的模型，當初幫了我很大的忙。」

富豪深呼吸，繼續說道：「久而久之，我的天賦資產開始蝕爛，創造力停滯不前，我的效率也一樣。我自此之後才有了體悟，我的公司團隊付錢讓我思考，是要想出可以衝破藩籬、為全球客戶帶來巨大價值之新產品的願景與創意。但當時的我並不明白這一點。魔法演說家拉了我一把，在我們第一次上課時教導我菁英表現之雙循環模式，而且非常堅持我要立刻實行，絕對不能中斷。不過天吶，我真的因為這件事跟他吵過架！放鬆、深呼吸、暫時休息，完全違背了我的本性。現在我完全明白，只有休息才能夠我們展露原初之崇高。

企業家點頭表示理解，「如果我不工作，我就會覺得超級內疚。好像我做錯了什麼事一樣。」

「自我照顧是愛自己的關鍵，」富豪說道：「我想說的是，我現在明白對於世界級的表現來說，平衡非常重要。日以繼夜埋首工作，根本沒有讓我變得更有效率，只會讓我變得更累，而且脾氣暴躁。所以我現在會抽時間休息，為自我提供養分，騎登山車，讀那些我一直想讀的書，享受一杯上好的皮諾塔吉，就像是我昨晚在這間山谷農舍的燦亮火光前品賞的那一杯。諷刺的是，當我開始實施這種形式的修補之後，創造力大增，生產力狂飆，成績也一飛沖天。這真的是非常深刻的哲理：工作時間變少，享受更多樂趣，卻得到了更多收穫。

然後，雷利先生把手伸進藍色背包，拿出一塊白色的東西，似乎是一小塊縱帆船的帆布。重點是可以看到愛因斯坦搭乘帆船的圖。如果當時你與他們一起待在那個可愛的葡萄園，就會看到以下這張圖：

富豪在那座宜人葡萄園裡依然滔滔不絕，「哦，對了，超級可愛的兩位，對於成為業界翹楚、提升自我生活、鼓舞世界來說，享受樂趣非常重要，人類歷史所有的傑出創意者與實踐力指標人物都有一項共同特徵，你們知道嗎？」

「拜託，快告訴我們……」企業家的手鐲發出了噹啷聲響，她的新婚戒在晨光之下閃閃發亮。

富豪迅速倒立，然後單拳搥胸，低聲喃喃自語，講出了這一段話：

這一天是無價的。世界上所有的財富都無法把它帶回來。所以，我緊抓它不放、品味它、榮耀它。

這一天，我的腦中盈滿了偉大的夢想，因此沒有留下任何的懷疑空間。我把「不能」的心理狀態轉化為「能」的心理狀態，我記得我的最大成長就是當我站在最高極限之崎嶇邊緣的那一刻。

這一天，我會記得這件事，只有等到我的使命成了我的執戀，不然我的天賦永遠不會成為我的榮耀；只有等到我對服務的渴望超越了自我的不安全感，不然我一定會錯過把這些寶貴時間轉為助人工具的大好機會。

這一天，我重新找回奉獻精神，躲避虛假的尊榮，保持誠懇與謙虛——雙腳踩在這片神聖之地。要是有反對者與反派角色朝我丟石頭，我會以良善與愛回應面對他們的惡劣行為，即使他們不值得我這麼做也一樣；要是有批評者嘲笑我——從我小時候開始他們就一直這樣——我會接下他們朝我扔擲的石頭，把它們轉化為高超技能的紀念碑；要是有人說我古怪——他們經常這麼講我——我會帶著深藏在心中，只有改變世界的不合群、古怪且反常之人才擁有的大膽智慧，微笑以對。與眾不同真的很棒，而且古怪超級潮。

這是一個相當震撼人心的畫面。史東・雷利，頭貼地，捶打胸口，彷彿要鼓舞心臟，唸出自己的詩作。

「你們知道嗎？言語充滿了創造力，」他站起來，深吸一大口法國角的新鮮空氣，字字句句鏗鏘有力，「說出無拘無束的英勇話語；運用充滿希望、強力主張、領導力措詞，以及狂放的愛的語言，講出永不放棄任何機會之人的熱情鼓吹言論。我對於我的言詞字斟句酌，每天早上都是如此。」

富豪凝望葡萄藤蔓，「反正，」他繼續說道：「所有的偉大天才都真心熱愛玩耍，他們知道能夠過得開心是一種恢復元氣的形式，全部都有可以為自己耗竭電池充電的休閒活動。愛因斯坦熱愛航海，亞里斯多德與狄更斯喜歡天天散步，好萊塢巨星梅莉・史翠普是編織高手，史蒂夫・沃茲尼克打馬球，比爾・蓋茲精通橋牌，而謝爾蓋・布林經常玩高空鞦韆。暫別工作的時光並不是浪費，」富豪強調道：「這是一定要的，它給了你一個會讓你想出致富創意的孵化器。所以，減少工作量，完成更多工作。這幾乎就算是菁英表現之雙循環模式的重點了。」

「我現在更加了解六十／十方法的價值，」藝術家說道：「我想，這就表示每個星期有幾天休假也不成問題。」

「這不僅是不成問題，它根本就是保護你們五大天賦資產的必需品，它們是頂級高手拿來成就業界聲望，讓他們的成果能夠歷經時間考驗的手段。以具體的攻略角度來說：每個星期至少要有兩天的完全休假，不要接觸任何科技產品，魔法演說家把它稱為『電子設備清零日』，達到完全修復的程度。

「至於每一個季度，要休息更多時日。這數十年來，我都是在六月、七月、八月度假。我航海、騎單車、好好睡覺、閱讀、游泳、與朋友們一起放鬆、與女兒共度最快樂的時光，體驗最美好的生活。你們兩位可能無法休息這麼久，不過，我必須要告訴你們，在這樣的恢復元氣週期之中，我會盡力思考與規劃，想辦法找出最深刻的觀察。每當我回到辦公室時，總覺得自己得到了千倍的鼓舞、熱情，以及活力。」

另一隻蝴蝶飄飛過來，葡萄園似乎在低語美妙奇蹟即將到來。雖然現在的太陽依然光耀飽滿，卻有一抹細月出現在廣闊的非洲天空爭搶關注，展現令人驚歎的絕美。

企業家抓住了她先生的手。

她說道：「這真是太神奇了。」

「兩位，你們知道嗎？」雷利先生牽起自己的單車，開始沿著他發現的秘密小路前進，「地球上的天堂並不是什麼令人嚮往的充滿神秘與靈性之地，不是聖人先知哲人的專屬空間，完全不是。我發現——雖然這些年來我過著繽紛精采的生活——『人間天堂』其實是任何一個人都可以創造的某種狀態。」

現在富豪顯然正在加深對話的層次，讓這一堂有關為了存續傳奇表現及快樂生活、探討工作與生活界限的特別課程，增添了更多的哲思。因為，要是沒有喜悅之心，就算商場得意也會錯失這樣的機會。

「我真的，真的覺得自己一生很幸運，」史東．雷利說道：「幾乎都生活在魔法之中。」

「魔法？」詢問的是藝術家，他抓扯兩根嬉皮辮，然後解開了自行車鞋的鞋帶。

「魔法。」富豪給出肯定的答案，他看起來平靜自信，態度放鬆，但依然是深思狀態，雖然嘻嘻哈哈，但看得出充滿靈性，「我的體悟是，沒有靈魂的成功是最大的失敗。」

企業家和藝術家一起坐在葡萄園泥地上。

富豪繼續說下去，「雖然我一直熱衷於壯大公司、擴張商業利益，但主要是為了知道我能走得多遠，並且幫助我推動慈善工作。我也同樣專注品味美好生活之魔法，不享受勝利，根本就是一場空。」

「我不太確定我是否聽懂了你的意思……」企業家老實承認，這時候有輛載了一群工人的卡車駛過，他們露出迷倒眾生的笑容。

有人大喊道：「真是美好的早晨！」

「我愛我的工作，非常熱愛。我擁有的房產、物品及玩具，的確讓我得到了莫大樂趣，但我完全不需要這些東西。身為全球企業主，我擁有事業與公眾名聲。但我對它並沒有認同，完全不會成為我的牽絆。隨著年齡漸長，我依然享受這樣的世界所帶來的樂趣，但是對我的個人快樂與幸福來說，我並不需要它們，我只是把它當成了一場大比賽，某項運動。」

「我擁有我的東西，但它們無法擁有我，」富豪滔滔不絕，「雖然我在塵世玩耍，但我也喜歡荒野，這不僅僅是譬喻，也具有實質的字面意義，比方說，在此體會法國角這個空靈山谷的自然奇景。我也是正在過雙週期模式。我騰出時間，徹底享受人生。」

「魔法……」富豪重複了一次，鳥囀似乎變得更大聲，有更多的蝴蝶翩翩起舞在聆聽對話。

「天吶，生活真美好，千萬不要錯過它的一切精采與不可思議。無論你們可能正在歷經什麼樣的階段，它都在你們的身邊。我們都靠借來的時間在過活，生命的確一溜煙就過去了，在渾然不覺的狀況下，你們兩個就變老了，可能有上百個孫子圍繞在你們身邊……」他講完之後還發出了咯咯笑聲。

「反正，」富豪低聲說道：「烏托邦、香格里拉、涅槃、人間天堂，都只是某種狀態的名稱而已，不是觀光點。只要你拿回潛伏在心中的天生力量，對於日常之恩典都會隨時表達謝意，你就進入了生命的魔法世界；體驗每日的百分百幸福。當你開始成為某種魔術師時，就會成為引來奇蹟的磁鐵。」

企業家心想，「現在富豪進入相當神秘飄渺的領域……」

「人間天堂，」富豪重複了一次，「你們知道嗎？我的生活經常充滿了源源不絕的美好。而我發現這與擁有大筆財富沒什麼關聯，重點反而是在最小的微物之中找到滿足感。比方說，昨晚的火溫暖我、激勵我的那一種方式。這與花大量時間身處大自然有關，無論是待在類似這樣的葡萄園之中，」他伸出食指，劃過佔滿整個山谷的葡萄園，「或者在森林裡散步，或者在山間健行，親近海洋，還是在荒蕪沙漠裡浪遊。它跟重新找到自己與驚歎、神奇、壯麗的連結有關，它們是大家造訪藝廊，讓創作者的能量和天賦注入你的思維模式、感情模式、健康模式、靈魂模式，就可以找到的感受；它與吃簡單料理中的新鮮食物有關，與那些會讓你心情大好、有趣、真實、體貼、充滿創意與同情心的人一起用餐有關；進入魔法世界也與告別過去、擁抱現在，回歸童年時的想像、純真、活力及熱愛息息相關。成年人是退化的孩子。當你有才華和勇氣重新打開它時，人間天堂就會自然地出現在你的心中，就像你小時候那樣。」

「畢卡索曾經說過，『為了畫得跟拉斐爾一樣，我花了四年的時間；不過，為了要畫得跟小孩一樣，我花了一輩子的時間。』」藝術家活力四射，「我也覺得回歸純真狀態會讓魔法回歸我們的生活。」

富豪停下來，把自行車放在一旁，揮手示意請兩個學生跟他到葡萄園的某個區域，那裡插了一塊黑色金屬牌，上面以亮黃色的字寫著「白詩寧」，史東・雷利隨即跪倒在地。

企業家與藝術家盯著他在充滿礦物質的土壤上，畫出了一套學習模式，看起來就像是這樣：

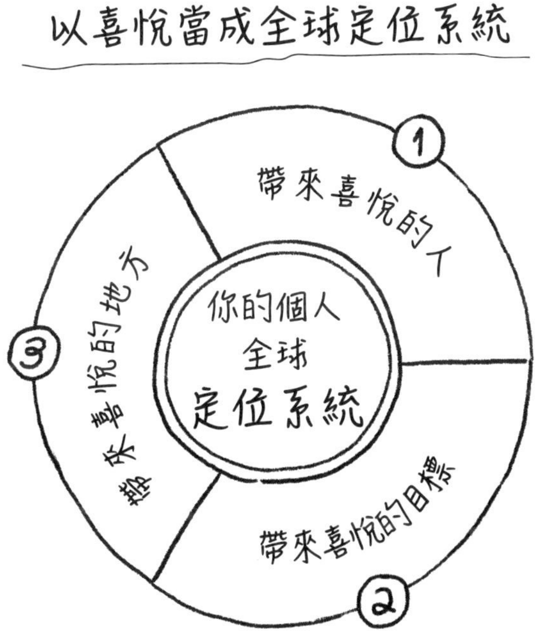

「魔法，」富豪陷入沉思，他現在站得直挺挺，依然在低聲說話。現在，他閉上雙眼，濃密的頭髮在微風中飄動，當他把手貼住胸膛的時候，四周冒出了更多的鴿子。

「這陣子，我真的很喜歡微風。只有等到失去的時候，你才會珍惜它們的存在。就像我常說的那句話，生活充滿了魅力，而且就在你的面前，人人皆可得，每個人都可以成為各式各樣的魔術師。不過，要體驗我所說的那種更崇高的真實——真正找到它——必須要多次離開塵世。你可以在大眾社會中玩耍，在它欺哄你的遊戲中獲勝，不過，你必須要經常與它脫勾，這樣一來，你就永遠不會成為它的真正隸屬品。因為大多數人玩的這種競賽只是一種幻象——有點像白日夢——太多的好人把最好時光的最美好早晨，全投入了那種幻象，因為他們看重的是金錢而不是意義；看重的是利益而不是人；看重的是受歡迎程度而不是誠信，忙於家庭與成就，而不是珍惜當下的簡單奇蹟。」

富豪依然閉著眼。接下來，他依照自己喜歡的方式高舉雙手朝天。

富豪直接對著他在地上畫的圖表說道：「你們要把喜悅當成全球定位系統，進入魔法世界。」

「想要知道增加幸福感的方法，就要信任那些讓你感到幸福的事物。你們的心知道自己需要什麼，它比你們的腦袋睿智多了，直覺遠勝過智慧，而本能比理性更聰明，這一切無庸置疑。我們的智力是由周邊的人教導而成，它有侷限性，被邏輯及之前的作為所限制。你的自我主權比較清楚狀況，它的運作基礎是可能性，而不是可行性，它具有遠見，沒有任何限制。」

企業家說道：「我不確定是否明瞭你的意思……」

「跟隨喜悅而行，」雷利先生說道：「只跟那些會帶來喜悅的人為伍，只追求那些可以讓你產生幸福感的目標，只去那些會讓你覺得活力滿點的地方。我知道很難完全依照這樣的模式生活。所以，請把這個架構視作值得努力的理想，而正如同我之前所教導的一切，這是過程，並非單一事件，它需要時間。不過，一開始的時候你必須要了解這個模型，然後，讓你的喜悅成為自己的全球定位系統。」

富豪開始牽著他的登山車往前走，以手勢溫柔示意，請兩名學生跟上來。

「啊，存乎於生命本質的魔法，我超愛。比任何物品都更能讓我盈滿平和與寧靜，而這正是平衡成功與靈魂的重要性。」

富豪緊握雙臂抱胸，彷彿正在面對劇痛，又來了。

「你的心永遠比你的腦袋聰明，」他溫柔地重複了一次，「它知道你必須要待在哪裡，跟隨它，信任它，你將會找到魔法。」

富豪打了信號，突然之間，有名助理從某個稻草人後面冒出來，衝過葡萄園奔向他的主人。他將銀色鏟子交給富豪，兩人迅速抱了一下。

雷利先生興致勃勃地開挖，過沒多久之後，就聽到了撞到金屬的噹啷聲響。他跪在地上，開始撥開土中鐵盒上沾黏的土壤，而且同時開始以約德爾方式歌唱，頗有瑞士與奧地利的民謠歌手的風範。看富豪挖土，以及聽他唱歌，實在是相當獨特的經驗。

企業家與藝術家都看得好入迷。

富豪小心翼翼地打開了盒子，裡面有十一個護身符，每一個都附了一封信。就在那個時候，陽光照耀在富豪身上，再次營造出閃動的光環效果。

「我是這一切的其中之一，」富豪喃喃自語，「宇宙的巨力就在我的體內。我懷抱著正面信心、積極性、期待及重大信念所渴望的一切，都朝我而來。如果我的盼望沒有實現，那是因為還有更好的事物即將先來一步。我知道這樣的信念為真，所有的巫師都知道這是真的。」

企業家與藝術家睜大雙眼，盯著彼此。

藝術家問道：「你在做什麼？」

富豪回道：「我正在使用咒語。」他講完之後，又唱出了更多的約德爾歌聲，然後又說了這段話，「除非你學會真正魔術師的造光藝術，否則你永遠無法在生活中創造魔法。」

突然之間，盒子升起，在土面上方飄浮了一下。企業家與藝術家兩人嘴巴大張，宛若春季綻放的玫瑰。

藝術家有點不安，「是不是有人教過你視覺幻象？對吧？」

「也許是，也許不是。」雷利先生的回答更添神秘感。

「每一個護身符都可以幫助你們記得我在過去數十年中，增加財富與體驗精緻生活的十一個座右銘的其中之一。就像我之前說過的，我的生活帶給我源源不絕的美好、驚奇，以及不斷發生的奇蹟。人間天堂，」富豪又重述了一次，「我希望你們也能過這樣的日子，很棒的是每個人都可以創造這種生活，只不過，鮮少有世人知道該如何實現。」

富豪繼續補充道：「每封相關信件都彙整了我在這次驚人冒險中與兩位分享的某些關鍵主題，也算是我們即將結束的總結吧。」

第一個護身符是一面小鏡子，以下是所附信件的內容：

富豪座右銘之一

在世界創造奇蹟，擁有自己內心的奇蹟。

盯著這面鏡子，你和你自己的關係預示了你與世界的關係。請記住，你們對於安靜和獨處有一種原初之渴望；只有在安靜的環境之中，才會強化自我意識。法國數學家布萊茲・帕斯卡曾經寫道：「所有人類問題的根源，都來自人類欠缺在房間裡靜靜獨處的能力。」釋放自我對於複雜度的需求，讓自己沉浸在清晨獨有的靜謐之中，這樣一來，才能夠再次認識自己，因為逃避孤獨其實就是逃避自由。

要成為日常生活的魔術師，生活才會充滿熱情、豐盛及平和，在安靜狀態之下變得更自在。於是你開始聽見沉睡內心的偉大天才在喃喃低語。在平靜時刻，你會記得自己的真實面，你會重新得到那個崇高的自我，充滿創造力、力量、無敵和無條件的愛。在這個靜默的聖堂之中，你還會得到這個時代的罕見之物：自我的存在時間。你實踐的次數越多，越會發現生命真正運作之道。你也會開始區分自我信念，哪些只是受到文化之囿限，哪些才是確切的真理；哪些是自我直覺的可靠聲音，哪些是你的恐懼之勸誘式宣告。處於孤獨狀態，你還會得到讓自我專業領域有所改變的顛覆性概念。我知道這聽起來很奇特，不過，在寧靜環境之中，其實會看到另類的真實，諸如尼古拉·特斯拉、愛因斯坦、格蕾絲·霍珀、愛迪生、約翰·D·洛克菲勒、居禮夫人、卡內基、凱瑟琳·葛蘭姆、山姆·沃爾頓、羅莎琳·富蘭克林、史蒂夫·賈伯斯等夢想家，以及其他顯赫人士都花了許多時間獨處。你們覺得，為什麼傳奇等級的科學家、發明家、實業家和藝術家都這麼努力要保持獨處？我曾經與你們分享過，長時間處於無噪音干擾的沉思狀態是進化心靈的秘密之一。到頭來，你是一生中唯一能夠陪伴自我的人。何不加強你與最崇高自我之間的關係，充分體認自我天賦，並且與你最崇高之本質展開一輩子的戀愛呢？

第二個護身符是小花形狀。富豪享受它的芳香，露出微笑，將相關的那封信交給學生閱覽，內容如下

富豪座右銘之二

收集神奇經驗，而不是物品。

世界給了你重擔，讓你變得冷酷。當你還是小孩的時候，你的本能教你如何發掘雪花的奇蹟、如何在蜘蛛網之中找到財富，以及如何在色彩繽紛的秋日早晨欣賞落葉的之美。這樣的追求與購物無關，而是探索生活。將理解生活的透鏡從看待平凡轉為體驗不凡，將會讓你創造奇蹟的能力大增。還有，在這個殘破社會訓練你重視物品與金錢，而不是喜悅與快樂之前，

再次填滿年少時曾經擁有卻已經失落的純粹感。多笑，經常多跳舞，要多玩耍，拜託。

神秘主義者佛羅倫斯．斯科維爾．希恩曾經說過這麼一段話，「未來蘊藏了神秘美好的許諾，任何事都可能在一夜之間發生。」更用心感受生活中的奇蹟：微風、公園裡互相追逐的松鼠、好聽到讓你落淚的音樂。你將會開始過著尊榮生活，同時增強了你的原初力量，在早晨創造更多的魔法。永遠不要為了更高的年收入，或者更龐大的淨資產而犧牲了自己的健康和生活品質。千百年以來，燦爛人生的關鍵因素始終如一：自我成長、努力發揮自己的人類潛能；努力工作端出最佳成果，為人類謀取福祉；與那些能夠提升喜悅的正面人士建立深厚關係；當你抱持感恩之心過每一天的時候，花時間從事滋養靈性的活動。

在羅馬的時候，我舔了自己的日誌。這是我主動靠著提高對生命中所有美好事物的鑑賞力，進而提升自我活力的儀式之一。我越珍惜生活中的一切，它們的價值也會越來越高。

所以，當一個美妙體驗的收集者，而不是物品的消費者。簡化生活，回歸就在眼前的實質喜悅。當你開始這麼做之後，就可以克服那股壓制自我熱情的力量，撕毀許多優秀人士陷入的膚淺偽裝，而你只要持之以恆，就會知道自我生命其實如此美麗又精采。

還有，請務必記得，你的過往是成就現在完整之自我的奴僕，而不是要與你的現在長時間相處的伴侶，也不會是能夠帶你進入完美未來的朋友。如果你依然多少抱持昔時的失望、仇恨及傷痛，就不可能進入每一個清醒早晨帶來的魔力世界。現在，你們都很清楚這一點了。

生活的輕盈感與過往傷痛無法容忍看到對方。所以，要透過穩定、持之以恆的練習來訓練自己，讓自己完全融入當下。對，這需要努力與耐心。不過，品味到這一刻，卻是精采人生的必經之路，這次你就真正擁有一切了。這是價值超過世界上所有財富的帝國。有一天，你會看到它的。

第三個護身符是一道門。

「每一次的結束，揭示的是一個全新的起點。我們體驗到的一切都一定有某個珍貴的原因。當某扇門關上的時候，永遠會有另一道門為你而開，」富豪說道：「即便目前發生的一切毫無意義，也要永遠要相信生命是你的後盾。」

所附信件如下：

富豪座右銘之三

失敗會強化大無畏之精神。

J·K·羅琳說過這麼一段話，「生活中不可能不失敗，除非你極其小心翼翼，而這樣就乾脆就別過日子了吧——如果是這種狀況，你的本質就是失敗了。」

你心中野心的強壯巨人以及想像力的巨獸，千萬不能被「大家會怎麼想？」「萬一我被拒絕了，怎麼辦？」還有「要是我嘗試這麼做的話，看起來應該很蠢吧。」之類的迷你懦夫所綁架。

你可以因為擔心被拒絕而變得動彈不得，也可以走出去讓世界大吃一驚，但這兩個都要，則是辦不到的事。

生命的真相是，在這種極其複雜的年代，你有一個自我天命在哀求你的關注。不要再傷害崇高自我，扭曲自我的偉大，而且把某些不如己意的事貼上失敗標籤，以此否定自我光芒。我們都知道，每一個貌似挫折的背後，其實都有一個可能獲致更大成功的絕佳機會。

在你的生活之中，以更頻繁的頻率說出「是」這個字。勇氣是某種精緻武器，可以打敗那些捨不得離開溫順生活的悔恨大隊。

雷利先生從金屬盒裡小心翼翼地拿出下一個護身符，是手指大小的木質畫筆。

「它可以強化這樣的概念：你是自我生活的有力創造者，也是自己雄心壯志的偉大藝術家。富有生產力、有錢、健康、樂觀之人靠運氣獲得巨額財富，這種說法是謊言，我先前已經花了很多時間確認你們務必要了解這一點。而這些人之所以能夠建立金錢、活力及社會影響力的帝國，完全是因為星宿排列正確造成他們事業有成，這也根本是神話。好，麻煩看一下這個。」

導師和善講解完畢，然後交給他們下一封信。

富豪座右銘之四

妥善使用你的原初力量，創造個人烏托邦。

許多人在表象滿足之中度過了最美好的時光。這句話的意思是，他們自以為快樂，宣稱幸福，但其實很可悲。他們背叛了自己的夢想、忽視了自己的人性珍寶，還向自己催眠要滿足現況，不需要再進化，將自己原本可能對這個星球帶來的影響力限縮到極致，但他們卻把這一切予以合理化。對，要超級感謝你所擁有的一切。不過，也要好好想一想這些人完全忽視以及徹底放棄其天生力量，因而陷入了死胡同。最後，所有的個人自由感，以及掌握自身豐沛才華的一抹希望，全都被破壞殆盡。

為了要進入你生活的魔法地帶，你必須知道可將自身願望轉化為明確成果的四種創造性工具。

可以讓你在世界上實現奇蹟的這四種資源，就是你的思想、感受、言語，還有行為。鍛鍊你的頭腦，只思考那些幫助自我朝高超才能與幸福前進的念頭。對於生活中所擁有的一切，經常懷抱感恩、積極期望及熱愛。只說振奮人心、豐富和鼓勵的話，就像你們看到我在倒立時所做的那種行為。還有，你只做出完全符合坐鎮於心中最睿智基礎的那些英雄之標準的舉動。

觀察那些潛力格局太小的人，你就會完全了解他們的處境為何如此艱難，他們的注意力放在缺乏什麼，而不是擁有什麼。他們一直講「問題」，把自己的狀況貼上「可怕」的標籤，而且還把豐功偉業、財富、滿足感和對他者熱情服務之類的報償列為「不可能」；他們看貶了話語的力量，無法理解是自身言語害他們失去了創造魔法的能力。言語的確是創意之加速器，而從這些卡關實踐者的日常行為來看，他們根本不認真工作，盡量不要努力，卻希望過著美好的生活，相信沒有人會看到這種反人性的惡行。而他們內心最崇高的魔法師——他們的良心和潛意識——眼睜睜盯著這一切，而且親眼目擊了這種偷竊自身最美好之天性的行為。

下一個物品是藍眼石，為某些文化會用來阻擋惡人、類似眼睛的避邪物，你可能曾經在某一次旅行看過。

「好，兩位，我不相信有人是真正的惡徒，」富豪對他的學生說道：「也許有一些人是這樣吧。不過，我活得越久越知道每個人在各自生活中都歷經了不同程度的創傷。就如我之前與你們分享的，只有身處在痛苦之中的人，才會對別人施加痛苦。那些受苦的人製造痛苦，而行為令人困惑的人，通常自己也身陷困惑之中。他們真的很痛苦，遇到了一些事而覺得自己備受威脅。所以他們內心的善良已經收縮閉合。把他們稱為惡人是一種膚淺的意見，實情比那種立刻的評斷更加深奧。話雖如此，現在我們也只能說，為了自己的最大生產力、頂尖績效、無盡的喜樂以及平靜心靈著想，遠離『壞人』相當重要，那些過去充滿創傷的人，並沒有不該投射到你身上的自我意識。有一次我去巴貝多出差，某位計程車司機分享了這樣的智慧，讓我相當受用。」

附在藍眼石旁的信件如下：

富豪座右銘之五

遠離壞人。

永遠不要低估你周遭夥伴的力量，透過「情緒傳染」現象，以及大腦裡的鏡像神經元的刺激，我們會模仿經常共處之人的行為態度。讓自己的生活充滿了超級優秀、健康、積極、有道德感，而且真誠可愛的人。久而久之，你將會成為這些特質的範例。萬一讓夢想竊取者、能量盜匪，以及熱情之強盜，進入你的全神貫注的緊密泡泡之中，務必要記得，你一定會變得跟他們一樣。

真正的關鍵就是要避開惹事生非的人。在充滿誇張情節和接二連三出問題的環境中長大的人，會以刻意或是潛意識方式重新製造誇張情節和接二連三出問題的情境，雖然這似乎會令人大吃一驚，但這種環境會讓他們覺得熟悉、安全，就像回到家一樣。遠離那些戲劇女王和負面國王。要是你們不這麼做的話，他們遲早會終結你的偉大，摧毀你的人生，他們就是會幹這種事。

要想盡辦法與大家和平相處。即使是一個敵人也嫌多。優雅過生活，在衝突顯現之際要走正路。如果有人辜負了你，就由業力來下毒手。就讓過著頂尖生活成為你的復仇。

金屬盒裡的第六封信，夾了一張大面額紙鈔，不過，企業家與藝術家猜不到究竟是什麼神秘原因，它居然被摺成了三角形，所附的這封信比較長，內容如下：

富豪座右銘之六

金錢是慷慨之果實，而非來自一毛不拔。

千萬不要被世界主流觀點所誤導。貧窮是某種內在狀況的結果，而非外在情勢。

如果你不這麼想的話，就等於把自己創造豐盛魔力的能力交給了你所抱怨的對象。

金錢是一種必須像電流一樣流通的貨幣。現金是一種金流，它需要流通。要是囤積它，就會讓它無法流入你的公司與私人生活領域，所有的真正魔術師都知道這一點，所以付出更多，就會得到更多。給餐廳服務生、飯店清潔人員、計程車司機豐厚的小費，捐錢給慈善團體，為家人和朋友創造美好的體驗，但絕對不要心想有任何回報，一場豐盛之海嘯將會朝你鋪天蓋地而來。

你們可能會覺得很好奇，為什麼有這麼多人生活在如此匱乏的環境之中？這種狀態都得歸因於我們的金錢傷痕。這些是隱藏在我們潛意識深處的程式，當初是因為父母之訊息以及其他對童年造成影響之有力人士的教誨，在你渾然不覺的狀況下安裝進去。他們共同言論的基礎是來自之前得到的教誨，比方說，「知足常樂」或是「有錢人不老實」，還有「錢又不是長在樹上」。在我們容易受到影響的脆弱年紀，這些話成了留在內心的黑暗種子。

有四種實踐之道讓我賺到了財富，所以我也要送給兩位：正向期盼、積極信念、越來越強烈的感恩之心，以及交付最大價值。關於正向期盼，我的意思只是要告訴兩位，我始終保持我會有固定收入及意外之財的心態。而積極信念所指的就是你的行為舉止顯露出你深信生命之豐盛與仁慈。宇宙喜歡表現豐盛的姿態，比方說，在你根本完全無法負擔的狀況下，與朋友在昂貴的餐廳共進晚餐。或者，在你阮囊羞澀的時候，買下可以提升自我才能的工具。我完全不是在叫你要陷入債務監獄，完全不是這個意思。對我們當今的文化而言，過度槓桿化是一種嚴重的破壞性力量。只需要向大自然表現你知道豐盛即將到來，並且做出讓你覺得自己很豐足的行為。越來越強烈的感恩之心，嗯，我們在這趟共同之旅中已經有大篇幅的討論。繼續向生活中的所有人事物敞開心胸，當你付帳的時候感謝鈔票；感謝雜貨店的收銀員，以及為你種植食物的農夫；感謝讓你插入車流的那位駕駛；感謝寫出你生活配樂之作的音樂家。感謝你的雙腿，帶你走動了這麼多年；感謝你的雙眼，讓你得以見證美麗；感謝你的心，讓你覺得充滿活力。而交付最大價值的意思，就是要為其他人——團隊隊友、客戶、親人，以及陌生人——提供遠遠超過他們的期望的加碼福利，因為我們種瓜得瓜，種豆得豆。

培養並強化自我的豐盛意識，將會讓你的收入與個人淨值出現大規模成長。所以，這一點要好好努力。我們文化中的悲慘面多半是因為有太多人沒有足夠的錢，但未必要繼續這樣下去。

藝術家抓下藤蔓上的某顆結實葡萄，一整顆吞下去，他好奇問道：「接下來呢？」

富豪從箱子裡取出慢跑鞋小模型，開口說道：「運動絕對是一種有魔力的護身符，請看一下我為你們寫的信。」

內容如下：

富豪座右銘之七

最佳健康狀況，可以將產生魔法的能力推升至極致

一早起來就運動，已經得到了照顧自我健康的一大勝利。這項最重要的活動完成之後，就可以讓自我認知、能量、生理及精神做好準備，在一天中創造奇蹟。

當你開始堅持每天早上運動之後，會意外發現自己要是有一天沒做，感覺會奇糟無比。你將會發現，其實你在養成習慣之前幾乎都是這樣的感受，但你完全無感，因為情緒低落是你的常態。

頂尖健康狀態是真正的財富，那些失去健康的人會花下半輩子努力恢復健康。非凡活力也是讓豐盛滋長的美好方法。當你進入一生中最健康的身體狀態、把營養調整到最高水準、改變睡眠流程，而且盡可能降低老化程度的時候，你會發現與自我之主宰建立熟悉度的能力大為增強，所以，你可以把更多的才能、榮耀及憐憫，帶入我們這個世界，而這種行為也會回報給你巨大的財富。更重要的是，你可以做出更大的貢獻，沒有什麼比助人更棒的事了，每個魔術師都很清楚這一點。

第八個象徵物是一個小小的登山客。

富豪解釋，「永遠不要停止改善早晨品質以及你的生活之卓越性。」講完之後，他大聲發出最後一次的約德爾歌聲，葡

葡萄園工人們望過來，哈哈大笑。雷利先生揮揮手，和他們一起笑個不停，然後，他繼續恢復講課。

「頂尖高手的整場戰局就是一直在進步。當你們登上某座高峰的時候，會看到下一座等待攀登的山峰。兩位，這是送給你們的關鍵隱喻。」

他吹開了這個護身符附信上面的一些灰塵，然後把它舉高給學生看，內容如下：

富豪座右銘之八

持續提高生活標準，邁向絕對的世界一流。

「享樂適應」現象具體描繪了人類適應環境與生活變化的心理狀態。你拿到了期盼多年的加薪，你喜不自勝了一整天。然後，這個全新的收入水準，成為你的新常態，你感受到的那股喜悅也開始慢慢淡去；或者，你搬進靠近火車鐵軌的吵鬧公寓，久而久之，就再也聽不到火車的噪音；還有，也許你買的夢幻新車讓你興奮不已，而過了幾個星期之後，它就只成了風景的一部分而已。以上都是享樂適應的實際例子，而這種現象在每個人的生活中都會發生。

而對這種人類生存態度的解方之一，就是不斷增進個人標準、提升生活品質。讓每一季都比上一季更好，一年比一年好，這就是巨擘與傳奇人物的運作方法。

有一個與此相關、讓我十分受用的重要哲理：以世界一流的方式過一生。生命太短暫，當然要盡可能善待自己。而當你更妥善照顧自己的時候，你與他人、工作、金錢、世界的關係，都會得到相對應的提升，因為你與自我以外的一切關係，一定會是你與內在一切關係的體現，就是這樣。

花錢買下你能買到的最好書籍，你將會得到數倍的回報；品嚐最高等的美饌，就算目前只能在當地奢華餐廳享用美味的開胃沙拉也可以；去自己所在城市最好的飯店喝杯咖啡。要是你居住的城市有你喜歡的職業運動隊伍，那就在場邊座位好好看一場比賽，而不是在廉價座位上坐好幾個賽季。盡可開最好的車，每天聆聽令人歡喜的音樂。參觀美術館，就像我教過的一樣，這樣一來，畫家的創造力與意識將會影響你的內心。還有，請記住，要經常待在花朵的周圍——它們會提高你的頻率與能力，更有機會看到夢想家們所挖掘的另一個宇宙。

你覺得為什麼這麼有這麼多偉大的聖人、先知、療癒者及智者都要在身邊種花？這對於你期盼心想事成會造成多大的影響力？結果一定會讓你充滿驚喜。

九號護身符是一顆心，以下是附信的內容：

富豪座右銘之九

深刻的愛會產生無敵的喜悅。

只要一逮到機會，就要向別人示愛。威廉·佩恩的一段話幾乎成了我一生的指南，真的惠我良多，「我認為生命就只能走這麼一次。所以，如果我可以向任何一個人表現善意，或者可以為任何人做出好事，我現在就會去做，我不要拖拖拉拉或是置之不理，因為我再也不會經過這條路了。」

告訴別人，你為他們感到無比驕傲，還有你有多麼愛他們，趁你——以及他們——還健在的時候。我曾經遇到一個人這麼告訴我，他只要隨便看到哪個活人，就會覺得到幸福極了。我問他，「為什麼？」他回我，「因為我一生中見過太多死人，所以見到活人是一份特殊大禮……」

沒有人知道我們什麼時候會面臨自己的大限。所以，為什麼要壓抑最可貴的那一個部分：身為人的深愛能力呢？

身為一個活力四射的人，你的任務之一就是要讓大家對自我感覺更加良好。還有，要想辦法讓別人微笑。其實，你可能會嚇一跳，讓某人開心所需要的付出居然只需要這麼一點點。對於你關心的每個人，寫一封老式情書；對於那些幫助過你的人，寫下感謝函；對於你覺得需要讚賞的人，寫下一些體貼的字句。表達你的真實感受，不要因為擔心遭到拒絕而限制了你。永遠要對別人流露更濃厚的興趣，而不是擔心自己能否成為有趣的人。你遇到的每個人都有值得學習的一課，需要娓娓道來的故事，還有渴望你支持的夢想。

我們說不出口的關心話語，無法展露的溫暖感受，還有一直沒有付諸行動的善舉，終將成為我們最崇高自我的枷鎖。

「好，麻煩拿這個東西……」富豪溫柔開口，把天使雕像交給了他的客人，一人一個。「這一頁的內容特別重要，我建議要抱持非常開放的心胸來閱讀。」

富豪座右銘之十

人間天堂是一種狀態，而不是某個地方。

讓每天的旅程航向驚奇，讓尋常之冒險化為奇蹟。驚奇是幸福的強大來源，也是提升那逐漸增長之天賦的關鍵技巧。全世界的所有偉大人物都知道要如何放鬆，才能陶醉地度過神奇的一天。

我透過自己對生命的諸多實驗，現在明白了不朽的哲學家、神秘主義者，以及救世主所說的「人間天堂」，並不是能夠參觀的地方，而是某種可以讓你安居的狀態。相信我，當你培養自我思維模式、淨化自我感情模式、優化自我健康模式，並且提升自我靈魂模式的時候，你感知與體驗生活的方式將會徹底改變你的體驗。不過，要是你不完成這項極為重要的任務，你就永遠不會懂。我的話似乎像是古怪老頭的胡言亂語。你知道嗎？在瘋狂的世界當中，神智正常的人總被大家當成瘋子。

所以，當你為了個人高超才能投入更多的時間，你感受到的那股自愛就會開始擴張，所有的豐功偉業與個人喜樂的關鍵，都是愛自己，那會害你陷入懷疑、不安全感及恐懼等各種情緒之束縛的是內心的低價值。由於大家在你的童年時期對你的那些評價，所以你的潛意識會貶低你的英勇，扼殺你的崇高，綁縛你的偉大。

等到你放棄了那些別人曾經教導你的非屬真理的信念，等到你釋放出害你無法去愛的情感創傷——我在這裡所說的愛遠遠超過了浪漫層次——那麼，你就會培養出我一直在暗示的這種感知全新事實的能力。它一直都在那裡，但因為你觀看世界的濾鏡被污染了，你被阻絕在外而無法參透。

不過，沒事的，這一路走來完全沒有任何虛耗，都會依照原本的方式呈現出來。最後，你會發覺自己所遭遇的一切，幾乎很少是意外事件。一切都是為了你的成長，一切都是為了成就你的美好。

當企業家與藝術家看到第十一個、也是最後一個護身符的時候，有點嚇了一跳。

富豪把迷你棺材交給他們的時候，開口進行提點，「如果你們真的想要體驗生命的魔法，就得要經常反思一下這個東西……」

這封信與之前其他信件不同，是以鮮紅色墨水寫下的字，內容如下：

富豪座右銘之十一

明天是紅利，不是權利。

對於自我的英雄行為及寧和狀態，不要再拖拖拉拉下去了。你的生命可能在一小時內完蛋。我是一個樂觀主義者，也是一個真正抱存希望的商人。但我也是個務實主義者。意外、疾病、損失和死亡天天上演。誤以為這些事情永遠不會發生，是人之常情。不過，所有睿智哲學家都告訴了我們，人生只是倏然一瞬。

具備了這樣的體悟，你就會與自我死亡產生連結，知道在世的日子進入倒數計時，隨著每一個燦爛早晨消逝，距離生命終點也就越來越近。

表現自我天賦和才能，千萬不要遲疑。還有，要確定自己享受這一趟人生之旅，願你們在邁向光輝燦爛的路途之中過得開心。大多數的人對於追求過著美好、有趣又充滿魔力的生活都拖拖拉拉，最後年事已高，已經無法好好體會，這一點著實令人遺憾。

人生絕對是一場壯麗之旅。是的，我們大家都會歷經考驗，還有心碎。但這幾乎都會帶來正向效應。每一個英雄傳說除了成功與最後的勝利之外，都需要有壞人，以及一些觸動人心的悲劇，這樣才能夠成為值得品賞的故事。

所以，生命之短暫，應該要是你的關注重點。不要等到有更多時間或是升官，還是在銀行裡有了更多的錢，才要追求幸福，這些都是你不配擁有幸福之意識所衍生的種種藉口。找出根源，把它們從自我軌道中移除，這樣一來，你就可以持續揚升到最崇高之自我境地。

明天是一種尚未實現的承諾，並非是必然發生的事實。享受每一天的早晨，對於自己在地球度過的每一天充滿感恩；要大膽冒險，但是要發揮常識去避險；要在宛若沒有明天，以及你會長生不老的態度之間取得平衡點。好，當大限到來之際，你將會知道自己的一生是人人內心擁有之傳奇能力的偉大見證。

然後，富豪趨前親吻他的兩名學生。

「你們知道嗎？我很愛你們兩個，之後會超想念你們。」

然後，他留下自己的登山車，消失在葡萄園中。

第17章

清晨五點俱樂部成員成了自我生活的英雄

像英雄一樣生活。這就是經典帶給我們的教誨。要當主角，不然活著還有什麼意義？——**柯慈**

南非開普敦的直升機停機坪位在維多利亞阿爾弗雷德海濱，觀光客可以在這裡搭乘開普摩天輪，參與遊艇賽事的選手能夠在這裡補充物資，以便參加激發滿腔勇氣、引發腎上腺素暴衝的海洋競賽，此外，這裡也可以預訂釣魚包船行程，找到地方喝一杯濃郁的早晨咖啡。

這位戴著圖書館員式眼鏡、個性活潑的棕髮女子，確保富豪、企業家及藝術家已經簽下了切結書。然後，她站在真皮沙發上面，逐一核對清單，向這三位貴賓級客戶進行安全簡報，這是他們搭乘直升機前往羅本島之前的必要措施。

各位都知道，羅本島——這個距離開普敦海岸不遠、有鯊魚環伺、看起來凶險的貧瘠小島——正是曼德拉被囚禁了二十七年之久的地方，期間有十八年一直被關在某個超小牢房。在過往那段時光當中，這位全世界的偉大英雄被攻擊、羞辱及虐待。不過，他對於這種惡行的反應卻是伸出橄欖枝，他眼中看到的是監所人員的良善，而且他全力捍護自己對於全民平等之民主國家的期盼。愛因斯坦提起甘地的時候，曾經說過這麼一段話，「之後的世世代代一定很難相信，曾經有這麼一個有血有肉的人在地球留下了行跡。」

同樣的這段話，放在曼德拉身上也適用。

那位女子客氣地表示，「各位來到這裡，前往那座小島進行短程旅行，我們非常開心。」南非人非常有禮又體貼。

富豪戴了一頂黑色棒球帽，前面繡有「領導就是服務」這幾個字。

「年輕人，等一下你進入停機坪時，就得摘下帽子。」那女子對他講話的時候，眼眸還有金亮光芒在閃動。

富豪露出燦笑，對同伴低聲說道：「我覺得她喜歡我，」然後，他口氣淡然，說出了這句話，「今天是我們三人在一起的最後一天。」

等到安全指示解說完畢之後，富豪、企業家及藝術家被人員護送到建物外頭，進入石板鋪面的等候區，那裡放有兩張遭風雨嚴重摧殘的野餐桌。雖然陽光普照，風勢卻相當強勁，富豪脫掉了帽子。

「我有點焦慮不安，」富豪心想，「我從來沒有去過羅本島，倒是看過許多有關在不人道的萬惡種族隔離時代裡所發生的種種，當時他們根據人的膚色予以待遇分級，完全沒有把性格或是人心品質納入考量標準。」

有一個身穿薄雨衣、卡其褲、帆船鞋的嚴肅面孔年輕人，從某個空蕩蕩的維修棚走出來，請富豪與學生跟著他到停機坪。某架軍綠色直升機停在正中央，螺旋槳不停轉動，場面壯觀，飛行員正忙著調整轉盤啊旋鈕之類的東西。年輕人一絲不苟，為了安全與平均配重，確認三位客人坐入合適的座位，然後，他把附有麥克風的耳機戴到富豪的頭上。

「早安！」富豪熱情向直升機駕駛打招呼，此時螺旋槳開始加速。飛行員戴了頭盔、機師太陽眼鏡，還有面罩，所以看不到他的臉，而且他一直不肯講話。

富豪低喃道：「不是很友善嘛……」對於即將展開的這次千載難逢之體驗，他有些緊張，但也相當興奮。

直升機開始爬升，一開始速度緩慢，然後開始迅速飛高。

「這趟航程約五分鐘左右，今天的風勢與涌浪都相當強勁。」這是飛行員唯一說的一段話，依然態度粗魯。

富豪、藝術家及企業家保持沉默，只是一直盯著羅本島，他們逐漸靠近，那個陸塊似乎變得越來越巨大，甚至冷酷感也越來越強烈。

飛機降落在矮樹圍繞的停機坪，大功告成之後，有七隻跳羚優雅飛躍而過，對，七隻跳羚！就在這個時候，開始下雨了，而另一道雙彩虹，宛若在模里西斯與海豚共游時出現的那一次，橫跨在與大西洋相交的完整地平線的上方。

藝術家摟著妻子，開口說道：「這一切真是好特別……」

「我們真的進入了魔法世界。」富豪的語氣充滿崇敬，對於有機會體驗羅本島而流露出無比感激，同時對於曾在那裡被摧殘的寶貴生命流露同等的哀戚。

飛行員在駕駛艙裡東摸西摸，按下按鈕，關閉直升機，而三名乘客則走到外頭的降落區靜觀四周。有一輛車身側邊漆有KSA字樣的老舊貨卡，不知從哪裡冒出來，向他們直駛而來，後頭揚起大片塵土。

司機開到直升機旁邊，立刻以濃重南非口音大喊道：「你們不該過來！」顯然此人是警衛，他依然坐在自己的車內。

「因為天候的關係，羅本島已經不對公眾開放，」他放聲大吼道：「渡輪全面停止行駛，不得有任何船隻進入這裡的港區，直升機也不能降落，你們應該很清楚！你們不該來到這裡！」這位警衛強調最後一句，又接著追問：「你們到底是誰？」

這位警衛全程都保持專業，但看得出他很訝異。顯然是有些驚嚇，也許猜想直升機的這些乘客準備要發動什麼地面攻擊，心覺這些不速之客有非法意圖。

「一切都沒問題啊……」飛行員的語氣流露罕見的堅定與自信。現在，他站在直升機外面，緩步走向坐在卡車裡的那個人，他先整理襯衫，然後調整一直不曾取下的頭盔。飛行員並不年輕，從他走路的姿態就可以看出端倪。

「對他們來說，今天是特別的日子，」飛行員的聲音越來越大，「這些人遠道前來，就是要一睹曼德拉當初被囚禁的監牢；還有那一座石灰石採石場，他被迫在那裡劈石劈了十多年，驕陽在岩面的反光害他的視力受到了永久損傷；他們想參觀這位政治家鍛鍊身體，把藏有機密資訊的網球扔給隔壁囚區政治犯的那座庭院；他們得要前往曼德拉花了許多時間撰寫，最後偷偷埋在土裡的《漫漫自由路》自傳手稿的秘密埋藏地點；他們需要體驗——至少也應該要給他們一點機會——體驗曼德拉先生在這裡度過的十八年艱苦歲月。他們必須要知道他到底是怎麼辦到這一點，雖然他受到了如此惡毒的對待——最精華的一生時光被竊奪——但他被釋放之後，卻選擇原諒所有曾經對他殘酷的人。」

飛行員站在那輛貨卡的前面，「我很清楚，這些人想要成為真正的英雄，在他們專業領域與私人生活皆然。他們希望成為自我生產力的領導者、完全實踐自我高超才能的指標人物，甚至，可能成為通達更美好人性之路的拓荒者。我們的世界從來不曾像現在一樣如此迫切需要純正的英雄。而且，正如我在講台上演講時所說的內容：當你心中有英雄，自己可以成為其中一員的時候，何需等待那些英雄出現？

飛行員對富豪開口，「史東，你說是吧？」史東的嘴巴立刻張大成一個圓形。

然後，飛行員小心翼翼，幾乎跟慢動作一樣，取下面罩，之後摘掉太陽眼鏡，最後拿掉了頭盔。

富豪、企業家、藝術家看到眼前的畫面，目瞪口呆。

是魔法演說家。

即便是在白天，羅本島監獄經過刻意安排的死氣沉沉螢光燈管，也會讓人產生無法擺脫的詭異感，而且，還有克難、殘酷又無情的感覺。

在這個美妙的南非早晨，有一雙看不見的手似乎在引導清晨五點俱樂部的成員前進，因為，透過某種共時性的珍貴共鳴——富豪把它稱之為「魔法」——

剛剛開著髒兮兮貨卡衝過來的警衛，居然是魔法演說家的超級粉絲，「我是你天字第一號大粉絲」的那一種，他真心熱愛魔法演說家的課程。

所以呢——說來很難令人置信，但真的發生了——得到警衛的放行之後，總務處的主管發動因天候惡劣而暫停營運的旅遊巴士，開到了訪客站立的地方。

還有零星導遊留在島上，她要求其中一位升起旗幟，打開監獄，進行一場只為富豪、企業家、藝術家及魔法演說家舉辦的純私人導覽。

在每個人的生命之中，尤其是最艱辛的那些人，通向各種可能的大門、進入奇蹟的入口瞬間打開，顯露而出的是我們每個人所體驗的一切，其實都是某種深具智慧——而且，對，通常不合邏輯的計畫之中的一部分——它是為了要讓我們更接近自我最偉大的力量，最美妙的情境與至善。其實，我們一生經歷之一切，都是一場精心協調的美好安排，為了要帶領我們認識最真實的自我才能、連結最崇高之自我、增強我們與每個人心中都擁有的那位光榮英雄的熟悉感。是的，就在每個人的內心深處，那就代表了你自己。

這位也曾是政治犯的導遊，是個頭高大的男子，聲音粗啞。帶領賓客前往曼德拉被迫度過漫漫嚴酷歲月的牢房途中，他一直有問必答。

魔法演說家若有所思，開口問道：「你自己認識曼德拉嗎？」

「是的，我跟他在羅本島一起坐過八年的牢。」

「他是什麼樣的人？」詢問的人是藝術家，他們走過曾是種族隔離時期諸多暴行源頭的監獄的主要走道，他心中有各種情緒翻湧，看來不知所措。

「哦，」導遊態度親切，露出和善甚至看得出睿智的微笑，「謙沖致極。」

企業家追問道：「還有，曼德拉是什麼樣的領導者？」

「了不起，令人敬重，他面對自我與自己遭受之一切的態度，讓人大受鼓舞。每當他遇到其他同伴的時候，通常都是在這座院子裡面，」此時導遊步入了政治犯日常散步、談話、謀劃、站立的地方，導遊說道：「他會開口問道，『你有在學習嗎？』而且，他經常把『人人當老師』掛在嘴邊，曼德拉先生了解教育是通往自由的終極大道。」

然後，導遊繼續補充道：「他被虐待得慘不忍睹，包括了在砂石場的長時間艱鉅工作，各式各樣的剝削與羞辱。他在這裡待了幾年之後，他們命令他要在監獄操場裡挖墳——然後，叫他躺在裡面。」

富豪柔聲講出了自己的反思，「他當時一定以為自己死期已至。」

「也許吧，」導遊回道：「但並沒有，警衛解開自己褲襠的拉鍊，尿在他身上。」

魔法演說家、富豪、企業家及藝術家，全部都低下了頭。

富豪若有所思說道：「我想，我們每個人心中都有囚禁自我的羅本島。」

「人的一輩子得要忍受自我試煉與不公不義。當然，嚴重程度完全比不上這裡所發生的事件。我曾經看過這樣一段話，曼德拉說過，最大的遺憾就是長子因為車禍意外喪生，他沒有辦法參加葬禮，」富豪抬頭望向天空，「我想我們人人都有缺憾。每個人離開之際，心中都有自己的苦難與悲劇。」

導遊指向由入口進入庭院後右側的第四扇窗戶，「那就是曼德拉的牢房，我們進去吧。」

這個監牢非常小，沒有床，有一張可以讓犯人跪地寫日誌的小木桌，因為沒有椅子，水泥地板和褐色的羊毛毯上面，有綠色與紅色的斑點。

導遊進行解釋，「在曼德拉入獄的前五年，雖然南非冬天氣候嚴寒，他們甚至不准曼德拉穿長褲，只給他一件單薄襯衫與短褲，他洗澡的時候，警衛就站在那裡全程盯這個全身赤裸的男子，這是為了要羞辱他，讓他崩潰。到了用餐的時候，他們給他的東西連畜牲都不適合吃。妻小的來信，通常不會轉交給他，就算能夠送到他的手中，也早已經過了嚴格的審查，這一切都是小心算計的手段，目的就是要摧毀曼德拉先生的心神狀態。」

魔法演說家開口說道：「就我看來，他待在被惡浪包圍的荒島上，跟鞋盒一樣狹小的監牢裡所發生之種種，讓他得到了養分、力量，也打開了他的心胸。監獄成了他的熔爐，虐待成了他的救贖，帶領他發揮自我的天生力量、最崇高的人性，以及純潔無瑕英雄氣概的完滿狀態。在一個如此自私又冷漠、人類與人類之所以為人之意義嚴重脫節的世界當中，他運用自己所獲得的一切，漸漸成為這個星球的先進之人——他向我們其他人展現什麼是領導力、毅力，以及愛。他憑藉這種做法，成為了寬恕的偉大象徵之一，也是和平的最佳表率……」

「是，的確，」導遊回道：「當曼德拉先生終於獲釋離開羅本島的時候，他被轉送到位於帕阿爾與法國角之間、現今被稱為德拉肯恩斯坦懲教中心的地方。他擔任南非總統的日子勢必會到來，所以他準備要接下這個位置，領導一個自由但嚴重分裂的國家。在他遭監禁的最後那個階段，他們讓他住在某個典獄長的家。獲釋的那一天，他步出住所，走到有崗哨的漫長馬路旁邊，路底有一道白色大門。監所人員詢問曼德拉是否打算乘車踏上這條通往自由的路？他拒絕了，只是簡單表示他寧可步行。所以，這位典範流傳後世、鼓舞諸多世代的引領變革領導人與歷史創造者，踩著猶疑的步伐，迎向他期盼許久的解放。」

導遊發出了疲竭長嘆，然後他繼續說下去。

「送到曼德拉先生面前的是一個內戰隨時會爆發的國家。不過，不知道他到底是怎麼辦到的，他成了統一者，而不是摧毀者。我還記得他在自己某場審判時所發表的著名演說：在我的這一生當中，我一直致力於這場為非洲人民的抗爭。我曾對抗白人統治階級，也曾對抗黑人統治階層。我珍惜民主和自由社會的理想，在這樣的環境中，所有人和諧相處，擁有平等機會。這是我期盼能夠在有生之年親眼見證並實現之理想。不過……如有需要，這也是我準備為其赴死的理由。」

雷利先生清了一下喉嚨，他一直盯著小小牢房的水泥地板。

「曼德拉先生是真正的英雄，」導遊語氣堅定，「在他出獄之後，他邀請曾要求判處他死刑的檢察官共進晚餐。你能相信有那種事嗎？他還邀請曾經在羅本島監視他的某位獄卒，參加他的南非總統就職典禮。」

企業家悄聲問道：「真的嗎？」

「是的，千真萬確，」導遊回道：「他是一位真正的領導人，具有純正寬恕之心的男人。」

魔法演說家舉起一根手指，示意他想要分享另一段重點，「曼德拉曾經寫過這樣一段話，『當我走出房門、走向通往自由的大門的時候，我知道要是我不把痛苦和仇恨拋諸腦後，就等於仍在坐牢。』」

「他也曾經說過，『自由不僅是擺脫自身束縛，更是以尊重與強化他人自由的方式過生活。』」導遊繼續補充，「還有，『沒有人生來會因為他人之膚色、背景，或是宗教信仰而憎恨對方。人們必須學習才知道恨，如果他們能夠學會仇恨，那麼就可以教導他們愛，因為愛比它的對立面更能自然而然融入人心。』」

富豪主動開口，態度略顯尷尬，「我看過報導，他經常在清晨五點左右起床，原地跑步四十五分鐘，然後做兩百個仰臥起坐，以及一百個指尖伏地挺身，這就是我一直在做作伏地挺身的原因。」

「嗯……」導遊繼續說道：「曼德拉先生進入這間牢房的時候，是個血氣方剛、憤怒、充滿敵意又好鬥的年輕人。他在這個監獄裡成長茁壯，造就他成為我們現在崇敬的偶像。誠如戴斯蒙．屠圖大主教教導的訓示，『苦難會讓我們心生怨恨，不然就是讓我們成為高貴之人』。所幸，馬蒂巴——這是曼德拉先生的名字——選擇了後者。」

「全世界的偉大人物有一個共通點，」魔法演說家說道：「極度之苦痛。他們之所以進化到崇高地位，是因為他們選擇利用自身的環境去治癒、淨化及提升自己。」

然後，魔法演說家從口袋裡取出某個學習模型，這是這兩位學生看到的最後一個圖表，名稱是「英雄人物之環圈」，內容如下：

英雄人物之環圈

「這些是我們人人都必須渴求的美德，為了營造一個更好的社會，成為改變世界之人與英雄……」魔法演說家今天早上的聲音透露出憂鬱，也富有強大的力量。

「人人都有領導力。每個人都不例外，無論我們住在哪裡，從事什麼工作，過往曾經有過什麼經歷，現在產生了什麼樣的體驗，都必須掙脫害我們成為最低劣本性之暗黑力量的奴隸的種種束縛，包括了譴責的枷鎖、仇恨的鎖鏈、冷漠的腳鐐，以及平庸的牢房。我們每個人都必須要早起——對，在清晨五點——竭盡所能展露自我天賦，培養自我才能，深化自我性格，而且提升自我心靈，每個人都必須這麼做，全世界。」

魔法演說家準備繼續說下去時，哭了出來，「我們每個人都必須掙脫囚禁自我榮光、綁縛崇高自我之個人監獄的束縛。請記住，被忽視的天賦和才能，將會變成詛咒與哀戚。」

魔法演說家停頓了一會兒。

「你們的時候到了……」他直視企業家與藝術家的眼眸。

英雄人物之環圈的架構圖被放在小房間鐵窗下方的小桌，魔法演說家把桌子拖到正中央，這樣一來，在這個特殊的日子，它將會成為這間囚室的焦點。

然後，魔法演說家請富豪、企業家、藝術家及導遊站在圖表的旁邊，他們彼此手牽著手。

「對，無論我們面臨什麼樣的掙扎、得要忍受什麼樣的逆境。無論哪一種攻擊、羞辱和暴力會加諸於我身，我們必須堅持不懈，保持堅強。我們必須要活出自己的光亮本性，放大崇高之自我，即使感覺整個世界與我們為敵，亦是如此，這的確是我們之所以為人的原因。即便光明似乎永遠無法超越黑暗，你們也要繼續朝自由前進。為其他人樹立最高典範；為了絕大多數的我們，示範慈悲；為了所有的我們，展示真正的愛。」

魔法演說家一手放在藝術家的臂膀，另一隻手放在企業家的肩頭，他說道：「現在，是你們的時刻了。」

他的臉龐泛露平靜的微笑，他看起來鎮定自若又沉穩。

藝術家很好奇，「做什麼的時候？」

他聽到的答覆很簡單，「開啟你們的朝聖之旅。」

企業家開口問道：「要去哪裡？」她看起來有點迷惑。

「前往一個名叫『流傳後世』的領地，」魔法演說家說道：「很多人都是這裡的觀光客。在寶貴早晨倏忽流逝的那幾分鐘，他們想到自己打造的成果以及萬一死去之後將會留下什麼；在他們轉移注意力之前的短短空檔，他們會反省自我生產力的品質、正派程度以及影響力之深度；在奔忙之喧鬧再次讓他們身心俱疲之前的一小段期間，他們會暫停下來，思索他們生活何其美好，自己有多麼樂於助人。他們，只是這塊領域的訪客而已。」

雷利先生聆聽他導師話語的時候高舉著雙臂，低聲呢喃，幾乎都是在自言自語，「我愛我的生活，我將會成為一個更好的領導者，做出更偉大的貢獻，我將提升自我，更加激勵人心。」

「至於那些人類的傑出英雄，」魔法演說家繼續說道：「他們是這片『流傳後世之領地』的公民與一輩子的住民，那是他們的祖國，終使他們成為傳奇。他們建構自我生活的偉大任務，就是要為了比自我更恢宏的原因而存在。所以，當他們死去之後，會讓我們的世界比他們在世時更加燦爛。」

「每個人都有大限之日，」富豪繼續說下去，「沒有任何人可以知道我們會活多久。」

企業家深表同意，「的確……」

「今天，」魔法演說家朗聲說道：「還有，就在此時此刻，值得你們，也需要你們許下承諾，要成為具有崇高創造力、純淨生產力、極為正派，為大眾服務之人。請不要再拖延展示自我之高超才能，不要再抗拒你的原初力量，不要讓恐懼、拒絕、懷疑和失望的陰影力量，造成你最明亮的自我光芒變得黯淡。現在是你們的時代，是你們的全盛時光：以你們的原本方式，飛躍進入最優秀領導者生活的罕見之境，進入肩負文明所有進程之真正大師、傑出藝術家及善良英雄的那一個宇宙。」

他們五個人依然圍成一個小圈圈，雷利先生開始以約德爾方式歌唱，唱了一會兒之後——魔法演說家狠狠瞪了他一眼、示意他要壓低聲量。他們相視而笑，這是尊重彼此的明確表態。

「領導，就是透過你們的生活方式鼓舞他者；領導，就是踏過自我最艱難時刻的火焰，邁入寬恕；領導，就是消滅所有平庸之形式，以免它們滲入你們生活的各個領域，同時要以繽紛姿態頌讚你們天生之高超才能；領導，就是將自我的恐懼轉為勝利，將每一次的心碎轉為英勇行為。最重要的一點，領導，就是在我們的這個小小星球成為向善之力。今天，你們要接受這偉大的召喚，提升自我，以這樣的標準度過餘生。」

「或者，至少得從明天開始吧……」富豪說出這句話的時候，露出淘氣笑容。

「清晨五點起床，」大家齊聲說道：「擁有自己的早晨，提升自己的人生！」

終曲

五年之後

離開羅本島的幾個月之後，史東・雷利過世了。

他在羅馬古蹟中心的某間小公寓裡，於睡夢中安詳離世，摯愛的女兒陪在身邊，魔法演說家也一樣。

在這位重要人物過世的那一日，飛過永恆之城的鴿子與蝴蝶，數量之多從所未見，甚至還出現了霓虹，雙層七彩從西班牙廣場一路延伸到羅馬競技場。

要是你在那裡親眼看到，一定會大為驚豔。

富豪罹患了某種無法治癒的罕見疾病，他沒有告訴任何人，除了魔法演說家之外，因為他是富豪最要好的朋友。

各位要是知道這件事，想必會很開心，在這位古怪大亨的最後時日，他將自己龐大商場王國的各大企業全部清算，而且把所有的錢捐作慈善之用。

雷利先生真的把他的模里西斯海岸宅邸留給了企業家與藝術家，因為他知道他們有多麼熱愛那個地方。

我猜各位也很好奇，企業家與藝術家與富豪歷經這場超現實之旅後的狀況。

企業家成了超級富婆，她繼續壯大自己當初創辦的公司，如今已經成了指標型企業。她已經擺脫了困擾她許久的過往惡魔，熱愛與她丈夫，也就是那位藝術家，共同營造的生活。她依然認真工作，但也盡情享受休閒時光。她剛剛完成了第四次馬拉松比賽，熱愛園藝，每個星期二晚上到遊民庇護所當志工。雖然她已經擁有了名聲、財富及俗世權力，但她已經沒那麼在乎了。

各位一定很想知道藝術家的狀況，他已經成為自身領域的最著名畫家之一，完全克服了拖延症的問題，被公認為是藝術大師，也是超棒的丈夫。他與妻子共同跑了兩次馬拉松，現在成了素食者，每個星期三晚上都會去上約德爾歌唱技巧課。

還有，注意聽好了：這對夫妻生下了一個又帥又聰明的小男孩，他們將他命名為史東。

企業家與藝術家依然是清晨五點俱樂部的成員，每日在破曉之前實踐二十／二十／二十法則。他們依然貫徹雷利先生教導的大多數守則，而且也恪守自己當初對導師許下的承諾，盡量向世人傳達早起的轉化價值。

至於魔法演說家，他依然在世，從許多方面看來，他都比以往更加強大。他的據點在東京，但大部分的時間都站在全球各地體育場的講台、搭飛機、住飯店。

他依然熱愛釣魚。

你的英勇冒險的下一步呢？

本書的結尾，正好是你自己進入清晨五點俱樂部之旅的起點。為了幫助你養成一輩子的早起習慣，還有讓二十／二十／二十法則成為你的早晨例行公事，讓你可以體驗世界最高等級的成效，羅賓・夏瑪為大家創設了以下工具，全部都可以免費使用。

清晨五點習慣置入工具

優異的應用程式，可以幫助你追蹤未來六十六天的每日進展，久而久之，在破曉時分之前醒來就會成為自動自發的行為。此外，你可以完整讀取整合學習架構的工作列表、增強信心的音樂播放清單，還有一個令人讚歎的支援平台，讓你可以與清晨五點俱樂部的其他成員產生連結。

清晨五點俱樂部之挑戰

你將會收到內容豐富、相當實用的兩個月訓練影片，以及指導和鼓勵，還有來自羅賓・夏瑪的鼓舞短片，讓你可以堅守自己的承諾，將早起之人的勝利強化到極限。

清晨五點俱樂部的精煉冥想

為了要幫助你在一日之始產生冷靜、專注、正向的感受，羅賓．夏瑪仔細打造並精密校準了一系列的導引式冥想，讓你可以在每天早上執行，優化你的思維模式、淨化你的感情模式、強化你的健康模式、提升你的靈魂模式。

鮮為人知的秘密篇章

在某個創意大噴發的早晨，作者為這本書寫下了另類（也是最令人大呼驚奇）的終章，引人如癡如醉，而且充滿戲劇性。

想要免費取用這一切美好珍貴的資源，請前往網頁：

Robinsharma.com/The5AMClub

清晨五點俱樂部 / 羅賓.夏瑪作 ; 吳宗璘譯. -- 初版.
-- 臺北市 : 春天出版國際文化有限公司, 2024.12
面 ; 公分. -- (Progress ; 31)
譯自 : The 5 AM CLUB
ISBN 978-957-741-968-2(平裝)

1.CST: 成功法 2.CST: 時間管理 3.CST: 生活指導

177.2 113015485

清晨五點俱樂部

The 5 AM Club

Progress 31

作　　者◎羅賓・夏瑪
譯　　者◎吳宗璘
總 編 輯◎莊宜勳
主　　編◎鍾靈
出 版 者◎春天出版國際文化有限公司
地　　址◎台北市大安區忠孝東路4段303號4樓之1
電　　話◎02-7733-4070
傳　　真◎02-7733-4069
E－mail◎frank.spring@msa.hinet.net
網　　址◎http://www.bookspring.com.tw
部 落 格◎http://blog.pixnet.net/bookspring
郵政帳號◎19705538
戶　　名◎春天出版國際文化有限公司
法律顧問◎蕭顯忠律師事務所
出版日期◎二〇二四年十二月初版
定　　價◎470元

總 經 銷◎楨德圖書事業有限公司
地　　址◎新北市新店區中興路2段196號8樓
電　　話◎02-8919-3186
傳　　真◎02-8914-5524
香港總代理◎一代匯集
地　　址◎九龍旺角塘尾道64號 龍駒企業大廈10 B&D室
電　　話◎852-2783-8102
傳　　真◎852-2396-0050

ISBN 978-957-741-969-9
Printed in Taiwan